Dictionnaire *amoureux* du tennis

Ouvrages de Laurent Binet

La Vie professionnelle de Laurent B., Little Big Man, 2004.

HHhH, Grasset, 2010 ; Le Livre de poche, 2011. Prix Goncourt du premier roman.

Rien ne se passe comme prévu, Grasset, 2012 ; Le Livre de poche, 2013.

La Septième Fonction du langage, Grasset, 2015 ; Le Livre de poche, 2016. Prix Interallié. Prix du roman Fnac.

Civilizations, Grasset, 2019. Grand Prix du roman de l'Académie française.

Laurent Binet
Antoine Benneteau

Dictionnaire *amoureux* du tennis

Dessins d'Alain Bouldouyre

PLON
www.plon.fr

Collection fondée
par Jean-Claude Simoën

92, avenue de France
75013 Paris
Tél. : 01 44 16 09 00
Fax : 01 44 16 09 01
www.plon.fr
www.lisez.com

Mise en pages : Nord Compo (Villeneuve-d'Ascq)
Dépôt légal : septembre 2020
ISBN : 978-2-259-27686-3

MIXTE Papier issu de sources responsables FSC® C003309

Plon est un éditeur qui s'engage pour la préservation de son environnement et qui utilise du papier fabriqué à partir de bois provenant de forêts gérées de manière responsable.

A

Ace

En tennis, le « point gratuit » désigne un point qu'on encaisse sans avoir besoin de le jouer.

On peut donc le résumer à trois (en fait deux) cas de figure : l'ace (et le service gagnant) du point de vue du serveur ; la double faute, du point de vue du retourneur.

La distinction entre ace et service gagnant est d'ordre presque exclusivement symbolique : dans le cas du second, le retourneur a touché la balle mais n'a pas su la remettre dans le court, alors que, pour le premier, la balle est hors de portée. Pour le serveur, le résultat est exactement le même : un point gagné en une seule frappe. Pour les statistiques, bizarrement, seul l'ace (le « full ace », disait-on jadis) est désormais comptabilisé.

Cela dit, une nuance que les stats ne peuvent pas distinguer dans un service gagnant est la *cause* du *free point* : ce peut être soit lié à la qualité du service, soit à une faute directe en retour. Dans le premier cas, il s'agit d'un quasi-ace ; dans le second, c'est l'équivalent d'une double faute en retour. Dans certains cas, l'interprétation est douteuse. Pour l'ace, au moins, la question ne se pose pas.

Cela nous éclaire sur la différence radicale entre les deux types de points gratuits : quand la double faute survient, le retourneur n'a pas touché la balle. Alors que l'ace, il faut tout de même le sortir ! Certes, quand on fait 2,11 mètres, comme Karlovic, c'est plus facile, mais enfin tout de même : armer, viser, frapper. Maîtriser ses nerfs pour *tenter* l'ace. Un ace, c'est du boulot.

On a souvent été injuste avec les grands serveurs, accusés de ne gagner des matchs QUE grâce à ce seul coup. Sans leur service, Karlovic, Isner, Anderson, Lopez, Querrey et, avant eux, Tanner, Curren, Zivojinovic, Ivanisevic n'auraient jamais rien fait ? Peut-être, mais enfin si on va par là, sans son coup droit, Nadal, combien de grands chelems ?

Que ça vous plaise ou non, le service compte. C'est un geste à part entière, et s'il s'apparente un peu plus au golf qu'au tennis, dans la mesure où on le joue à partir d'une position fixe, toujours la même (bien qu'à la différence du golf il faille quand même jeter la balle en l'air pour la frapper au vol), c'est d'assez loin le plus complexe à réaliser, obéissant à une véritable mécanique d'horloger : trouver son mouvement de balancier, lancer, cabrer, plier les jambes, armer, boucler dans le dos, sauter, se détendre comme un ressort, frapper, slicer ou kicker. Quoi de plus beau que le service d'albatros de Feliciano Lopez ? (Tandis qu'un coup droit, qu'est-ce que c'est ? Une baffe, rien de plus.)

On a dit que les aces tuaient le jeu. On a ralenti ou fait disparaître les surfaces trop rapides pour en diminuer le nombre. On a même songé à supprimer la deuxième balle de service. Mais quel est le plus chiant : un ace qui dure une seconde, pur comme un coup de poignard, ou un échange de 65 frappes entre des joueurs de terre qui se replacent en marchant ? Vaste débat. (Posons la question autrement : quel match nous a le plus fait vibrer ? Isner-Mahut, 70/68 au cinquième set, onze heures, trois jours et 216 aces au total ? Ou Wilander-Vilas, plus longue finale de Roland-Garros en 1982, qui n'aura pourtant duré que quatre sets et quatre heures quarante-sept ?)

Quoi qu'il en soit, sur la question des aces, Ivanisevic, avec l'humour qu'on lui connaît, a sans doute définitivement clos le débat le jour où il a déclaré : « Les observateurs disent que je n'ai qu'un seul coup, mon service. Si c'est vrai, soit je suis un génie, soit les autres sont très mauvais. »

Agassi, Andre

La faute à Emanoul Aghassian, immigré iranien, qui, après avoir essayé avec ses autres enfants, forcera le jeune Andre à jouer au tennis. Il l'enverra se former chez Nick Bollettieri. Agassi en garde un mauvais souvenir : « Un arnaqueur qui a trouvé le moyen de tirer profit du tennis, et qui n'y connaît pas grand-chose. » Sa haine du tennis commence là.

Adolescent, Agassi utilise son apparence comme un signal d'alarme. Il cache sa calvitie qui naît à l'âge de 17 ans sous une perruque qu'il lâchera lors de la saison 95. Finale de l'US Open 94, il bat Stich en arborant sa longue crinière. Quatre mois plus tard, finale de l'Australian Open, il domine Sampras en mode pirate, bandana de corsaire sur son crâne clairsemé. Il confie : « Mon look était un masque derrière lequel je me cachais. »

C'est aussi un marqueur de sa rivalité avec Pete : l'extravagant contre l'élève modèle (Sampras était toujours très sobre d'un point de vue vestimentaire). Tout les opposait : le cogneur de fond de court contre le serveur-volleyeur, le revers à deux mains contre celui à une main, le blond contre le brun, l'expressif contre l'introverti. Deux extrêmes qui font parfois des étincelles, comme lors de cette exhibition à Indian Wells où Sampras imite la démarche d'Agassi, Agassi répond en évoquant la radinerie de Sampras, et Pete finit par servir de toutes ses forces sur Andre. Ils seront rivaux pour la vie : « Si l'enfant de Pete est une fille, mon fils l'aimera. Si l'enfant de Pete est un garçon, mon fils le battra. »

Sa haine pour Becker était plus franche. Elle atteint son paroxysme en 1995, en demi-finale de Wimbledon. À l'époque, Bollettieri entraîne Becker, ce qui, déjà, perturbe Agassi. Mais l'Américain domine tout le début du match et mène un set un break. N'ayant aucune solution, Becker veut déranger la concentration d'Agassi. Pour cela, il décide de flirter ouvertement avec Brooke Shields, compagne d'Agassi et présente ce jour-là dans le box (pendant longtemps à Wimbledon, le staff des deux joueurs a été dans la même tribune). Il lui envoie des bisous et lui parle depuis le Center Court ! Agassi est fou, sort complètement de son match et perd en quatre sets. Il se vengera deux mois plus tard en demie de l'US Open. Après la balle de match, il prend tout son temps pour la célébration : « Je le laisse planté là comme un témoin de Jéhovah devant ma porte. »

En 1997, il connaît une descente aux Enfers : il est contrôlé positif aux méthamphétamines. Il s'en sortira en mentant à l'ATP (peu regardante à l'époque), prétextant qu'il avait bu dans la canette de son assistant. Il confie dans son autobiographie *Open* qu'il avait bel et bien consommé volontairement du « crystal meth ». Il redescend à la 141e place mondiale. Il dira de cette année : « Mon seul bon résultat en 1997 était de me marier avec Brooke Shields. »

Il a 27 ans et cela marque le début de son histoire d'amour avec le tennis. Après avoir touché le fond, il retrouve les sommets en 1999, à Roland-Garros, là où le titre lui avait échappé en 90 contre Gomez à cause de cette foutue perruque. Il gagne l'US Open et termine l'année numéro 1 mondial. Il remportera trois autres grands chelems et finira sa carrière avec un total de huit.

Son dernier match a lieu en 2006, chez lui, à l'US Open. Il perd au troisième tour contre Benjamin Becker (signe du destin ?) dans un match qu'il joue le dos en miettes. Son chef-d'œuvre avait eu lieu au tour précédent : victoire en cinq sets contre Marcos Baghdatis dans un Arthur-Ashe Stadium en feu. Il menait deux sets zéro puis... : « La balle s'est mise à me désobéir et à conspirer avec lui. » Tous ses proches sont là, Stefanie Graf (il n'aime pas dire Steffi), Darren Cahill son coach, Gil Reyes son garde du corps et préparateur physique qu'il appelle « le gardien de ma vie ».

Philosophe, il disait : « Ce n'est pas par hasard, je pense, que le tennis emploie le même vocabulaire que la vie. Avantage, service, faute, break, love, les éléments de base du tennis sont les mêmes que ceux de la vie courante parce que chaque match est le résumé d'une existence en miniature. » D'un naturel décidément un peu anxieux, il ajoutait : « Mais si le tennis est semblable à la vie, alors ce qui vient après doit être le vide insondable. »

Agressivité

La plupart des actions humaines sont le résultat d'un compromis entre le désir et la peur : le désir nous pousse à agir et la peur nous retient ; l'un ou l'autre l'emporte à tour de rôle, et c'est ainsi que notre vie s'écrit.

Il en va de même dans un match de tennis : le désir de l'emporter nous fait tenter le point gagnant, la peur de faire la faute retient notre bras et nous commande d'attendre. À petit niveau, celui qui gagne est souvent celui qui prend le moins de risques, parce qu'il fait moins de fautes. Mais chez les meilleurs, c'est l'inverse : c'est l'audace qui paie. Celui qui dompte sa peur gagne.

Lendl détestait jouer contre Edberg. Il détestait avoir à retourner ses services liftés au-dessus de l'épaule. Il avait peur de lui. Un jour qu'il allait devoir l'affronter et qu'il était nerveux (c'était pourtant en 1986 alors qu'il était au sommet de son art et de sa domination), son entraîneur Tony Roche lui tint ce discours : « Ne t'en fais pas, joue comme tu sais faire, et si jamais tu commences à douter, *sois plus agressif.* »

Lendl était très satisfait de ce conseil : « Simple, très simple. Je n'attendais pas d'un coach qu'il m'apprenne à jouer au tennis, mais qu'il me guide dans la forêt de la pression extrême. » Autrement dit : libérer la bête, pour conjurer la peur. Ce jour-là, il battait Edberg 7/6 6/2 6/3, et le lendemain, en finale de l'US Open dont il était tenant du titre, il écrasait Mecir 6/4 6/2 6/0.

Simple. Très simple.

Amis

Au tennis, l'esprit de compétition pourrait empêcher les rencontres amicales. C'est le contraire, on devient amis parce qu'on s'engueule.

Dans *Nous irons tous au paradis*, réalisé par Yves Robert, une scène culte se déroule sur un terrain de tennis. Étienne Dorsay (Jean Rochefort) annonce le service faux de « Bouly » (Victor Lanoux). Ce dernier proteste. Daniel (Claude Brasseur) lui répond : « T'as qu'à nous la refaire au ralenti, tu verras bien ! » (Il venait d'inventer le Hawk-Eye – voir *Hawk-Eye*.) Bouly insiste auprès de Daniel : « C'est marrant, d'où on est on la voit bonne, dis donc !

— C'est ce qu'on appelle une illusion d'optique.

— Alors annoncez-la carrément ! Au lieu de gnagna, s'énerve Bouly en refaisant le geste de Dorsay.

— Allez viens, perds pas ton influx, lui conseille Serge (Guy Bedos), son partenaire.

— On te l'a hurlé, mais y avait le Paris-Istanbul qui passait en même temps, proteste Daniel avant d'ajouter en douce à Étienne : il craque... »

En cours d'écriture d'*Un éléphant, ça trompe énormément*, le film qui précède *Nous irons tous au paradis*, Yves Robert se demande ce qui a pu cimenter l'amitié de ses personnages. « Un beau jour, j'accompagne Jean-Loup Dabadie au tennis. Pierre Bouteiller faisait équipe avec lui, face à Poirot-Delpech et Gilles Jacob. J'assiste à leur match : des cris, des rires, des insultes, des tapes, des petites tricheries. Des gamins en culotte courte. Au vestiaire, je vois les trois mecs à poil déconnant sous la douche. Le quatrième, plus pudique, déjà enveloppé dans une serviette. Je dis à Jean-Loup : “Nos éléphants sont amis parce qu'ils jouent au tennis.” »

Amortie

Auparavant, l'amortie, seul coup gagnant qui s'effectue en ralentissant la balle, se jouait au filet. Mais, depuis quelques années, on a vu proliférer les amorties *du fond du court*. Les causes de ce phénomène sont aisées à comprendre. 1. On monte moins au filet. 2. L'adversaire aussi monte moins, si bien qu'il est désormais assez rentable, lorsque l'on veut abréger l'échange face à un joueur campé derrière sa ligne, de le surprendre en amortissant la balle avec un slice bien touché.

L'efficacité en est indéniable, mais, naturellement, une amortie du fond du court n'aura jamais la grâce d'une volée amortie. Ce qui rend tous les coups si spectaculaires au filet, c'est qu'ils nécessitent une vitesse d'exécution surnaturelle. En ce qui concerne l'amortie, la balle arrive beaucoup plus vite sur le volleyeur. Sa réussite dépend donc de son toucher de balle, mais aussi de ses réflexes. Du fond du court, c'est un coup malin. Tandis qu'au filet, c'est un coup impossible (le *must* étant l'amortie rétro).

Amortie rétro

En effectuant son amortie, le joueur imprime un tel effet à la balle que celle-ci, après avoir touché le terrain adverse, repasse le filet pour revenir dans sa propre moitié de terrain. Dans ce cas, et dans ce cas seul, l'adversaire, s'il arrive à temps, a le droit de frapper la balle en passant la raquette au-dessus du filet – mais je n'ai jamais vu ce cas de figure, l'amortie rétro étant déjà en soi un coup extrêmement rare.

Le roi de l'amortie rétro était Ivan Lendl, qu'on n'imaginait pas avec le toucher ni la fantaisie d'un Benoît Paire – comme quoi, méfions-nous des préjugés.

Amour

Zéro.

Amoureux

Le tennis a été, est et sera ma vie. J'ai compris cela quand je croyais le quitter pour de bon. Depuis, il trouve toujours un moyen de revenir : par hasard, par amour, ou même parfois pour une raison financière.

Ce livre est à la fois un recueil de notes prises sur le moment, à chaud, et une somme de souvenirs. En ce sens, c'est « une œuvre d'imagination », comme l'écrit Hemingway dans *Paris est une fête*. Je m'imagine mes souvenirs. Ça ne veut pas dire que je ne les ai pas vécus. Ça ne veut pas dire que tout est exact. En revanche tout est vrai. J'ai toujours préféré la vérité à l'exactitude.

C'est aussi et surtout un livre d'amour. Je suis tombé amoureux du tennis à 4 ans et, depuis, il m'a tout pris : ma jeunesse, mon temps, ma famille, mes amis, mon argent... Il réussit la prouesse de me faire croire que ça a été mon choix de tout lui donner. Il m'a fait souffrir et m'a fait croire que cette souffrance me rendait heureux. Il fait douter. Il humilie parfois. Il ne pense qu'à lui. Le tennis est un pervers narcissique.

Méfiez-vous de lui, il vous fera faire des choses que vous ne soupçonniez même pas. Vous, amateur, il vous fera devenir quelqu'un d'autre. Associer technique, tactique, psyché et dimension physique est un pari fou perdu d'avance. Alors, si en plus vous mettez quelqu'un de l'autre côté du filet qui tente de faire la même chose, le court de tennis se rapproche d'un asile.

Un autre amoureux aurait pu écrire ce livre. Il l'aurait sans doute fait différemment. Un seul match de tennis provoque tellement de sentiments divers. Un même joueur de tennis sera aimé ou détesté pour les mêmes raisons. La mauvaise foi et la subjectivité tiennent des rôles de premier plan dans cet ouvrage.

Nous aimons le tennis parce que, le temps d'une partie, avec un ami ou contre notre meilleur ennemi, nous nous abandonnons à lui. Or, n'est-ce pas là le véritable amour ? Celui qui ne calcule pas, qui aspire tout entier, qui ne garde que le souvenir de ce qu'il y a eu de plus beau. Voici les mémoires d'une relation pas toujours saine avec le plus beau sport du monde.

Amritraj, Vijay

Joueur indien qui faillit battre Connors en quart de Wimbledon 1981, mais Connors, mené deux sets à rien, entama une campagne de lobs qui lui permit de s'en sortir *in extremis*.

En 1974, il avait tout de même éliminé le jeune Borg à l'US Open, exploit qu'il faillit rééditer à Wimbledon en 1979.

Acteur à ses heures, comme Bill Tilden, il a joué dans un James Bond, *Octopussy* (1983), où, si mes souvenirs sont bons, il se faisait tuer par une sorte de scie circulaire.

Un an plus tard, il allait mieux, puisqu'il était le SEUL joueur de l'année à battre McEnroe sur dur, au premier tour de Cincinnati (6/7 6/2 6/3).

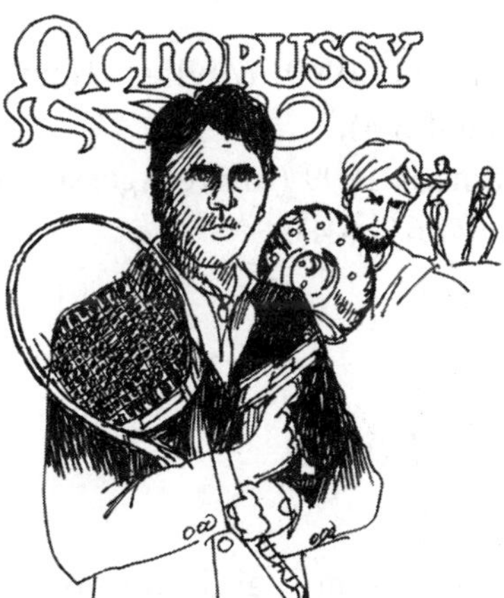

André

Prénom surreprésenté dans le tennis de haut niveau, décliné sous toutes ses formes selon les nationalités :

– Andrea Jager (Américaine) et Andrea Temesvari (Hongroise)

– Anders Järryd (Suédois)

– Andres Gomez (Équatorien)

– Andre Agassi (Américain)

– Andrei Chesnokov (Russe), Andreï Medvedev (Ukrainien) et maintenant Andrey Rublev (Russe sorti d'un film de Tarkovski)

– Andy Roddick (Américain) et Andy Murray (Écossais)

On pourrait également ajouter Bianca Andreescu (son nom signifiant en roumain « fille d'André »).

Deux fois, une finale d'un grand chelem a mis aux prises deux « André » :

– Roland-Garros 1990 (Andres Gomez bat Andre Agassi 6/3 2/6 6/4 6/4),

– Roland-Garros 1999 (Andre Agassi bat Andreï Medvedev 1/6 2/6 6/4 6/3 6/4).

Andreescu, Bianca

Il faut rendre à César. J'ai découvert cette joueuse en mars 2019. Je suis dans une petite cabine de commentaire de la chaîne beIN SPORTS, et on me dit dans le casque que je dois rester une heure de plus pour commenter un match entre deux joueuses que je ne connais pas. Il est 4 heures du matin. Mathieu Solier, le « Zizou de la régie », chef d'édition de la chaîne qatarie, me dit dans le casque : « Tu vas voir, elle joue super bien, cette gamine. » Cette *gamine* gagnait le tournoi d'Indian Wells une semaine après.

C'est la future plus grande, j'en suis sûr, et je ne suis pas le seul. Il y a des gens qui dégagent naturellement ce côté star. Elle attire la lumière. C'est une athlète hors pair ainsi qu'une joueuse exceptionnelle. Elle sait tout faire. Elle frappe fort, bien sûr, mais elle fait plus. Elle joue avec les angles, avec les hauteurs de balle, avec le physique de son adversaire. On appelle ça l'intelligence de jeu. Elle incarne une révolution dans le jeu pratiqué sur le circuit féminin.

Ce résultat est le fruit d'une réflexion que son formateur André Labelle a menée. Il avait une vision de ce qu'il fallait travailler à 10, 11, 12 ans pour que sa joueuse soit performante et vienne déranger les codes tactiques du tennis mondial qui ont été dictés longtemps par les sœurs Williams, par Sharapova, Henin, etc.

Et comme en plus sa personnalité est charmante, vous tenez la prochaine star du tennis féminin. Sa maturité lui donne le courage d'aller prendre Serena Williams dans ses bras quand celle-ci doit abandonner en finale du tournoi de Toronto. Elle la fait même pleurer, donnant de la plus grande joueuse de tous les temps l'image d'une jeune fille qui se fait consoler par une de ses pairs. Quand, quelques semaines plus tard, elle la bat en finale de l'US Open, sur la plus grande scène de tennis qui soit, elle entre dans une autre dimension.

Et puis, elle incarne ce que le tennis canadien fait de mieux depuis qu'un Français est à sa tête : gagner. Malheureusement, nous avons eu la mauvaise idée de laisser partir le formateur de Tsonga, Monfils et Simon. Les gens le connaissent peu. Louis Borfiga, dit « Luigi », est arrivé à la tête de Tennis Canada en 2006. Il y est parti les valises pleines du meilleur de l'expertise française : Nicolas Perrotte (préparateur physique), Guillaume Marx et Fred Fontang (tous deux entraîneurs).

B

de coup droit en bout de course, le Portugais sauve cette balle de match. Julien perd le match en trois sets, passant à côté du trophée. Jamais je n'ai battu de top 100 dans ma petite carrière et jamais Julien n'a remporté de titre sur le circuit principal.

Outre l'incroyable symétrie des scores et de l'adversaire dans des moments très chargés émotionnellement pour lui et moi, que s'est-il passé ?

À l'époque de sa finale à Kuala Lumpur, Julien était coaché par Loïc Courteau qui m'avait appelé pour prendre quelques informations sur le futur adversaire de son joueur. Après quelques clés tactiques, je me revois lui dire : « Attention, c'est un chien, il ne va rien lâcher. Même s'il est mené, il va toujours se battre. Vraiment, faut faire attention ! »

Quand j'ai appris ensuite le scénario de leur match, je ne pouvais pas le croire. Il lui avait fait le même coup ! J'avais vraiment l'impression d'avoir porté malchance à mon frère. Pourquoi l'avais-je mis en garde ? Est-ce qu'au moment de conclure il avait pensé à ma propre expérience ? Quand il a senti que Sousa revenait, est-ce qu'il s'est dit que c'était écrit ? Parfois, le joueur de tennis, pour se rassurer, ou plus souvent pour se dédouaner, imagine des forces magiques à l'œuvre dans un match, un destin inéluctable en marche.

Il existe plusieurs balles de match. Il y a la sereine, celle où vous menez tranquillement dans un match où vous n'avez jamais été inquiété. Elle ne vous pose pas de problème particulier. Vous jouez ce point comme tous les autres. Vous savez au fond de vous que, si vous ne gagnez pas sur ce point, vous le ferez sur le point d'après. Il n'y a pas d'adrénaline, juste la satisfaction de la victoire déjà là.

Il y a celle où vous avez globalement dominé le match, mais vous sentez que votre adversaire joue de mieux en mieux, qu'il est en train de revenir et qu'il vaut mieux pour vous que le match se finisse maintenant. Celle qui soulage. Même si vous faites comme si tout était normal, vous pouvez lire dans les yeux de votre adversaire : « Putain, tu t'en sors bien. Et je sais que tu le sais. »

Il y a la miraculeuse. Vous êtes derrière tout le match, votre adversaire mène un set et un break dans le deuxième set. Vous arrivez à renverser la vapeur en vous accrochant, en semant le doute. Vous passez vraiment à deux doigts de la défaite. En gros, jamais vous n'auriez dû vous retrouver en position de remporter cette partie : « Je devrais être au vestiaire depuis une heure. » En général, j'accompagnais ma poignée de main d'une petite moue hypocrite.

Et puis, il y a la magnifique, celle qui clôt un combat, un vrai. Trois heures de match pour arriver à ce moment fatidique. Une lutte sans merci jusqu'à ce tie-break du troisième set. Les deux joueurs n'ont pratiquement jamais perdu leur mise en jeu. Il y a eu des rallyes, des jeux courts, et les adversaires arrivent au point de rupture au même moment. Nous approchons de la fin de ce tie-break et personne n'a pris le dessus. L'adversaire sert à 6/5 contre lui et c'est la première balle de match de toute la rencontre. Trois heures de combat acharné jusqu'au climax. « Si je perds ce point, j'aurai fait tout ça pour ça, vraiment ? » Il rate son premier service parce qu'il a forcé pour obtenir un point gratuit. Il sait qu'il est à bout de forces, tout comme l'autre en face. Mais lui, au moins, il a une balle de match.

Mille pensées traversent le cerveau du relanceur : « Je la fous dedans, j'avance, je prends la balle tôt, je tente le coup gagnant, il va me servir le revers, le corps, il va quand même pas tenter un slice au T, je le fais jouer, il est mort, putain ce serait bon une double, c'est la bonne, j'ai tellement envie de gagner, respire, reste bas, engage-toi, relâche-toi, tranquille… »

Au filet, après la magnifique, il est fort possible de voir le vaincu tomber dans les bras du vainqueur. Les deux combattants savent au fond d'eux qu'ils viennent de partager un moment intime. Le match nul aurait été plus juste. Mais il n'y a pas de justice dans le tennis.

Ça n'aurait peut-être pas changé ma carrière d'avoir gagné ce point ce jour-là. En revanche, je me serais évité un moment d'extrême malheur. Ça aurait rendu mes proches fiers de moi. Ça aurait pu tout changer aussi. J'aurais pris conscience que je pouvais le faire, que j'avais le niveau. J'aurais pu gagner le tournoi derrière et faire un bond au classement, ou perdre dès le tour suivant contre un joueur moins fort. J'aurais pu dire que, dans ma vie, j'avais battu un top 100. J'en aurais peut-être battu d'autres. Je ne le saurai jamais. À un point près.

Bartoli, Marion

Quand j'ai créé mon émission « Échange », je voulais Yannick Noah pour le premier épisode. Et puis je suis tombé sur Marion à la télévision, en pleine promotion de son livre *Renaître* coécrit avec Géraldine Maillet et édité chez Flammarion en 2019. Je savais qu'elle s'exprimait bien.

« Je me souviens très bien de la première fois que je l'ai vue. Elle avait 14 ans et moi 12. C'était à Lyon. Elle était en plein match. Déjà, elle se tenait juste derrière la ligne de service pour relancer. Elle avait les bras tendus, une gestuelle bien à elle. Singulière. Comme sa façon de s'exprimer. Comme son roman de vie, aujourd'hui déjà bien rempli malgré ses 34 ans. » L'introduction est faite.

J'ai lu son livre en deux jours. Rapidement, je me suis laissé happer par sa biographie : l'histoire d'une fille de

Retournac, dans la Haute-Loire, dont le corps n'est pas fait pour le sport de haut niveau, boudée par la Fédération française de tennis, entraînée par un père médecin sans aucune expérience de coaching, qui finit par gagner Wimbledon et qui arrête deux semaines après le plus grand titre de sa carrière, le plus beau moment de sa vie, puis tombe dans l'anorexie à cause d'un pervers narcissique, et trouve son salut en terminant le marathon de New York quelques mois après n'avoir pesé que 41 kilos. Avouez que ce n'est pas banal. Et encore, je résume.

Elle arrive au studio d'enregistrement avec quarante-cinq minutes de retard, accompagnée de son nouveau petit ami et de son agent. Très vite, je retrouve cette femme sûre d'elle-même que j'avais vue sur les plateaux télé. Elle me demande le principe de l'émission. Je lui dis que nous allons juste discuter, et que les micros seront ouverts. C'est ce que nous avons fait.

À mes yeux, elle restait la fille qui s'était laissé tyranniser par son père. Je préjugeais que c'était lui qui avait infligé cela à sa fille. J'ai découvert que c'était l'inverse. C'est elle qui a voulu dès son plus jeune âge sortir ses parents de la vie dans laquelle elle avait atterri. À grands coups de « C'est bien, ma puce », il va être l'homme de sa vie : « Si je dois réussir, ça ne peut être qu'avec Walter Bartoli, mon papa », et, plus loin : « C'est l'homme de la situation pour ma vie. » Le livre entier est une déclaration d'amour à son père, comme si elle se sentait coupable de l'avoir enlevé à sa mère, de l'avoir entraîné dans cette galère, et comme si elle ne lui avait pas déjà assez dit merci.

Walter, le papa de Marion, a été raillé pendant sa carrière d'entraîneur. Je le sais, j'en étais. Jamais je n'ai essayé de comprendre leur fonctionnement, bien trop occupé à juger. J'ai interrogé sa fille à ce sujet : « Tu te rendais compte qu'on le prenait pour un guignol, à l'époque ?

— Totalement ; effectivement, j'entendais les railleries par-derrière parce que la critique est tellement facile. Je trouvais ça lâche parce qu'ils ne venaient pas lui dire en face et parce que c'étaient des méthodes d'entraînement différentes et que, forcément, le plus facile, c'est de dire qu'il est complètement fou et qu'il fait n'importe quoi, plutôt que d'essayer de le comprendre. »

Voici le fruit de ces méthodes bizarres :

- Meilleur classement français : n° 1
- Meilleur classement mondial : n° 7
- Vainqueur du tournoi de Wimbledon 2013
- Finaliste du tournoi de Wimbledon 2007
- Demi-finaliste du tournoi de Roland-Garros 2011
- Quart-de-finaliste de l'Open d'Australie 2009
- Quart-de-finaliste de l'US Open 2012
- Vainqueur de sept tournois WTA (Auckland, Tokyo, Québec, Monterrey, Stanford, Eastbourne et Osaka)
- Finaliste de la Fed Cup 2004 (contre la Russie).

Pas trop mal.

Tout cela, elle-même le dit, avec un corps qui était un obstacle à sa réussite. Elle est peut-être là, la raison pour laquelle elle l'a malmené par la suite, comme une vengeance perverse. Cercle vicieux sans fin qui mène inexorablement vers l'autodestruction. L'anorexie est une forme de suicide lent. Elle maigrissait jusqu'à vouloir disparaître. C'est peut-être la seule fois dans son existence qu'elle a manqué de lucidité. Elle ne se trouvait pas si maigre. Ça a failli lui coûter la vie.

Elle a atteint cet état gravissime pendant Wimbledon 2016. J'étais là pour coacher mon frère Julien. Je me souviens de ce sentiment d'impuissance devant une situation que je ne maîtrisais pas. Je la croise et lui fais la bise :

« Salut Marion, ça va ? » Mais non ça ne va pas, t'es con ou quoi ? Comment ça pourrait aller ? Elle est rachitique.

Tu veux te donner bonne conscience en lui demandant si elle va bien ?

Là encore, avec intelligence et bienveillance, elle n'en veut à personne de n'avoir rien fait. « Il n'y avait que moi qui étais capable de me sauver. » Soulagement.

Le vrai connard dans l'histoire (c'est elle qui emploie ce mot) est son compagnon de l'époque. C'est lui qui la culpabilise sur son poids. Il n'est vraiment là que pour sa gloire et son argent. On ne comprend pas trop ce qu'elle lui trouve. Elle non plus, d'ailleurs. Marion doit rattraper le temps perdu. La femme en elle n'a pas assez vécu. Jusqu'ici elle n'était que joueuse de tennis. Elle n'avait pas le temps d'être autre chose, trop occupée à devenir une championne.

Elle fait toujours grincer des dents. Peu de temps après avoir sorti l'émission, j'ai reçu quelques messages me disant que ce n'était pas comme ça que s'étaient déroulés certains événements. J'ai toujours la même réponse : chacun sa vérité. Le même événement génère tellement de sentiments différents.

Aujourd'hui, elle dessine des robes pour une marque de vêtements de tennis, crée des bijoux, et fait de la télé. Elle qui se foutait de son image quand elle jouait en a fait sa reconversion. Paradoxal. Qui ne l'est pas ?

Barty, Ashleigh

Je ne sais pas si Barty, héritière d'Evonne Goolagong, victorieuse à Roland-Garros 2019, restera longtemps numéro 1 mondiale, mais Caroline Garcia peut témoigner qu'elle n'est pas là pour rigoler, puisque l'Australienne lui a collé deux bulles en finale de Fed Cup.

Becker, Boris

On n'est pas sérieux quand on a 17 ans, mais on peut frapper très fort.

1985 : le monde découvre Boum-Boum Becker, plus jeune vainqueur de Wimbledon. Service de mule et mental d'acier (voir *Destin*), gros bébé volleyeur qui plonge sur toutes les balles : stupéfaction générale.

L'année suivante, il conserve son titre, en tapant Lendl en finale (trois sets secs).

Dans la longue histoire de la course aux armements, Becker est un palier : tandis que son grand rival Edberg glisse, lui cogne. Il y a un avant et un après Becker, qui inaugure l'ère des démolisseurs et du poing dans ta gueule.

Son coup préféré : l'ace sur balle de break. Ça vous pose le personnage.

Becker ne rechignait pas au *trash talk* et au petit coup d'épaule au changement de côté. D'ailleurs, il a souvent livré de très beaux matchs avec Connors (qui ne l'a jamais battu). Coïncidence ? Je ne crois pas.

Wimbledon 84 : McEnroe au sommet de son art écrase Connors en finale. Wimbledon 85 : McEnroe perd à la surprise générale contre Kevin Curren en quart. Becker bat Curren en finale. McEnroe prend huit mois de vacances au terme de la saison et lorsqu'il revient, à l'été 86, pour son premier tournoi de reprise, à Stratton Mountain, il perd en demi-finale contre Becker après avoir eu deux balles de match, avant de perdre au premier tour de l'US Open quelques semaines plus tard. Rien ne sera plus comme avant parce que *Becker a remplacé McEnroe*. McEnroe aura d'ailleurs ce commentaire amer en 1988 : « Becker n'aurait jamais gagné Wimbledon à 17 ans avec une raquette en bois. Il a énormément de talent et c'est un adolescent particulièrement puissant, mais c'est la raquette qui a fait la différence. »

Peut-être, mais c'est Boum-Boum qui était au bout du manche.

Benneteau, Antoine

Joueur, coach, journaliste, documentariste, touche-à-tout curieux et entreprenant, patient et généreux dans la vie et sur le court, jamais avare d'un petit conseil technique, Antoine Benneteau est avant tout un prénom. La défaite contre Sousa (voir *Balles(s) de match*) n'a pas été sa bataille d'Actium ni celle contre Pospisil (5/7 7/6 7/6) sa *Noche Triste* au challenger de Mexico, mais des étapes dans un parcours qui a l'avantage de n'être pas tracé à l'avance, contrairement à Agassi (voir *Agassi*).

Ce géant de 1 m 93 porte son regard périphérique dans toutes les directions, c'est pour ça qu'il ira loin.

Berdych, Thomas

Le beau gosse tchèque un peu morgueux aura eu une honnête carrière de 7e mondial, ponctuée par une finale à Wimbledon en 2010, agrémentée de quelques victoires contre Nadal et Federer, et d'une imitation énervée de la gestuelle d'un Santoro qu'il peinait à circonvenir, à ses débuts.

Voici ce que Darren Cahill disait à Agassi, à Melbourne, en 2005, à propos du tout jeune Berdych que l'Américain s'apprêtait à balayer en trois sets : « Tu vas te mesurer à un gamin de 18 ans qui sait vraiment jouer, et tu as intérêt à être à la hauteur. Il peut claquer la balle des deux côtés, son service fait l'effet d'un attentat à la bombe, et dans quelques années il sera 10e mondial. »

Bien vu, le coach.

Mais tout aussi clairvoyant, le commentaire d'Agassi, six mois plus tard, après une nouvelle rencontre remportée 3/6 6/1 6/4 7/6 au deuxième tour de l'US Open : « Aujourd'hui, bizarrement, Berdych n'a guère évolué depuis cette période. Il doit encore améliorer ses prises de décision. Il me fait penser à moi avant de rencontrer Brad : convaincu de pouvoir marquer tous les points. »

Il ne leur a pas fallu longtemps, à ces deux-là, pour cerner le potentiel et les limites du petit nouveau. C'est comme si Berdych avait passé toute sa carrière à les confirmer.

Bête noire

Voir : *Face-à-face.*

Historiquement, le *Big Four* désignait dans les années 2000 les quatre équipes dominantes du championnat de foot anglais : Liverpool, Manchester United, Arsenal et Chelsea. Auxquelles sont venues s'ajouter Tottenham et Manchester City, ce qui a fait monter le *Big Four* à six.

En tennis, moins encore qu'au foot, le *Big Four* n'a jamais vraiment été quatre. En effet, soit on distribue le ticket d'entrée à partir de trois grands chelems et dans ce cas ils sont cinq avec Wawrinka. Soit on considère qu'il en faut au moins dix (ou en tout cas plus de trois) pour avoir la carte, et dans ce cas Murray n'en fait pas partie.

En même temps, et pour être tout à fait honnête, il faut rappeler que, si Murray a longtemps calé dans les finales de grands chelems (8 perdues sur 11), on le retrouvait semaine après semaine dans le dernier carré de tous les tournois, comme l'atteste son palmarès : 45 titres dont 14 Masters 1 000 (et 1 Masters) contre 16 titres et seulement 1 Masters 1 000 à Wawrinka. C'est cette régularité et cette présence qui ont donné corps à la théorie qu'ils étaient quatre.

Le *Big Four* aura donc été une sorte de concept de physique quantique : il existe et il n'existe pas.

Binet, Laurent

Ce gaucher est toujours en activité. Son loisir est la littérature.

Il a du Leconte en fond de court, du McEnroe au service et à la volée. Parfois, il oublie son identité de jeu offensive pour patienter derrière la ligne de fond. Ce n'est qu'un leurre, il saisira la moindre occasion pour se ruer au filet.

Le service l'obsède, ce qui peut lui faire commettre quelques doubles fautes. Il y remédie par des heures de travail, lui et son panier de balles.

Son apogée ? 15/3. Son objectif ? 15/1 (voir *Objectif*). Dommage, avec un peu d'ambition, il pourrait être seconde série.

Blake, James

Si vous pensez qu'Agassi ou Federer prennent la balle tôt, allez sur YouTube et regardez James Blake.

Le dos droit, presque raide, campé sur sa ligne de fond (pas juste derrière mais dessus), coup droit supersonique (chronométré à 200), revers à une main sublime (forcément sublime), demi-volées du fond du court, tchac, tchac, à chaque frappe, quelques dixièmes de seconde de gagnés.

Au bout d'un match, combien de minutes ? D'une semaine, d'heures ? D'une carrière, d'années ? La vie est courte, et Blake était pressé.

Bleu[1]

En 2012, Ion Tiriac, directeur du Masters 1 000 de Madrid, connu par ailleurs et en des temps plus anciens pour d'autres faits d'armes (voir *Tiriac*), décide d'introduire

1. Entrée rédigée par Joris Capel.

un peu de nouveauté dans l'univers ultracodifié du tennis. L'homme à la moustache de révolutionnaire mexicain et aux lunettes de sémiologue piémontais repeint la terre battue des courts madrilènes en bleu afin, dit-il, d'offrir un meilleur confort visuel aux spectateurs et téléspectateurs. Le logo azuré du sponsor principal du tournoi n'est sans doute pas étranger à cette audace, mais bon, une balle jaune sur fond bleu se voit incontestablement bien mieux que lorsqu'elle zèbre la géométrie d'un court ocre, alors pourquoi pas ? Avant le tournoi, c'est pourtant le tollé, Djokovic et Nadal en tête, qui se posent en hérauts de la tradition. Après le tournoi, à l'heure des comptes, c'est encore le tollé, Djokovic et Nadal en tête, qui assimilent les terrains à des patinoires, et n'allez pas croire que l'élimination du premier en quart et du second en huitième soit pour quelque chose dans le changement de pied de leur argumentaire. Federer, lui, ne dit rien avant et ne dit rien après, entre-temps il se contente de gagner le tournoi, battant en finale et en trois sets acharnés (3/6 7/5 7/5) Tomas Berdych, 1,96 mètre pour 91 kilos, qui jusque-là avait laminé ses adversaires sans posséder toutefois ni le gabarit ni la grâce gestuelle d'un danseur sur glace. La polémique aura malgré tout produit son effet, les expérimentations chromatiques n'auront pas de suite, Tiriac rangera son idée sur ordre de l'ATP, et pour montrer qu'il avait raison, Nadal raflera la mise l'année suivante en étripant Wawrinka en finale.

Sa rivalité avec McEnroe, c'est le récit fondateur, la lutte du Bien et du Mal, à partir duquel s'écriront tous les autres : McEnroe-Lendl, Sampras-Agassi, Federer-Nadal.

Wimbledon 80, c'est l'Apocalypse selon Saint-Jean (81, c'est l'*Iliade*).

Borg, à genoux dans l'herbe de Wimbledon, les bras au ciel, son bandeau, ses cheveux blonds : un Raphaël.

Borg et sa raquette en bois.

Borg qui n'a jamais gagné l'US Open, échouant quatre fois en finale (deux fois contre Connors, deux fois contre McEnroe). Le Christ s'est arrêté à Manhattan.

La seule différence, c'est que Borg, après avoir pris sa retraite à 26 ans, a essayé de ressusciter à deux ou trois reprises, sans y parvenir (malgré une balle de match contre Volkov en 1993, lors de son tout dernier match). Le retour du Messie qui tourne au fiasco : après tout, c'était plus réaliste.

Borotra, Jean (1898-1978)

Outre ses quatre victoires en grands chelems et ses six victoires en Coupe Davis avec ses camarades mousquetaires, Borotra eut une carrière des plus intéressantes.

Membre de la ligue fasciste des Croix-de-Feu, il échoue d'abord à réconcilier son chef, le colonel de La Rocque, avec Pétain.

Nommé commissaire général à l'Éducation et au Sport sous le régime de Vichy, il commence par interdire le professionnalisme à la Fédération de tennis, qu'il estime trop noyautée par la CGT et les communistes.

Favorablement inspiré par la vie au grand air des jeunesses hitlériennes, on lui doit le triplement des horaires de la pratique sportive sur le temps scolaire.

Renvoyé en 1942 pour des raisons obscures, il essaie de passer en Afrique du Nord mais se fait arrêter par la Gestapo et déporter dans un « camp » de prisonniers VIP qui s'avère être un des châteaux de Louis II de Bavière.

Réchappant à l'épuration d'après-guerre, il n'oubliera jamais de commémorer la mémoire du Maréchal. Dans les années 60, il est vice-président d'un club de réflexion patronal de droite présidé par un ancien ministre de Vichy. Comme on dit : « Mon honneur s'appelle fidélité. »

Bourdieu, Pierre (1930-2002)

Voir : *Morale*.

Boycott

De temps à autre, ces dernières années, les joueurs évoquent la possibilité d'un boycott de tel ou tel grand chelem (souvent l'Open d'Australie) pour réclamer une meilleure répartition des gains (au profit des joueurs mal classés) ou pour protester contre les conditions de jeu (comme cette année 2020, en raison de la qualité de l'air altérée par les incendies qui ravagent le pays). Puis ils décident bien vite que c'est impossible.

Eh bien, à Wimbledon en 1973, c'était possible.

En soutien de l'un des leurs, le joueur yougoslave Nikola Pilic, qui avait écopé d'une suspension de neuf mois pour avoir décliné une sélection en Coupe Davis au profit d'un tournoi WTC (un circuit professionnel parallèle), les joueurs menacèrent dans un premier temps de boycotter Roland-Garros.

Pour gagner du temps, la Fédération internationale, inquiète, suggéra à Pilic de faire appel, ce qui eut pour effet de suspendre la suspension. Celle-ci fut néanmoins confirmée juste après le tournoi. Wimbledon avait le choix de ne pas l'appliquer, comme l'avait prudemment fait le tournoi de Rome trois semaines auparavant. Mais le tournoi anglais a toujours eu ce côté « règlement-règlement » : elle refuse d'inscrire Pilic, provoquant un boycott massif de la quasi-totalité des joueurs professionnels, parmi lesquels Stan Smith (n° 1), Newcombe (3), Ashe (4), Rosewall (5), à l'exception de Nastase (2) qui perd en huitième de finale contre Alex Meyer, et de l'Anglais Roger Taylor qui bat le jeune Borg (encore amateur) en quart (7/5 au cinquième set, après avoir accepté de remettre une balle de match) puis perd au tour suivant contre Jan Kodes (7/5 au cinquième set).

Du coup, la finale met aux prises deux joueurs de l'Est, qui ont le statut d'amateurs, et le Tchèque Jan Kodes bat le Soviétique Metreveli 6/1 9/6 6/3.

La grande grève de 1973 n'altéra pas le succès populaire de Wimbledon, mais la Fédération internationale avait senti le vent du boulet. L'ATP, jeune syndicat créé un an auparavant, avait affirmé sa puissance et posé les premières pierres de son ascension. Dix-sept ans plus tard, elle prendrait le contrôle de tout le circuit professionnel. Mais depuis, les menaces de boycott restent lettre morte.

Break, Balle de

> « [Federer] expliquait le plus sérieusement du monde avoir songé [...] à l'anniversaire... d'un point. »
>
> Grégory Schneider
> (*Libération*, mai 2019)

En huitième de finale de Roland-Garros 2019, Tsitsipas obtient 27 balles de break contre Wawrinka, et n'en convertit que cinq. Après le match, perdu 10/8 au cinquième set, il déclare, à propos des 22 qui lui ont échappé : « Je ne les ai pas jouées. J'ai attendu que quelqu'un d'autre vienne les jouer à ma place. »

C'est toujours une douce musique pour le joueur amateur quand l'aveu d'un champion lui permet de penser : « Finalement, ces gens-là me ressemblent. Ils doutent, ils ont peur, ils font de la merde sur les points importants, tout comme moi. Mieux, mais pareil. Au fond, *je suis comme eux.* » (Car, bien sûr, c'est toujours là qu'on veut en venir.)

Il subsiste néanmoins une petite différence, que la journaliste Clémentine Blondet, à propos desdites balles de break, a très bien formulée dans *L'Équipe* : « Mais c'était Stan qui les jouait pour lui. »

En fait, une balle de break n'a pas tant vocation à être *convertie* qu'à être *sauvée*. En effet, une balle de break, sitôt convertie, cesse d'exister, elle est immédiatement oubliée, dissoute dans le grand flux du score. Le break est fait, il devient lui-même à confirmer au jeu suivant, l'histoire passe sans s'arrêter. Les joueurs sont déjà loin.

Il en va très différemment si elle est sauvée. Une balle de break sauvée, c'est comme si le temps hoquetait. On a failli tourner à 3/2 pour l'autre, service à suivre, mais non, il y a toujours 40A. Si les balles de break s'accumulent, elles sont les chevrons du temps. L'adversaire bute dessus. Le joueur refuse son sort. Résistance.

En 2017, les statistiques de Dimitrov révèlent qu'il est le joueur qui a sauvé le plus de balles de break durant une saison qu'il finit 3e mondial en remportant le Masters (les *ATP Finals*, comme il faut dire maintenant). Dès l'année suivante, cette statistique s'effondre, et son classement avec. Deux ans plus tard, il est 46e quand il perd 7/6 7/6 7/6 contre Wawrinka (encore lui) au troisième tour de Roland-Garros (non sans avoir gaspillé quelques balles de set). Le lutteur de 2017 a disparu pour céder la place à un joueur quelconque, friable, sans consistance et sans magie.

Voilà pourquoi une balle de break convertie a finalement peu de chances de rester dans les mémoires, alors qu'une balle de break sauvée peut plus sûrement entrer dans la légende.

Ainsi de celle de Federer contre Tommy Haas, à Roland-Garros 2009. Nadal éliminé, la route théoriquement dégagée vers le titre, Federer se retrouve mené, en huitième, 7/6 7/5 4/3, et donc balle de 5/3 sur son service. Il la sauve à la Federer, c'est-à-dire avec la réussite dévolue aux champions de sa trempe, sur un coup droit décroisé d'une audace inouïe, sur la ligne, tant qu'à faire. Gagne le match. Gagne son unique Roland-Garros dans la foulée.

Dix ans plus tard, le Suisse déclare : « Je sais ce que ça veut dire de sauver une balle de break. Cela peut sauver un match. Je ne pensais pas pouvoir gagner ensuite neuf jeux de suite parce que, vraiment, j'avais du mal. J'étais soulagé d'avoir réussi ce coup plus qu'autre chose. J'ai failli envoyer un texto à Tommy hier, parce que je savais que c'était le dixième anniversaire [du match]. Je ne l'ai pas fait. Mais j'y ai néanmoins pensé. »

D'où l'on peut conclure que (même sans gagner derrière le seul grand chelem qui nous manque) sauver une balle de break, il n'y a rien de meilleur, ce que confirme Wawrinka qui, après son match contre le jeune prodige grec, a simplement déclaré : « C'est pour ça que je joue toujours au tennis. » Dans dix ans, il pourra mettre 22 bougies sur le gâteau.

Brown, Dustin

Le tennis allemand a bien changé depuis Becker et Stich. L'héritage des deux géants aura été assumé par un rasta à moitié jamaïcain, qui se déplace en camping-car, chope tous ses coups, abuse des amorties, monte au filet comme le grand échalas qu'il est, ses dreads au vent, et joue de façon, disons, décontractée.

En 2014 et 2015, il prouve qu'il n'est pas nécessaire d'être taillé comme un Panzer pour briller à Wimbledon, puisqu'il élimine d'abord Hewitt et, un an plus tard, Nadal en personne (7/5 3/6 6/4 6/4).

En dépit de ses résultats très irréguliers (son meilleur classement est 64e en 2012), il peut se prévaloir d'une statistique incroyable : il est l'un des rares joueurs à avoir un ratio positif contre l'Espagnol (2/0, les deux fois sur gazon). La classe à Dallas. Il n'en faut pas plus (mais c'est déjà beaucoup) pour faire une légende dont on parlera encore au coin du feu dans trente ans, un peu semblable à celle de Vijay Amritraj, l'homme qui avait éliminé McEnroe au premier tour de Cincinnati, en 1984, l'année où McEnroe avait gagné tous ses matchs sauf trois (voir *Amritraj* et *84*).

Brugnon, Jacques (1895-1978)

Spécialiste du double, Toto Brugnon n'était pas aussi fort en simple que ses trois camarades mousquetaires (voir *Mousquetaires*), mais il avait la pêche.

Bruguera, Sergi

On s'entraîne, on s'entraîne, et puis un jour, on se met à gagner, puis le jour vient où on ne gagne plus, et on s'en va.

La carrière de Bruguera aura duré treize ans, ce qui est assez honnête, mais sa période de haute compétitivité, son pic de forme, aura passé comme un éclair : de 1993 à 1997, il remporte deux Roland-Garros, fait une finale, une demi-finale, et c'est tout. Rien avant, rien après.

Mais au moment où tout a commencé à se dérégler, où son bon gros lift prénadalien et sa prise fermée n'ont plus suffi à essorer ses adversaires, où sa ressemblance troublante avec Pep Guardiola s'est dissipée, il a eu cette sortie géniale de drôlerie existentielle, qui vaut bien deux ou trois grands chelems : « Je ne comprends pas. À l'entraînement, je bats tout le monde, mais en tournoi je perds tous mes matchs. Je vais rentrer chez moi pour m'entraîner et essayer d'améliorer ça. »

Bryan (Les frères)

Deux jumeaux, un gaucher (Bob), un droitier (Mike) : 16 grands chelems et 118 tournois (en double). Les parents ont gagné au bingo du tennis.

Budge, Donald (1915-2000)

L'un des deux seuls joueurs, avec Rod Laver, à avoir réalisé le Grand Chelem, en 1938, Donald Budge eut cette réflexion inspirée, à l'adresse de tous ceux enclins à minimiser son exploit : « Si c'était si facile de faire le Grand Chelem à mon époque, pourquoi personne d'autre ne l'a fait ? »

Burn-out

J'ai 19 ans. Je me trouve à Comitán, une petite ville du sud du Mexique tout près de la frontière guatémaltèque. Cela fait maintenant un an et demi que je joue des tournois Future avec des voyages en Serbie-Monténégro, Croatie, Grèce, Italie, Chine, Israël et Turquie. Les résultats ne sont pas bons, et ils ne peuvent pas l'être car je suis profondément triste : je m'entraîne dur, mais quand j'arrive sur le terrain, je n'arrive pas à reproduire ce que je fais à l'entraînement. Dès qu'il y a compétition, je perds mes moyens.

Ça fait presque deux ans que je vis à Paris. Je découvre les joies d'un appartement à moi sans les problèmes qui vont avec. J'ai la chance d'avoir des parents qui peuvent me l'offrir, mais je culpabilise. Je fais preuve de schizophrénie car en même temps j'en profite. Je découvre la vie parisienne, la nuit, et j'y trouve un refuge, comme une fuite dans un mensonge agréable. Je fais des rencontres improbables. Je croise Benicio del Toro, Johnny Hallyday, Keziah Jones, Robert De Niro, discute avec Beigbeder, Laura Smet, et manque de me battre avec Nicolas Bedos... Je m'invente même des métiers grotesques : « casteur » pour « L'Île de la tentation » version québécoise, ou bien nègre de Jean-Jacques Goldman. Je vis une vie qui n'est pas vraiment la mienne.

Le matin, je dois mentir à mon entraîneur, et à moi-même. Je m'entraîne tout en m'en voulant d'être sorti la veille, donc je ne progresse pas, ou moins. Je sors pour oublier à quel point c'est dur, pour me faire du bien, sentiment que ma vie de joueur de tennis ne me procure pas à ce moment-là.

Dès que je pars en tournoi, je fais bien les choses. Je m'entraîne et me prépare. Quand le match arrive, je sens mon bras droit qui se tend, je n'arrive plus à lâcher mes coups. J'arrive tant bien que mal à le gérer, parfois à le dépasser, souvent à faire avec. Jusqu'au tournoi de Comitán, donc, au Mexique.

Premier tour contre un joueur du Salvador du nom de Rafael Arevalo. Si son nom vous dit quelque chose, c'est sûrement que vous l'avez vu jouer contre Federer au premier tour des Jeux olympiques de Sydney. Le comité olympique accorde une invitation à un pays qui ne possède pas de joueur susceptible d'être qualifié par le classement.

Le match commence, et je ressens une nervosité plus grande que d'habitude. Je me dis que ça va passer avec le match. Et puis arrive mon premier jeu de service. Dès que je dois servir une deuxième balle, je fais une double faute. Je me fais breaker. « C'est l'altitude alliée à un peu de tension, c'est normal. » Je débreake, mais la même chose arrive au jeu suivant : impossible de mettre une deuxième dedans. « Allez, putain, fous-la au moins dans le carré ! » Je perds le premier set 7/5 en faisant peut-être 20 doubles fautes, en luttant corps et âme. Je ne sais plus servir. Surtout, je suis dans une souffrance extrême. Sur le terrain, des larmes coulent sans que je puisse les retenir. Je me sens inutile, isolé dans la noirceur de mes pensées. Je suis au fin fond du Mexique pour faire la chose que j'aime le plus au monde, et je n'arrive même pas à servir. Alors que le match se déroule toujours, je réfléchis déjà à ma reconversion : « Peut-être qu'il faut que je devienne coach de tennis. Ou je vais reprendre les bouquins. Faire des études. Ah oui, ça, c'est bien, je vais me renseigner. » En plein match, je prends la décision d'arrêter le tennis professionnel.

Dans un excellent dossier sur la dépression écrit par Quentin Moynet dans *L'Équipe*, Mats Wilander dit que « l'indicateur ultime de la dépression pour un joueur de tennis, c'est quand vous êtes sur le court et que vous ne ressentez plus le besoin viscéral de la victoire ». Je me retrouve dans ses mots. Il confie aussi qu'il a lui-même traversé une dépression dans les années 89-90.

Pour moi, s'ensuit une semaine de tequila et de sorties avec mes partenaires de galère, un Polonais et un Californien, dont j'ai oublié les noms. Notre chambre de motel est jonchée de bouteilles vides et de boîtes à pizza. Je me douche tous les trois jours. Je ne sors de cette chambre que le soir. Je ne m'entraîne plus. Ça ne sert à rien. Je ne sers à rien. Je vis allongé, incapable de me relever.

Beaucoup de joueuses et de joueurs de tous niveaux passent par là. Nadal a déjà évoqué « une blessure mentale ». La joueuse américaine Nicole Gibbs parle de dépression chronique. Lucas Pouille a avoué avoir connu un burn-out pendant l'année 2018 après une grosse saison en 2017. Benoît Paire peut connaître des épisodes dépressifs dus à la solitude sur le circuit.

Cinq ou six ans plus tard, j'ai repris ma carrière de joueur de tennis professionnel. Après mon diplôme obtenu à l'université de Floride, je me sentais plus armé pour tenter de nouveau ma chance, comme rassuré. Je me devais d'aller au bout de mon rêve. Certes, j'ai échoué, mais en faisant le truc à fond, sans me mentir. J'ai alors découvert qu'on pouvait être heureux dans l'échec.

C

Capriati, Jennifer

Rien n'exalte plus les gens – pas seulement les sportifs – qu'une bonne histoire de come-back. On se dit que rien n'est jamais fini : c'est rassurant.

En tennis, il y a l'exemple d'Agassi, qui nous fait une grosse déprime à mi-carrière, sombre dans la drogue (la méthamphétamine, pas juste le petit joint), sort des 100 premiers puis redevient numéro 1.

Il y a Sharapova, qui perd son service pour toujours après une opération de l'épaule mais parvient quand même à gagner trois grands chelems supplémentaires en faisant dix doubles fautes par match.

Et puis il y a Capriati, dont le retour au plus haut niveau après des années d'errance a une particularité : il est plus fort et va plus loin qu'à l'aller.

10e mondiale à 14 ans, Jennifer Capriati était partie pour marcher dans les traces de Tracy Austin : une carrière fulgurante, numéro 1 à 16 ans, un ou deux grands chelems et tchao.

Pourtant, elle ne parvient pas à dépasser les demies, végète quatre ans dans le top 10 puis s'effondre. Vol à l'étalage, possession de *weed*, deux ans d'arrêt complet.

Retour poussif, les années passent, et puis soudain, 2001-2002 : Australie, Roland-Garros, Australie, trois grands chelems en douze mois. Meilleur classement : numéro 1 (en 2001).

Deux ans passent encore, et elle arrête.

Du coup, c'est comme si le schéma Tracy Austin avait bugué, comme agité de soubresauts chevrotants, pour se réaliser avec dix ans de retard : débuts fracassants, trous d'air monstrueux, retour laborieux, et enfin, apothéose fulgurante, mais à 25 ans, après au moins trois vies.

Jennifer Capriati : la chèvre et le génie.

Carlsson, Kent

Je ne sais pas qui était le père de Kent Carlsson, mais enfin ce n'était pas Borg. Surnommé « le lapin mécanique » en raison de ses nombreux tics, Carlsson était aussi agité entre les échanges que Ice Borg était calme et cool. (Pour le reste, leur jeu était assez similaire.)

Cette débauche d'énergie inutile a-t-elle contribué à écourter sa carrière ? Je ne saurais le dire. Tout ce qu'on sait, c'est qu'il a pris sa retraite en 1989, en raison de douleurs chroniques au genou gauche, à l'âge de 21 ans. Durant les cinq petites années de sa courte carrière professionnelle, il sera tout de même parvenu à la 6e place mondiale. Pas si mal pour un mec qui brûlait autant de calories.

Cash, Pat

Les cuisseaux de Berdych et la présence au filet d'Edberg = la plus belle volée basse de l'histoire du jeu. Trait d'union entre les Australiens du temps jadis et Kyrgios.

En 1984, à 19 ans, il atteint les demi-finales à Wimbledon et l'US Open, où il obtient une balle de match contre Lendl que celui-ci sauve d'un improbable lob lifté sur la ligne.

En 1986, il revient d'une longue blessure et d'une opération de l'appendicite pour atteindre les quarts à Wimbledon où il perd contre Henri Leconte. (Il avait demandé au chirurgien de ne pas sectionner les muscles de la ceinture abdominale pour être sur pied deux semaines plus tard.)

L'année d'après, il gagne le tournoi en alignant Wilander, Connors et Lendl. C'est lui qui inaugure la mode des vainqueurs qui grimpent dans les tribunes pour embrasser leur famille. Il arbore ce jour-là le célèbre bandeau à damier noir et blanc qu'il ne quittera plus.

Mais plus encore que cet unique titre du Grand Chelem d'une carrière gâchée par les blessures, c'est sans doute l'année suivante qu'il obtient sa plus grande consécration, sous la forme d'une déclaration de Lendl, qu'il vient de battre en demie à Melbourne pour la deuxième année consécutive, au terme d'un match interminable : « Le problème, avec Cash, c'est qu'il ne sait pas perdre. » Il perdra pourtant en finale (8/6 au cinquième contre Wilander). Mais avoir arraché un aussi bel hommage à un Lendl en général peu enclin à reconnaître les qualités de ses adversaires (et *a fortiori* d'un adversaire qui vient de le battre), voilà qui n'aura pas été donné à tout le monde. (Même si, de son point de vue, tout ça ne valait pas un bon concert de heavy metal. Sa plus grande émotion, disait-il, était d'avoir joué – de la guitare – dans un festival de hard rock devant 10 000 personnes. (Comme quoi.)

Challenger

« Un tournoi *challenger*, c'est la définition même de la médiocrité », écrit Agassi, qui est bien placé pour en parler puisque, après avoir été numéro 1 mondial et être retombé à la 141e place en 1997, il avait souhaité repartir de zéro, retournant jouer des matchs sur le circuit secondaire pour se refaire la cerise : adieu les cinq étoiles, bonjour la bouffe dégueu.

Presque tous les joueurs professionnels ont des souvenirs de douloureuse solitude dans des chambres d'hôtel au standing incertain à Ostrava ou Tbilissi.

Dans un challenger, on joue devant quinze spectateurs, on ramasse parfois ses balles soi-même et on affiche son score à la main sur les petits panneaux mobiles. Bref, on joue au tennis dans des conditions normales, mais enfin, forcément, Agassi n'avait plus l'habitude. De fait, c'était alors très inhabituel : Connors, Borg, Lendl, McEnroe n'avaient jamais fait ça. (C'est devenu plus fréquent aujourd'hui, notamment lorsqu'un joueur revient de blessure.)

Un « officiel haut placé » aurait dit que voir Agassi dans un challenger, c'était comme voir Bruce Springsteen jouer au bar du coin. Ce qui avait inspiré cette réflexion au kid de Las Vegas : « Moi, je trouverais ça cool que Springsteen joue parfois dans des bars. » Cela, toutefois, ne l'a pas empêché de remonter fissa au classement pour se tirer de ce merdier : adieu le poulet froid et le Coca sans bulles, bonjour le Four Seasons, l'omelette aux cèpes et la limo à l'aéroport.

Challenge Round

C'était mieux avant. En tout cas pour les tenants du titre.

Jusqu'à 1911 à l'US National Championship, ancêtre de l'US Open, 1922 à Wimbledon et tout de même 1972 en Coupe Davis, le vainqueur attendait tranquillement son adversaire en finale l'année suivante, c'est-à-dire qu'il n'avait qu'un seul match à gagner pour conserver son titre.

Alors, évidemment, le challenger était chaud, mais en même temps, il devait être bien crevé. *Defending champion*, c'était le bon plan.

Chang, Michael

Yannick Noah a dit : « Mieux vaut être l'homme d'un seul exploit que de pas d'exploit du tout. »

Certes, mais quand on réalise cet exploit à 17 ans, au tout début de sa carrière, sans jamais faire mieux par la suite, comment ça se passe ?

Chang remporte Roland-Garros 1989 en battant Edberg en finale au terme d'un beau combat en cinq sets (à l'issue duquel il remercie Jésus, *alias* « Luigi », selon Nelson Monfort qui s'embrouille dans la traduction), après avoir triomphé de Lendl en huitième de finale, dans un match resté célèbre : trente ans après, on se souvient des crampes de Chang, de sa position avancée en retour qui provoqua une double faute de Lendl, et surtout de son service à la cuillère.

C'est bien mais c'est tout.

Par la suite, Chang a pourtant joué trois autres finales de grands chelems (perdues contre Muster, Becker et Sampras) et atteint brièvement la 2e place mondiale.

Il est aujourd'hui coach de Nishikori.

Il faut imaginer Chang heureux.

Chatrier, Philippe (1928-2000)

Ce devait être un grand président pour que le Court Central de Roland-Garros prenne son nom. Cet honneur est normalement réservé aux joueuses et aux joueurs (Rod Laver, Margaret Court, Arthur Ashe, Suzanne Lenglen et Simonne Mathieu).

D'abord joueur de tennis à la fin des années 40 (numéro 6 français qui joua la Coupe Davis), il devient journaliste et crée *Tennis de France* en 53. Après avoir été capitaine de Coupe Davis et vice-président de la FFT, il est élu président en 1973. Durant son mandat, il popularise le tennis et multiplie le nombre de licenciés par six en vingt ans, dépassant le million. En 77, il cumule ce mandat avec celui de président de la Fédération internationale. Grâce à lui, le tennis réintégrera le programme olympique en 1988.

Christian Bîmes lui succède en 1993. Chatrier incarnait l'intégrité. Bîmes fut condamné pour prise illégale d'intérêts en 2009. En marge du procès, Patrice Clerc, ex-directeur général de Roland-Garros, confiait : « Philippe Chatrier servait le tennis, Bîmes se servait du tennis. » Les présidents se suivent mais ne se ressemblent pas.

Chesnokov, Andrei

On se souviendra de Chesnokov, demi-finaliste à Roland-Garros et 9e mondial en 1991, pour deux ou trois choses.

D'abord, son côté soviétique : coupe Playmobil, chaussures et raquettes d'occasion, joueur d'échecs à ses heures, et l'obligation de reverser 80 % de ses gains à sa fédération, jusqu'au moment où, avec ses confrères et consœurs ils décidèrent que l'heure de la perestroïka avait aussi sonné dans leur branche.

Ensuite, parce qu'il fut le premier joueur professionnel connu à avoir une femme comme coach (Tatiana Naumko).

Et enfin, parce que, à Roland-Garros, en 1986, il écrasa Mats Wilander, tenant du titre, 6/2 6/3 6/2, *en marchant.*

Chez Castel

Dans les années 70, la boîte de nuit dans laquelle il fallait se montrer à Paris s'appelait Castel. Elle existe toujours dans le 6e arrondissement. Ce qu'on appelait le « Tout-Paris » s'y retrouvait. C'est aussi peut-être l'un des seuls endroits au monde où il y a eu en même temps les Beatles et les Rolling Stones. Si vous passiez la porte durant Roland-Garros, vous pouviez retrouver Nastase qui discutait avec Bianca Jagger et Claudia Cardinale au bar du foyer, au rez-de-chaussée, avant de descendre au sous-sol pour faire la fête jusqu'au petit matin germanopratin.

Ce que l'on sait moins, c'est que tout cela se déroulait sous les yeux d'un ancien joueur de tennis professionnel du nom de Jacques Renavand. Il était le bras droit de Jean Castel. Avant cela, il avait atteint les huitièmes de finale à Roland-Garros et le troisième tour à Wimbledon et l'US Open. Il avait aussi connu quatre sélections en Coupe Davis en 1961 et 1962. Il arrêtera pour cause de guerre d'Algérie.

Son service militaire dure vingt-huit mois, et il en passe quatorze là-bas, en trois fois. Dès qu'il revient, il doit être prêt pour jouer en équipe de France. Usé psychologiquement, il trouve refuge au 15 rue Princesse.

Il devient directeur de la nuit « castelienne » à 27 ans et le restera de 1967 à 1981. Il préfère passer ses soirées avec Brigitte Bardot, Serge Gainsbourg, Jane Birkin, Coluche, Johnny Hallyday, Claude Brasseur ou bien Jean-Paul Belmondo que de taper dans une balle. J'aurais fait pareil.

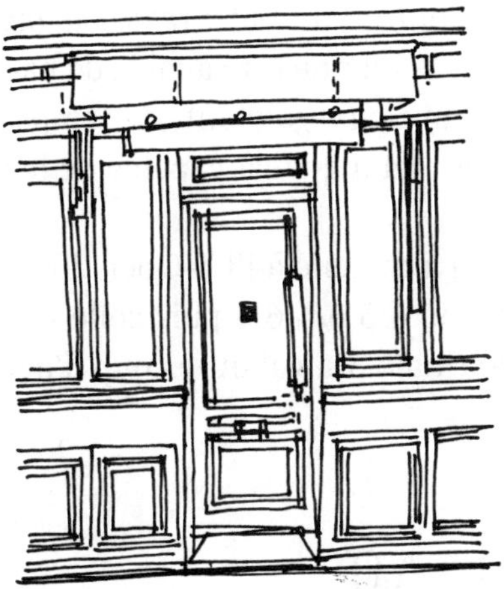

Chip

Voir : *Chop.*

Chop

Voir : *Slice.*

Cilic, Marin

Il faut regarder Cilic au service : fait rebondir la balle, jette un œil à l'adversaire, petit tremblement nerveux de la jambe arrière, refait rebondir la balle… Il suit toujours, exactement, le même schéma. On se moque de Nadal pour ses tics, mais il est tout à fait fascinant de constater les rituels stratégiques déployés par les joueurs, autant d'astuces qui n'ont qu'un but : *refaire le même geste.* Car tout est là : tout le monde est capable de balancer un missile pour faire un point gagnant, de temps à autre. Mais le meilleur, c'est celui qui est capable de le refaire le plus souvent.

Pour Cilic, ça a marché à l'US Open 2014, où il élimine Federer en demie 6/3 6/4 6/4 puis colle encore trois sets à Nishikori en finale. Ça valait le coup d'agiter la jambe.

Classement ATP

« Le système du classement ATP est tellement bien fait qu'on peut être mort et toujours numéro 1 mondial. »

Je trouve que Sampras, lorsqu'il a fait cette déclaration, a été assez injuste avec un classement dont il n'a jamais eu à se plaindre, puisqu'il a fini six ans à la première place, et qui, vaille que vaille depuis 1973 (et son premier numéro 1, Ilie Nastase), consacre une hiérarchie à peu près cohérente en faisant la moyenne des dix-huit meilleurs résultats des douze derniers mois.

Alors, certes, il y a le raté retentissant de 1977, quand Vilas finit l'année 2e, devancé par Jimmy Connors, malgré deux grands chelems, quinze tournois et cinq finales dont l'Open d'Australie. (Vilas ne sera jamais numéro 1 mondial.) C'est très étrange, mais crois-moi, Guillermo, en matière d'étrangeté, le système de classement de la FFT est bien pire.

Classement FFT

En France, le système de classement des licenciés est un scandale qui confine à la poésie.

Je passe sur le baroque alambiqué des quatre séries et de leurs déclinaisons, copiées sur les scores pour d'obscures raisons ancestrales : 40, 30/5, 30/4, 30/3... 15/5, 15/4... 4/6, 3/6... 0, etc. jusqu'à la deuxième série négative -2/6... -4/6... -15... -30...

On raconte que ces numérotations étranges sont la trace d'une ancienne grille de handicaps, quand, jadis, un 2/6 commençait, deux fois tous les six jeux, avec une avance de 15-0, par rapport à une base de classement 0. Un 3/6 commençait à 15-0 trois fois tous les six jeux, un 4/6, quatre fois, etc. Ensuite, la série des 15, comme son nom ne l'indique pas, commençait avec une avance de 30-0, le 15/1 une fois sur six, le 15/2, deux fois, etc. La série des 30 semble avoir été ajoutée tardivement et ne correspondre à rien. Bref.

Ce qui nous fait basculer dans un univers parallèle est le mode de calcul : chaque victoire rapporte des points en fonction du différentiel entre votre classement et celui de votre adversaire : une victoire à classement égal rapporte 50 points, à un classement au-dessus du vôtre, 100 points (90, en fait, mais on va simplifier), à deux classements ou plus, 120 (150 auparavant, mais la Fédé est assez pingre). Par exemple, si un 30/2 bat un 30/1, cette victoire lui rapportera 100 points. S'il bat un 30 ou mieux, 120 points, mais si son adversaire n'est que 30/4, soit un classement en dessous de lui, seulement 30 points, deux classements en dessous, 20 points, etc.

Pour atteindre un classement donné, il faut accumuler un certain nombre de points fixé au préalable (mettons 350 points environ). Mais ce classement se recalcule immédiatement lors d'un deuxième tour pour vérifier que le joueur possède les points pour se maintenir, son nouveau classement théorique ayant modifié le différentiel de calcul par rapport au classement des joueurs qu'il a vaincus.

Bon, c'est déjà un peu compliqué mais pourquoi pas.

Le scandale est le suivant : les points que vous rapporte la victoire contre un adversaire ne correspondent pas à son classement actuel *mais à son classement futur*. C'est-à-dire que si vous êtes 15/1 et que vous battez, mettons en avril, un 15/1 qui monte 15 à la fin de l'année, vous aurez les 100 points d'une victoire à n+1 et non les 50 qui devraient vous être attribués pour une victoire à niveau égal. (Et inversement, s'il descend 15/2 en fin d'année, vous n'aurez pas les points de son classement *au moment où* vous l'avez battu, mais les 30 points du classement n-1 de fin d'année.)

La question est : comment calcule-t-on le classement final de vos adversaires ? En fonction de leurs propres victoires accumulées tout au long de l'année. Contre des adversaires dont sont pris en compte les classements futurs, calculés eux-mêmes en fonction du classement final de leurs adversaires, qui eux-mêmes, etc.

Virtuellement, il n'y a aucune raison pour que la machine à calculer s'arrête jamais, puisque chaque classement est sans cesse modifié par l'évolution des classements fluctuants des adversaires.

Cette impossibilité radicale de fixer les points gagnés par chaque joueur, puisque les performances de ses adversaires et des adversaires de ses adversaires sont fluctuantes à l'infini, est donc une insulte à la logique et à l'intelligence humaine. Mais enfin, cela n'a l'air de choquer personne, tout au plus les licenciés sont-ils un peu perplexes, attendant sagement le verdict final sans trop poser de questions, alors la FFT continue tranquillement sa petite tambouille, pourquoi s'emmerder ?

Clément, Arnaud

Pour le côtoyer aujourd'hui sur un court de padel, les qualités physiques d'Arnaud Clément sont intactes. Son esprit de compétition aussi. Ces deux atouts, entre autres, ont construit une grande carrière : 10e mondial en simple, 8e en double, finaliste de l'Open d'Australie en 2001 (voir *Grosjean*), 4 titres sur le circuit principal et une victoire en Coupe Davis en 2001.

Il m'a fait lever en pleine nuit, pour suivre sa finale contre Agassi à Melbourne. J'étais un espoir au pôle France à Poitiers. J'avais 14 ans. Il n'y a pas eu de miracle mais on y croyait : cinq mois avant, il avait battu l'Américain à l'US Open en trois sets alors qu'il était numéro 1 mondial. Dix ans plus tard, je joue le grand prix de Newport et le challenger de Granby. Lui aussi. C'est la première fois que je le rencontre.

Il avait une schizophrénie que peuvent avoir certains joueurs : la folie et la rage sur le court, la gentillesse et un côté pince-sans-rire en dehors. Il ne cassait pas de raquette, mais si un ramasseur de balles lui apportait mal sa serviette, ça pouvait le rendre dingue.

J'adorais son style : ses polos Lacoste unis, ses bandanas aux couleurs variées, ses lunettes de soleil Oakley sur le court, ses cheveux longs, etc. Look extravagant qui contraste avec sa timidité.

Quelques jours après son dernier match sur le circuit professionnel, il est nommé capitaine de Coupe Davis. La première année, en 2013, la France perd en Argentine en quart de finale. Gasquet devait jouer mais se blesse juste avant la rencontre.

En 2014, les Bleus vont en finale et perdent contre la Suisse de Federer et Wawrinka. Yannick Noah s'exprime à l'issue de la rencontre : « Ils n'étaient pas prêts. On peut perdre, c'est l'histoire du sport. Mais ils n'ont pas donné le meilleur d'eux-mêmes. Ce que je sais, c'est que je suis le mec qui a le plus grand palmarès en France depuis cinquante ans, et que les mecs t'appellent jamais [...]. Je peux te dire que si je m'y mets ça va pas rigoler. » Arnaud s'est senti trahi, car son capitanat s'inscrivait dans la suite de Guy Forget, lui-même un élève de Yannick. L'attaque venait de son clan.

En 2015, la France perd en quart contre la Grande-Bretagne. Ce sera la défaite de trop pour la direction de la FFT (Jean Gachassin est alors président et Bernard Giudicelli secrétaire général). Clément est remercié. Yannick est nommé. J'assiste à la conférence de presse : « J'imagine bien qu'Arnaud doit être blessé. Je pense qu'à sa place je serais blessé aussi. Mais il n'y a pas de bon moyen. C'est quoi le bon moyen ? Comment faire ? »

Clijsters, Kim

McEnroe serait content : Kim Clijsters a réussi la performance rarissime d'être numéro 1 à la fois en simple et en double, à l'été 2003. Qui peut en dire autant ? Pas Justine Henin, sa compatriote et grande rivale belge, seulement 23e en double à son meilleur.

Dans la rivalité qui oppose les deux joueuses belges, la Wallonne mène toutefois sept grands chelems à quatre face à la Flamande.

Mais, puisque Clijsters a annoncé son retour prochain à la compétition, peut-être les compteurs ne sont-ils pas définitivement arrêtés.

Après tout, la dernière fois que Clijsters a décidé de revenir sur le circuit, suite à une première retraite de deux ans, elle a signé le retour le plus fracassant de l'histoire du sport, remportant l'US Open 2009 au bout de quelques mois, sans être tête de série (exploit inédit), en éliminant Venus au troisième tour sur le score baroque de 6/0 0/6 6/4, et Serena en demie, avant de battre Wozniacki en finale. C'est la seule joueuse à avoir battu les deux sœurs deux fois dans un même tournoi (la première fois au Masters 2002). C'était aussi la première joueuse depuis Evonne Goolagong à remporter un grand chelem après avoir eu un enfant.

Elle en a trois, maintenant, et 36 ans : après tout, moins que Federer ou Serena. En tennis, il semblerait que la trentaine *is the new* vingtaine. Mais huit ans se sont écoulés depuis son dernier match de compétition, qui font que personne ne se risquerait à miser trop gros sur ce second retour. Ceci dit, on peut aussi prédire qu'aucune joueuse du circuit ne sera ravie à l'idée de tomber contre elle.

Clinton, Bill

L'homme politique peut déranger le joueur de tennis. Est-ce que Bill Clinton a distrait Andre Agassi en quart de finale de Roland-Garros contre Sébastien Grosjean, et ainsi permis au Français d'atteindre les demi-finales de Roland-Garros pour la seule et unique fois de sa carrière ? Retour sur les faits.

6 juin 2001, Agassi, grandissime favori du tournoi, vainqueur de l'Open d'Australie la même année, est seul sur le terrain dans le premier set, 6/1 en vingt minutes. Grosjean n'existe pas. Et puis, pendant le changement de côté, on entend une clameur descendre des tribunes du Court central : Bill Clinton vient d'arriver en tribune présidentielle. Il prend le temps de saluer quelques personnes dans la tribune et, surtout, il salue le public du Central. Ovation.

Après cet événement, Andre Agassi ne marque plus que cinq jeux dans les trois sets qui suivent. Grosjean l'emporte 1/6 6/1 6/1 6/3 et rejoint Alex Corretja en demie.

Agassi assure ne pas avoir vu Bill Clinton en tribune (difficile à croire quand on sait qu'il était au premier rang de la tribune présidentielle), mais la coïncidence est quand même assez incroyable. Grosjean, dans le doute, voulait « qu'on l'invite encore pour les demi-finales ».

Clinton, lui, aurait nié les faits qui lui étaient reprochés. Après tout, il avait l'habitude.

Coach

C'est un mot qui vient du mot français « coche », qui désignait celui qui emmenait une personne (ou plusieurs) d'un point A à un point B. Les Anglais l'ont ensuite transformé en « coach », qui veut aussi dire « autocar ». (Le « coche » désignait d'abord une voiture à cheval.) Comment en est-on venu à utiliser ce mot pour désigner un entraîneur ?

Ce sont des étudiants d'Oxford qui lui ont donné un sens presque philosophique en faisant du « coach » le tuteur ou le mentor qui transporte l'élève vers la connaissance. D'un objectif de début de saison jusqu'à sa réalisation, le chemin peut être long et sinueux. Le coach est là pour rendre ce chemin possible.

Voir : *Entraîneur.*

Coaching

Voir : *Dehaes, Philippe.*

Cochet, Henri (1901-1987)

Des quatre Mousquetaires (voir *Mousquetaires*), Henri Cochet est celui qui a le plus beau palmarès : sept grands chelems, et le seul de la bande à avoir remporté les US Championships (ancêtre de l'US Open), de surcroît, en interrompant le règne du grand Bill Tilden (voir *Tilden*), en 1926, empêchant celui-ci de gagner le tournoi pour la septième fois d'affilée. L'exploit est d'autant plus remarquable que Cochet avait mis le tennis entre parenthèses pendant trois ans pour se consacrer à la boutique d'articles de sport qu'il avait ouverte à Lyon avec sa sœur.

L'année suivante, en 1927, il remporte Wimbledon en remontant trois fois de suite un retard de deux sets à zéro, en quart (contre Tilden), demie et finale (lors de laquelle il sauve huit balles de match contre Borotra).

Bref, on peut dire qu'Henri Cochet savait rebondir.

Come-back

Voir : *Capriati.*

Concentration

Au tennis, tout va très vite, deux points lâchés par mégarde, et c'est le break, c'est pourquoi il vaut mieux rester attentif.

Or, l'époque ne s'y prête guère. Il m'est arrivé de regarder mon portable au changement de côté. Qu'y avait-il de si urgent ? Qu'y avait-il de plus urgent que le match *que j'étais en train de jouer* ? Mystère.

Cela dit, l'époque n'est pas non plus responsable de tout. Mentalement, le tennis est un sport compliqué. Le tennis n'est pas un sport de rêveur.

Ivanisevic, sans doute l'un des mieux placés pour le faire, le reconnaissait :

« Mon problème, c'est qu'à chaque match, je dois me battre contre cinq adversaires : l'arbitre, le public, les ramasseurs de balles, le filet et moi-même. C'est pour ça que, parfois, mon esprit est un peu ailleurs. »

Confiance

« Ma croyance en mes capacités est totale. J'ai toujours cru en moi. Je sais que je suis bon et à quel point je peux le devenir. Mon service et mes coups de fond de court constituent mes armes. Je suis conscient de ma chance d'en posséder autant, mais encore une fois, j'ai beaucoup travaillé pour cela. Je vais continuer à travailler sur mes forces mais aussi sur mes faiblesses et je pense que cette attitude m'aidera à atteindre mes buts » (Kyrgios, 2016).

Connolly, Maureen (1934-1969)

Tout comme Tracy Austin vingt-huit ans plus tard, Maureen Connolly remporte son premier US Open à 16 ans, mais, à la différence de sa jeune compatriote, elle gagne aussi les sept tournois majeurs suivants auxquels elle participe, réalisant le Grand Chelem en 1953.

Elle a 20 ans quand sa carrière s'arrête brutalement en 1954 à la suite d'un accident de cheval. Éclair dans la nuit du monde, elle meurt d'un cancer des ovaires à 34 ans, en 1969.

Connors, Jimmy

Connors est peut-être un connard, mais c'était mon héros.

Il faut dire que je l'ai connu au meilleur moment : lorsqu'il ne gagnait plus, générant partout sur son passage cette nostalgie qui s'empare de nous chaque fois que l'on nous rappelle que rien n'est éternel. La foule aimait l'ancien bad boy, Jimbo, « le vieux lion », plus drôle et plus roublard que McEnroe, moins écorché, moins vainqueur (même si McEnroe ne le rattrapera jamais au nombre des grands chelems ni des tournois gagnés – 7 à 8 grands chelems et 77 à 109 titres ATP, 104 à 149 tout compris).

Son jeu était un calvaire pour tout supporter qui se respecte : balles rasantes, grosse prise de risque, fragile sur son coup droit, il faisait un peu la même impression que Federer dans un mauvais jour.

En 1984, quand je le découvre, il dispute sa dernière finale du Grand Chelem à Wimbledon, écrasé par McEnroe 6/1 6/1 6/2.

En 1985, quand je me mets vraiment à le suivre, il va toujours en demi-finale de tous les tournois, mais rarement en finale, et ne gagne plus jamais. Son compteur est bloqué à 105 titres ATP (c'est déjà le record).

J'attendrai quatre ans, à suivre tous ses matchs, avant qu'il gagne un 106e titre.

Je m'en souviens comme si c'était hier : je suis dans la chambre de ma mère, il est déjà tard dans la soirée parce que la finale se joue à Washington, je réactualise sans arrêt la page de résultats *sur mon Minitel*, et soudain, la nouvelle tombe. *Connors b. Gomez 6/1 6/4.* Je suis fou de joie. Je n'en reviens pas. J'ai l'impression qu'un rêve impossible vient de se réaliser. Connors a gagné Washington. Connors a gagné un tournoi. De mon vivant.

Par la suite, il en gagne encore trois, deux fois Toulouse dont un 6/3 6/3 contre McEnroe qu'il n'avait plus battu depuis mille ans (McEnroe-Connors en finale à Toulouse : ce tournoi proposait des affiches assez correctes !) et une fois Tel-Aviv (j'écris tout ça de mémoire, sans vérifier).

Entre-temps, j'aurai assisté (toujours sur mon Minitel car la télé avait rendu l'antenne après les deux premiers sets) au mythique Connors-Pernfors de Wimbledon 1987 (voir *Remontée* et *Pernfors*). Et par la suite, comme une récompense de toutes ces années à le soutenir, j'aurai *vu*, à la télé cette fois, l'incroyable épopée de l'US Open 1991, avec ses deux matchs mythiques, au premier tour contre Patrick McEnroe (le petit frère) et Krickstein en huitième (voir *Remontée* et *Krickstein*).

Aux yeux du public, Connors avait l'air tellement sympa. Aux yeux de ses pairs, beaucoup moins. Il faisait partie de ces joueurs qui voulaient gagner à tout prix. « Je ne suis pas là pour respecter mon adversaire, disait-il, je suis là pour l'humilier. » Ou encore : « Je ne supporte pas de lire la moindre trace de satisfaction sur le visage de mon adversaire. » (Il avait tout pour s'entendre avec Sharapova, sauf peut-être les qualités pédagogiques : lorsqu'elle le choisit comme coach en 2013, leur association dure une semaine. Apparemment, il lui faisait faire trop de corde à sauter.)

Mais ce qu'on retient de Connors, c'est surtout sa combativité surnaturelle. McEnroe, après sa défaite à Toulouse, s'était étonné : Connors, vous pouvez le battre 20 fois, il ne renoncera jamais, et à la 21e, il vous bat de nouveau.

C'est sans doute pour ça que je l'aimais autant, pour ce paradoxe (et ce malentendu) : Connors est l'archétype du gagnant, du winner, du battant, et moi, au fond, je l'aimais parce qu'il ne gagnait jamais (croyais-je).

Si je l'avais connu en 1974, lorsqu'il se voyait privé d'un Grand Chelem à peu près certain par Philippe Chatrier (qui l'empêche de jouer à Roland-Garros pendant cinq ans pour une histoire de participation à un circuit concurrent), tandis qu'il raflait l'Australie, Wimbledon et l'US Open (voir *Petit Chelem*), peut-être m'aurait-il moins intéressé (quoique je me souvienne combien Borg me fascinait : enfant, je n'étais pas insensible à l'invincibilité...).

Au-delà de cet aspect sentimental, au-delà de son jeu d'attaquant de fond de court qui fait de lui l'ancêtre d'Agassi, de son retour de service (« l'homme qui retourne les aces plus vite qu'ils n'arrivent », disait-on), de son revers à deux mains avec cette incroyable rotation du tronc, c'est bien son caractère spécial qui faisait de Connors un joueur totalement hors normes.

Brad Gilbert disait de lui qu'il était anormalement hermétique à la pression (mais qu'il savait la mettre sur son adversaire et sur l'arbitre comme personne) parce qu'il ne raisonnait qu'en termes de gains : quelles opportunités offrent les retombées d'un tournoi de seconde zone ? Ici, Gilbert fait penser Connors : « Pas des masses. Ni gloire, ni fortune, ni flatteries. Et le niveau de pression ? Pas bien élevé. D'un autre côté, quelles sont les retombées d'une finale à l'US Open ? Maximales. C'est là-bas que se font les carrières, que se créent les légendes. Le niveau de pression ? Maximal. » Gilbert était fasciné par le fait que Jimmy était galvanisé quand les enjeux étaient de taille. « Une balle de match dans un tournoi du Grand Chelem ? Il ne pourrait pas s'éclater davantage. C'est à ses yeux tout ce qu'il y a de plus naturel. Mais pour la majorité d'entre nous, c'est tout l'inverse. »

Et Gilbert d'ajouter, admiratif : « Son cran et sa ténacité étaient sans égal. [...] Jimmy était le tueur à gages du tennis. »

Le plus fort dans tout ça est que Connors, l'ultime guerrier dépeint par Gilbert, la machine de guerre, le tueur sans merci, l'éventreur de Belleville (Illinois), *était* sensible à la pression.

En 1982, alors qu'il n'a plus gagné de grand chelem depuis quatre ans, il sert pour le match en finale de

Wimbledon, à 5/4 au cinquième set, contre McEnroe, tenant du titre. Et gagne. Mais de ce moment, il dira plus tard : « Je chiais dans mon froc. »

De cet aveu, Guy Forget dira, encore plus tard : « Vous vous rendez compte ? Connors ! »

Conseil

Innombrables sont les récits du monde, et les conseils aussi.

Brad Gilbert lui-même, qui n'en était pas avare, concède que « les joueurs diffèrent tellement par leurs aptitudes physiques, par le temps passé à jouer et à s'entraîner ou par leur degré de motivation qu'il est rare qu'une même suggestion donne un résultat similaire chez tout le monde ».

Par exemple, lors des matchs par équipe du dimanche, mes coéquipiers, lorsqu'ils me voyaient en difficulté, me conseillaient invariablement de temporiser, d'assurer mes coups, de remettre la balle dans le court, de faire jouer l'adversaire. Toutes choses dont j'étais bien incapable, moi qui ne pouvais pas imaginer sans frémir un échange de plus de quatre coups, qui ne savais même pas comment *ne pas* frapper ma deuxième balle. Dans la situation inverse, je leur conseillais toujours d'être plus agressifs, de prendre des risques et de monter au filet. Chacun projetait sur l'autre sa propre logique, son propre jeu, ses propres forces et faiblesses : bien sûr, ça ne servait à rien.

Les *petits* conseils mécaniques, en nous obligeant à focaliser sur un détail précis, peuvent déjà s'avérer plus utiles : « Lance plus haut », « Ouvre la paume de la main », « Tends ton bras », « Relève ta tête de raquette en début de préparation », « Pointe la balle avec le doigt », « Tape le sol avec le talon avant de frapper ton revers, comme Wawrinka » ou « Fais le dauphin », que sais-je ?... Dans le pire des cas, le joueur n'en tiendra pas compte, mais parfois, ça peut servir de déclic.

Inversement, on proscrira le « Frappe devant toi » ou « Avance sur la balle » : trop général, trop large, trop évident. Oui, on le sait qu'il faut frapper en avançant, merci. Autant dire « Gagne les points » ou « Joue bien » ou « N'oublie pas le transfert de poids ».

Dans son infinie sagesse, Gilbert nous délivre cependant un conseil qui, en dépit de son caractère en effet très général, n'est pas sans profondeur, ni, surtout, sans utilité, et qui pourrait même être considéré comme le conseil des conseils, dans la mesure où, d'une certaine façon, il sera la condition de possibilité de tout l'univers, selon qu'on l'appliquera ou non :

« Efforcez-vous de commencer le point sans commettre de (double) faute. »

Consentement

L'actualité littéraire est telle que, en ce début 2020, Vanessa Springora a sorti un livre, *Le Consentement*, qui est venu faire écho à un fait divers qui se jugeait à la même période. J'y ai vu des parallèles : l'emprise, l'isolement et la prédation sexuelle.

Vendredi 24 janvier 2020, tribunal de grande instance de Nanterre. Andrew Geddes, entraîneur de tennis passé par les clubs de Sarcelles et de Levallois, est jugé aux assises pour viol sur quatre de ses élèves entre 1999 et 2014. Elles étaient âgées de 12 à 17 ans au moment des faits. Je suis tombé sur un article dans *L'Équipe* de Franck Ramella, qui racontait dans le détail le déroulement du procès et des sévices qu'avait infligés cet homme à ces filles. Une voix au fond de moi me dit de me rendre au tribunal. Je l'écoute.

C'est le dernier jour du procès, et j'arrive au moment où l'avocate générale vient de requérir quinze ans de prison contre M. Geddes. Je rejoins un ami, présent pour soutenir sa compagne qui a été entraînée par Geddes, et qui a dû témoigner au procès. Elle, contrairement aux autres filles, n'a pas été abusée. Elle était partie pour une tournée de trois tournois au Portugal avec lui mais, au bout de trois jours, elle ne se sentait pas bien. Ils partageaient la chambre pour des raisons d'économie. Elle avait senti un malaise et avait préféré couper court à leur relation entraîneur-entraînée sur-le-champ.

J'entre dans la salle d'audience pendant le plaidoyer de l'avocat de la défense. Il raconte comment Geddes séduisait ses victimes : il trouvait toujours un moyen de s'immiscer dans leur vie privée. Elles lui faisaient confiance, parce qu'il était cet entraîneur charismatique, aux méthodes dures. Ça faisait partie du mythe. On lui pardonnait ses pratiques de coaching au nom de son charisme. Ses façons d'entraîner nourrissaient la fascination des gens du club. Personne ne réagissait autour de lui, ce qui accentuait la vulnérabilité de ces filles face à leur bourreau.

Vanessa Springora l'analyse ainsi : « la *vulnérabilité*, c'est précisément cet infime interstice par lequel des profils psychologiques tels que celui de G. peuvent s'immiscer. C'est l'élément qui rend la notion de consentement si tangente ». Comme Matzneff, qui a été cité par l'avocat de la défense, Geddes prétend qu'il ne savait pas qu'elles n'étaient pas consentantes.

Andrew Geddes a été condamné à dix-huit ans de prison ce jour-là. Une fois que le président des assises a prononcé le verdict, deux agents de police ont encerclé le condamné, pour l'emmener dans la cage en verre située dans la salle d'audience. Au moment d'entrer dans la cellule, Andrew G. était en larmes, murmurant un « C'est pas possible ».

Vanessa Springora écrit : « Ce qui caractérise les prédateurs sexuels en général, et les pédocriminels en particulier, c'est bien le déni de gravité de leurs actes. »

Cordage[1]

C'est dans la raquette que bat la pulsation du joueur de tennis, à chaque coup, de façon métronomique, de préférence dans le « *sweet spot* », la zone de frappe optimale. Cette pulsation est imprimée par le cordage. Le cordage

1. Entrée rédigée par Alexandre Choiselat.

est le cœur du joueur, et son évolution récente et spectaculaire en fait désormais le cœur du jeu.

À quoi doit-on le développement le plus notable du tennis de ces vingt dernières années, la disparition quasi totale des serveurs-volleyeurs ? Aux transformations du cordage. Si, dans les années 70 et 80, les mutations du cadre de la raquette, l'abandon du bois pour l'acier, l'aluminium puis pour des matériaux composites (fibre de verre, carbone, graphite) constituent une première grande révolution technologique et contribuent à l'accélération des échanges, elles n'enterrent pas les filières de jeu orientées vers le filet. Edberg, Becker, Stich, Sampras, Krajicek, Henman peuvent en témoigner. Le ralentissement des surfaces et des balles pour enrayer la domination des *servebots* (« serveurs robots ») tels Ivanisevic ou Philippoussis constitue certes un facteur d'importance. Mais l'élément déterminant est l'introduction du polyester dans la fabrication du cordage et son adoption progressive par les joueurs.

Pendant cent ans, la composition du cordage reste quasiment la même. En 1875, pour équiper ses raquettes, le fabricant anglais Bussey fait appel à Pierre Babolat qui confectionne des cordes pour instruments de musique. Le cordage en boyau est né. Il procure un confort de jeu qui ne laisse pas questionner la légitimité de ce choix. Inconvénient mineur : les cordes ne restent pas en place après chaque échange, le quadrillage parfait se déforme. Dans ce geste si caractéristique qui a quasiment disparu, les joueurs les réajustent avant chaque point et la raquette devient ce miroir sans tain où se reflètent les trépidations de leur conscience.

Le cordage en Nylon fait son apparition dans les années 50 grâce aux innovations de l'industrie textile, et son faible coût de production contribue à la popularisation du sport dans les années 70 et 80. Mais les joueurs professionnels lui préfèrent encore le boyau.

En 1997, un Brésilien presque inconnu remporte Roland-Garros. Sourire désarmant et coupe de cheveux de rock star des sixties, souplesse déconcertante qui fait de lui, avant Novak Djokovic, le premier homme-caoutchouc du tennis, il est surtout doté d'un coup droit et d'un revers de feu : lift monstrueux, angles impossibles, contrôle parfait. Il écarte le tenant du titre Kafelnikov en quart de finale au terme d'un match marathon et écrase en finale Bruguera, double vainqueur de l'épreuve. Gustavo Kuerten a beaucoup de talent, mais aussi une arme secrète : un cordage 100 % polyester. Le « poly », comme on l'appelle désormais, est un cordage en monofilament constitué d'un polymère synthétique : le polytéréphtalate d'éthylène (PET). Ce cordage plus rigide, s'il n'épargne pas le *tennis-elbow* aux joueurs amateurs à la technique imparfaite, donne plus de contrôle et beaucoup plus de lift, grâce à la faible friction entre les cordes qui se déplacent considérablement à l'impact et se remettent en place immédiatement : le quadrillage parfait reste intact.

L'émergence du poly sur le circuit professionnel est à l'origine des changements stratégiques et techniques les plus importants de ces dernières années : il est possible de frapper comme une mule avec un lift phénoménal tout en contrôlant la balle, donc de trouver des angles inimaginables auparavant. Quiconque s'aventure au filet s'expose à présent à la menace d'un *passing-shot* fatal : les coups d'approche doivent presque être des coups gagnants, la volée une banderille finale décochée sans risque. Dans le contexte du jeu moderne, McEnroe et Edberg se feraient tirer au filet comme des chevreaux.

Sur le plan technique, la versatilité de jeu qu'offre le poly, et qui fait du lift une arme indispensable, a transformé l'exécution des coups : l'exemple le plus frappant étant le coup droit dont la prise est maintenant plus fermée, le plan de frappe plus en avant. On ne trouve presque plus sur le circuit ATP de coups droits dits classiques (à l'exception notable de Del Potro).

L'ensemble des joueurs et joueuses ne s'est pas converti au « tout-poly » : le boyau offrant une précision et un confort inégalés, nombreux sont celles et ceux qui adoptent un cordage hybride : montants en poly, travers en boyau (ou inversement, comme Federer), afin d'obtenir le meilleur des deux mondes, lift, contrôle, précision et confort. L'évolution technologique constante des cordages, la multiplicité des fabricants et des caractéristiques de chacun de leurs produits permettent, dans la mise en place d'un cordage hybride, une infinité de combinaisons qui fait de la raquette une petite Formule 1 aux réglages extrêmement précis. Car à tous ces facteurs s'ajoute celui de la tension.

À cet égard, il est vrai que l'introduction du poly a harmonisé quelque peu les tensions utilisées par les joueurs et joueuses professionnels : il n'est pas nécessaire de l'utiliser à de fortes tensions pour garder du contrôle.

À l'époque du boyau seul, les écarts de tension pouvaient être spectaculaires : 38 kilos pour Borg, 42 pour Seles, 34 pour Sampras mais 21 kilos pour McEnroe (qui descendra jusqu'à 16 à la fin de sa carrière)...

Les cordages hybrides amènent aujourd'hui les joueurs à introduire des tensions différentes pour les montants et les travers, et on observe malgré tout des disparités parfois importantes : Federer, Djokovic, Nadal, tous autour de 25 kilos, les sœurs Williams autour de 30, mais Cuevas à 16 kilos, Kukushkin à 13 et Volandri à 12 !

À des tensions aussi éloignées, ces joueurs ne pratiquent pas le même sport. Et si les détracteurs du jeu moderne peuvent trouver dans le polyester un parfait coupable, force est de constater que l'homogénéisation du jeu n'est pas totale.

Coronavirus

Alors que les meilleurs joueurs du monde (à part Federer blessé) s'entraînent torse nu sous le soleil californien pour le premier Masters 1 000 de la saison, la nouvelle tombe : Indian Wells est annulé à cause du COVID-19. Les joueuses et joueurs pensent à un simple principe de précaution. D'abord, ils restent sur place en vue du tournoi de Miami. Mais le 12 mars, l'ATP et la WTA suspendent leur circuit pour six semaines. Six jours plus tard, les deux instances du tennis mondial repousseront encore la date de la reprise de la compétition jusqu'au 8 juin. Finalement, le circuit ne reprendra que le 22 août à Cincinnati.

Entre-temps, le monde du tennis en a profité pour encore plus se déchirer : Mouratoglou crée un circuit qu'il veut pérenniser deux semaines après avoir fait un communiqué de presse appelant à la solidarité et à l'unité. Certains organisent des exhibitions sans prendre toutes les précautions chopant le coronavirus au passage (voir *Djokovid, Novax*). D'autres ne se sont pas illustrés par leur générosité envers leurs collègues moins bien lotis (voir *Morale*).

Pendant le confinement, Houellebecq écrit : « Le monde d'après sera le même, en un peu pire. » Ça vaut pour le tennis.

Coup droit

Le coup droit, comme son nom l'indique, est le coup le plus chiant du tennis (voir *Bollettieri*).

Tout le monde sait faire un coup droit. (Alors qu'un revers…)

D'après Federer, le meilleur coup droit était celui de Fernando Gonzalez, joueur chilien du début du siècle.

Les coups droits de Lendl, Graf, Agassi, Sampras, Tsonga, des sœurs Williams, de Söderling, Del Potro, Nadal, ainsi que celui de Federer lui-même, mais aussi d'une bonne centaine d'autres joueuses et joueurs, ne sont pas mal non plus.

Cela dit, et pour être tout à fait honnête, l'évolution du coup est intéressante, depuis le filet à papillons de Suzanne Lenglen, jusqu'au lasso de Nadal.

La première grosse révolution a été celle du lift (amorcée en fait dès les années 20 – voir *Tilden*) : Vilas, Borg, frappent non plus d'arrière en avant mais de bas en haut pour faire tourner la balle, plus haute, retombant plus vite, plus dure à contrôler. La prise se ferme jusqu'à jouer avec l'autre côté de la raquette, poignet retourné à la Berasategui, et l'on frappe de plus en plus fort, tout en liftant : Bruguera, Nadal. La balle tourne de plus en plus vite. C'est le *spin*.

Parallèlement, les joueurs à plat se mettent aussi à fermer leur prise, pour aller chercher un plan de frappe soit à hauteur de hanche (Lendl, Del Potro), soit plus loin devant eux (Courier, Agassi). On obtient ainsi cette fin de geste caractéristique chez les Djokovic, Dimitrov & co, raquette à hauteur de l'oreille sur l'épaule opposée. Et de très très grosses baffes type Wawrinka, Tsonga ou Federer (et son fameux tennis en deux coups : service, coup droit gagnant, bras tendu, les yeux fermés. Fin).

Dernier type : le coup droit-coup de main. Mecir, Rios, Simon, Medvedev, sans forcer, mettent la balle où ils veulent (là où l'adversaire n'est pas). Leur bras ne ressemble pas à celui d'un bûcheron maniant une hache, mais à un serpent, dont la raquette serait la tête. Relâchement total, précision diabolique. Ils inventent le coup droit *méandreux*. Une alternative au coup de fusil. Mi-chirurgiens mi-pétanquistes au pays des flingueurs.

Moralité : même en coup droit, il peut se passer des choses.

Coupe du Grand Chelem

La Coupe du Grand Chelem est une compétition éphémère, créée par l'ITF pour concurrencer le Masters, qui brillait par ses rémunérations démentielles : 6 millions de *prize money* pour une quinzaine de joueurs, dont 2 millions pour le seul vainqueur.

À l'époque, les joueurs eux-mêmes, fatigués par des saisons déjà interminables, étaient perplexes face à ce déluge de dollars. McEnroe et Agassi voulaient boycotter. Becker avait parlé de « chiottes en or ».

Au-delà des polémiques, cette compétition aura laissé l'un des palmarès les plus baroques qu'on ait pu voir puisque, de 1990 à 1999, le tournoi est successivement remporté par Sampras, Wheaton (?), Stich, Korda, Larsson (??), Ivanisevic, Becker (qui s'est finalement accommodé de ses « chiottes en or »), encore Sampras, Rios et enfin, *last but not least*, Rusedski.

D'une certaine manière, ce joyeux bazar a de la gueule.

Courier, Jim

En finale de Roland-Garros 1991, on attend Agassi mais c'est Courier qui gagne (3/6 6/4 2/6 6/1 6/4). Agassi le vit très mal, et pour cause. Courier est un ancien camarade de chez Bollettieri, qui joue comme lui mais qui passe pour moins doué, et en aucun cas il n'était prévu qu'il remporte son premier grand chelem avant lui.

Courier n'est pas le double maléfique d'Agassi, mais plutôt sa version ordinaire, son double *next door*. Il a une bonne tête de rouquin rougeaud, il frappe son revers comme si sa raquette était une batte de base-ball, il vient de Floride, et, si on lui met un bermuda et une chemisette à fleurs on sent qu'il est prêt à jouer dans *Magnum*. Ou bien à faire le GI dans le *Soldat Ryan* : je suis sûr que les boys du Texas, d'Ohio, de Caroline, d'Oklahoma qui sont morts sur les plages de Normandie lui ressemblaient. Mi-redneck, mi-côte est. Tandis qu'Agassi lutte contre la réputation de produit marketing qu'il s'est lui-même bâtie (« *Image is everything* », dit-il dans une pub), Courier apparaît comme le mec nature, sympa, pas bégueule, *genuine*.

Le gars sympa, mais pas uniquement. « La vérité, c'est que les gars sympas ne gagnent jamais rien. Au tennis, il faut être dur et sans pitié », disait Henman, qui savait de quoi il parlait (puisqu'il n'a jamais rien gagné).

En trois ans, de 1991 à 1993, Courier tabasse tout le monde avec sa batte de base-ball, gagne quatre grands chelems, rajoute trois finales dont une à Wimbledon contre Sampras, devient numéro 1 mondial, puis laisse sa place.

Le tueur sympa.

Court n°1

À propos de cette arène romaine, « orgueil de Roland-Garros 1980 », Serge Daney écrivait : « Sur le court n° 1 qui n'est pas si grand, les gradins ne sont pas loin du gratin, les conceptions du monde et du sport s'affrontent vite, la lutte des classes est toujours prête à être mimée. »

Trente-neuf ans plus tard, les plans d'agrandissement du stade entraînent la destruction du court n° 1. Résultat : l'édition 2020 est annulée. Daney en aurait sûrement tiré une morale politique, mais laquelle ?

Court, Margaret Smith

Voilà une joueuse qui, en remportant 24 titres du Grand Chelem en simple (record absolu, hommes et femmes confondus, après lequel court désespérément Serena Williams), aurait pu tranquillement profiter de sa place dans l'histoire du jeu et de l'Australie.

Au lieu de quoi, elle a choisi de se convertir au pentecôtisme, une secte protestante, si bien que, devenue pasteur, elle s'est sentie obligée de constater, à 74 ans, que son sport était rempli de lesbiennes et que les enfants transgenres étaient l'œuvre du diable, ajoutant, pour être tout à fait claire : « C'est ce que Hitler a fait, et c'est ce que le communisme a fait : pénétrer l'esprit des enfants. Il y a un complot dans notre nation et dans les nations du monde pour pénétrer l'esprit de nos enfants. »

Mission Impossible 2, de John Woo, commençait par cette phrase :

« *Every search for a hero must begin with something which every hero requires : a villain.* »

Peut-être, pour que Billie Jean King, Martina Navratilova et Serena Williams *adviennent*, fallait-il que Margaret Smith Court les précède.

Cramm, Gottfried von (1909-1976)

Gottfried von Cramm n'est pas le premier joueur à avoir eu des problèmes en raison de son homosexualité (voir *Tilden*). Mais il faut reconnaître à cet aristocrate allemand un sens remarquable du timing : prendre un acteur juif pour amant, en Allemagne, dans les années 30, voilà qui dénote un goût certain pour les complications.

Vainqueur du double mixte à Wimbledon en 1933 (année de l'élection de Hitler), double vainqueur du simple à Roland-Garros en 1934 (année de la Nuit des longs couteaux) et 1936 (année des Jeux de Berlin), Gottfried von Cramm décline poliment les invitations insistantes de Göring à œuvrer pour la propagande du régime. Mais c'est en 1935 (année des lois de Nuremberg) qu'il joue vraiment avec le feu : en finale de la Coupe Davis (contre l'Angleterre, tant qu'à faire), il remet une balle de match en sa faveur, à la Wilander, en signalant à l'arbitre que sa raquette a touché la balle. Il perd le match et l'Allemagne perd la rencontre : autant dire que le retour au vestiaire se fait dans une ambiance un peu lourde, le capitaine de l'équipe l'accusant d'être un traître à la nation.

Trois fois finaliste à Wimbledon de 1935 à 1937 (année de l'ouverture de Buchenwald), il est finalement arrêté en 1938 (année de l'Anschluss et des accords de Munich). Libéré en 1939 (année de l'invasion de la Pologne et du début de la guerre) suite à une campagne internationale en sa faveur (Donald Budge, notamment, adresse une pétition à Hitler), il est enrôlé en mai 1940 (un mois avant la capitulation de la France) et envoyé sur le front de l'Est en 1941 (année de Barbarossa) d'où il reviendra avec la Croix de fer et des engelures (tandis que son ancien partenaire Henner Henkel périra à Stalingrad en 1943).

Devenu homme d'affaires et administrateur de la Fédération allemande, il meurt dans un accident de voiture au

Caire en 1976 (année de la mort de Mao, ce qui pour une fois le concerne assez peu).

Un parcours plutôt accidenté, somme toute.

Créativité

(Paru dans *L'Équipe*, mai 2016.)

Regardez jouer Nishikori, et vous aurez le secret de l'évolution. D'abord, rien ne surgit jamais *ex nihilo*. C'est la raison pour laquelle Toni Nadal a conseillé à son neveu, dès son plus jeune âge, de copier sans relâche les meilleurs. Mais il a dû aussi lui préciser qu'il fallait les combiner, comme une formule chimique, pour obtenir quelque chose de nouveau. Nishikori, par exemple, c'est Ferrer + Agassi. La régularité et le punch. L'opiniâtreté et la vitesse de déplacement de l'Espagnol, la prise de balle précoce de l'Américain. C'est cette combinaison qui rend le jeu du Japonais aussi létal. On sait depuis Darwin que le secret de la sélection naturelle, c'est l'hybridation.

Tous les joueurs classés dans les 100 premiers, aujourd'hui, sont des athlètes capables de servir à 200, de jouer trois ou quatre heures à fond, de balancer des pains en coup droit et souvent aussi en revers. Ce n'est pas tellement sur le physique, ni même sur la technique, qu'un top 5 fait la différence avec un top 100.

Bien sûr, le mental joue un rôle énorme. Et aussi l'adresse, qui n'est pas seulement le résultat d'une technique supérieure, mais elle-même le mélange de deux choses, la vitesse d'exécution et le toucher de balle. Et cependant, je pressens que le critère final qui différencie le bon joueur du grand joueur relève encore d'un autre domaine, celui de la créativité.

Celle-ci peut être de deux ordres : la créativité tactique, qui s'emploie à surprendre l'adversaire par des choix inattendus. Et la créativité technique. Celle-là, c'est la plus rare et, par là, la plus impressionnante. On n'invente pas des nouveaux coups tous les matins. Quand cela arrive, c'est toujours le même processus : la création consiste à faire un lien entre deux choses *a priori* sans rapport. « La rencontre fortuite sur une table de dissection d'une machine à coudre et d'un parapluie. »

Un jour, McEnroe a mal au dos et se met à servir dos au filet pour soulager la douleur : il invente son service d'Égyptien qui lui permet de basculer plus vite vers le filet et de trouver des angles impossibles.

Un jour, Noah, qui se précipite à la volée, se fait lober et n'a pas le temps de basculer en arrière pour armer son smash, alors il s'élève à la verticale comme un basketteur et claque la balle : il invente le *smash dunk*. Sampras et Monfils en assureront la postérité (au contraire du smash bras roulé de Connors ; on ne sait jamais, quand on invente un truc, s'il aura la fortune de la pénicilline ou du Minitel).

Un jour, Agassi monte au filet et décide, au lieu de glisser sa volée, de lifter la balle de plein fouet avant qu'elle rebondisse : il invente la volée liftée.

Un jour, Courier regarde un match de base-ball et décide de frapper ses revers comme avec une batte.

Un jour, Nadal ferme tellement sa prise et lifte sa balle avec une telle violence qu'il finit son geste loin au-dessus de sa tête et invente son coup droit lasso.

L'an dernier, Federer décide de monter au filet AVANT d'avoir retourné la balle du service adverse. Le retour-volée existe depuis très longtemps, mais Federer y a adjoint la montée à contretemps, et c'est comme ça qu'il invente le « SABR » (car à un certain degré de légende, les choses sont instantanément nommées).

La morale de ces histoires est double. 1. Au très haut niveau, aux altitudes où l'oxygène se raréfie, c'est l'imagination qui fait la différence. 2. En sport comme en littérature et comme dans tous les arts, l'imagination est toujours une combinatoire.

Curren, Kevin

Joueur sud-africain longtemps détenteur du record d'aces dans un match : 33, contre Connors à Wimbledon en 1983 (victoire de Curren 6/3 6/7 6/3 7/6).

Connu aussi pour avoir formulé le souhait de balancer une bombe atomique sur l'US Open, dont il détestait l'ambiance. (Plus tard, Fognini, vexé d'avoir été programmé sur le court n°14, parlera aussi de mettre une bombe à Wimbledon, mais pas atomique : les choses semblent aller dans le bon sens, il y a désescalade.)

D

Daney, Serge

Voir : *80*.

Davenport, Lindsay

« Elle n'était pas particulièrement rapide, et n'avait pas l'air très forte, mais elle possédait une puissance immense. Des coups durs, à plat, dépourvus du moindre lift ! » La joueuse pour laquelle s'enthousiasme Sharapova, celle à laquelle son père voulait qu'elle ressemble, c'est Davenport.

Je me souviens de cette joueuse très grande (1 m 89), numéro 1 entre Graf et les Williams, utilisant parfaitement la géométrie du court pour faire cavaler ses adversaires. Trois grands chelems, quatre finales, Davenport fut aussi l'une des premières joueuses de ce niveau à reprendre sa carrière et à gagner des tournois, après avoir eu un enfant, depuis Margaret Court et Evonne Goolagong.

Défaite

Phénomène qui se produit quand votre adversaire remporte le dernier point d'un match. Petite mort. Remise en question complète nécessaire pour progresser. L'accepter pour espérer vivre le phénomène inverse (voir *Gagner*).

Chaque semaine, 99 % des joueurs du tableau vivent ce phénomène. Leur point commun est l'échec.

Dehaes, Philippe

J'ai commenté le circuit WTA pour la chaîne beIN SPORTS en 2018. J'aime ça car nous sommes dans une période où beaucoup de nouvelles joueuses émergent avec des jeux et des personnalités très variés. C'est le cas de Daria Kasatkina. C'est le tournoi de Dubaï, et la Russe est opposée à Joanna Konta.

Elle fait appel à son coach belge Philippe Dehaes pour qu'il intervienne au changement de côté. Elle ne trouvait pas la solution. Voici le dialogue :

« Je ne comprends pas pourquoi je n'arrive pas à la breaker, dit-elle avec la voix qui tremble.

— Ne dis pas ça, tu ne sais pas ce qui peut arriver ensuite. Tu es tellement proche ! Tu dois rester calme pour être prête quand tu auras une autre opportunité. Je te propose une chose : sur chaque balle de break, tu retournes loin de ta ligne. Sur la prochaine, tu rentres dans le terrain et tu essaies. Juste pour changer, d'accord ? Si ça ne fonctionne pas ? Tu te bats pour t'en procurer une autre ! Toujours pas ? Eh bien tu essaies encore ! Et on verra ce qu'il se passe à la fin, ça te va ? La seule chose à faire est de continuer cet excellent boulot. Tu es tellement proche ! Et ne te relâche pas, car sinon ça peut défiler en face. Tu veux ce match ? Tu veux continuer ce combat ? On n'est pas bien ici ? C'est beau, non ? »

Sa joueuse sourit. « Le temps est magnifique, il y a plein de monde. Restons encore deux heures ici ! OK, ça te va ? »

Ils se tapent dans la main.

« Si tu crois en toi, tu sais que tu peux le faire. Vas-y championne ! »

Kasatkina était menée un set un break, et a fini par l'emporter en trois sets.

Même année, finale du tournoi de Moscou contre Ons Jabeur. Kasatkina, chez elle, est menée 6/2 4/1. Nouvelle intervention de son coach :

« Ne pense pas que ce n'est pas possible ! Tu es toujours dans le match. Tu vas servir, tu vas jouer... À quoi tu penses ? Donne-moi quelque chose de concret. Non, non, non, tu ne vas pas pleurer !

— J'ai honte.

— Écoute-moi, on va trouver une solution. Quand tu sers : seulement du kick [sur son revers] et service au corps. Deux options, point final. Tu ne sers plus sur son coup droit, OK ? Au retour : tous les retours au centre. Après, tu joues sur son revers, majoritairement sur son revers, OK ? Dasha, écoute-moi : ce match n'est pas encore fini. Si tu penses que c'est fini, on change de boulot, toi et moi. Tu comprends ce que je veux dire ? Je ne veux pas changer de boulot. Je veux rester ici, je veux gagner ce titre avec toi. Et tu vas le faire, OK ? Parce que tu vas jouer tous les points de la même façon ! De la même façon ! Tu l'as fait contre Cornet, tu peux le faire ! Prouve-toi que tu peux te battre jusqu'à la fin ! Arrête de penser que tu peux peut-être perdre, blablabla... Concentre-toi sur le jeu, mentalement. C'est le challenge de ta jeune carrière. Maintenant ! Regarde le score, regarde la situation. Fais-le ! »

Kasatkina l'emporte 2/6 7/6 6/4. Après la balle de match, elle s'est jetée dans les bras de son entraîneur, pleurant de bonheur.

Quand mon frère Julien a pris ses fonctions de capitaine de Fed Cup, il a échangé avec Philippe Dehaes sur les spécificités du tennis féminin. Je ne sais pas ce qui s'est dit, mais toujours est-il que la France est devenue championne du monde.

Deleuze, Gilles (1925-1995)

« Tout le monde peut comprendre le *liftage* », nous dit le philosophe dans son célèbre *Abécédaire*, au sein duquel il consacre la lettre T à « Tennis », et ce n'est pas là sa phrase la moins étrange.

Il y oppose Connors et McEnroe, les aristocrates, à Borg, le prolétaire.

Sur quelles bases tirait-il cette métaphore politique pour le moins hardie ?

Connors : balles rasantes, jeu à plat. McEnroe : service d'Égyptien, âme russe. « Il inventait ses coups, et savait que personne ne pourrait le suivre. »

Tandis que Borg : le *liftage*. « Fond de court. Liftage. Balle haute. N'importe quel prolo peut comprendre ça. »

Comme toujours, avec Deleuze, les images sont fortes et puissantes et résonnent : McEnroe contre Borg, c'est, *en effet*, d'Artagnan contre Stakhanov. On voit ce qu'il veut dire.

Mais Deleuze se trompe tout de même sur un point, à quoi l'on voit que, s'il était un spectateur avisé et un commentateur inspiré, il n'était pas pratiquant : non, le lift n'est pas à la portée de tout le monde. C'est un effet particulièrement difficile à maîtriser, et si tous les joueurs de club adoptent désormais la prise fermée qui permet de recouvrir la balle, ils sont finalement assez rares ceux qui liftent vraiment, c'est-à-dire qui grattent la balle pour lui imprimer une rotation qui va la faire gicler au rebond.

À l'inverse, le tennis brutal d'un Connors pourrait tout aussi bien être envisagé comme borné, primaire, sans finesse, un tennis boum boum dénué de la subtilité du lift qui caresse la balle, etc.

Méfions-nous des métaphores trop brillantes. Comme dit Godard : « Ce n'est pas une image juste. C'est juste une image. »

Parce que l'avènement de Borg a coïncidé avec la démocratisation du tennis, Deleuze a voulu voir entre les deux un rapport de cause à effet qui est en fait discutable. Les masses n'attendaient pas le signal du messie suédois pour se précipiter sur les courts et lifter comme des fous.

La meilleure preuve, c'est qu'aujourd'hui, quarante ans après le lift de Borg, celui de Nadal, et peut-être de Thiem désormais, est en passe de supplanter non seulement la volée de McEnroe, qui a quasiment disparu, mais aussi le jeu à plat de Connors. (Federer, contrairement à ce qu'on pourrait penser, n'est pas leur héritier. Sa frappe est, après Nadal, celle qui imprime à la balle le plus de tours à la minute.)

La vérité, c'est que le lift est en train de *gagner*. Si c'était le cas du peuple, ça se saurait.

Del Potro, Juan Martin

Une fracture de la rotule, ça doit faire mal. Alors deux ?

Un homme qui parvient à atteindre des demies en grand chelem, sans plus pouvoir frapper son revers, presque exclusivement avec du slice, n'est pas n'importe qui (même si, en un sens, Graf l'avait précédé).

Où serait Del Potro si… ?

Vu la résilience surhumaine dont il a toujours fait preuve pour revenir chaque fois des blessures les plus graves, je suis à peu près sûr que lui ne se pose pas la question.

Je me souviens de sa victoire contre Federer à l'US Open 2009 : match excitant, niveau de jeu sidérant, excellent souvenir malgré la défaite du Suisse.

Del Potro, c'est le fantôme du *Big Four*. Combien aurait-il ramassé ? Combien aurait-il *pris aux autres* ? C'est justement parce que je ne suis pas un champion que je me pose la question.

À quelles conditions ce qui a été aurait pu ne pas être ? (Ou est-ce l'inverse ?) Pour lui, on le sait : un corps plus solide, des articulations plus souples. Non seulement invoquer la fatalité, la malchance, est inutile, mais cela n'a aucun sens. Del Potro, la Tour de Tandil, était aussi un petit poulain fragile, c'est comme ça.

Demi-volée

La demi-volée est sans doute le coup le plus spectaculaire et le moins efficace du tennis. Elle nécessite à la fois des réflexes et un toucher de balle extraordinaires. Mais ce coup ne s'exécute que parce que le joueur est en retard (sinon il ferait une volée). Comme il prend la balle au moment précis où celle-ci touche le sol, il ne peut évidemment pas la rabattre, il est obligé de la relever. On ne peut pas claquer une demi-volée. Dans le pire des cas, on la renvoie trop haut et trop court, et l'on se fait punir au coup d'après. Dans le meilleur, on remet en jeu une balle relativement tendue qui peut, avec un peu de réussite, prendre de vitesse l'adversaire. À vrai dire, la seule chance de faire le point à coup sûr est de transformer sa demi-volée en amortie, ce qui est possible, mais à certaines conditions (placement du corps, vitesse de la balle, angle du point de contact...), et dans tous les cas très difficile. La demi-volée est un coup de défense qui interdit pratiquement la contre-attaque. Visuellement, elle ressemble à un coup impossible, un coup de prestidigitateur, un peu comme si l'on reprenait une balle alors qu'elle nous a déjà passé. On remet en jeu la balle alors que, pour les autres (l'adversaire et le public), le point semblait déjà fini. (Les demi-volées gagnantes amorties les plus spectaculaires sont d'ailleurs toujours des coups que l'on joue dos au filet, en revers, le bras lancé désespérément vers la balle, les yeux fermés. On pivote sur nous-mêmes, puis on récupère le contact visuel, et l'on voit la balle remonter lentement, comme un perchiste miniature, ou un saumon exténué, pour mourir juste derrière le filet, et toute la scène semble filmée au ralenti.)

Le roi de la demi-volée était Tim Mayotte (7e à son meilleur classement mais vainqueur à Bercy en 1987, tout de même).

Demongeot, Isabelle

Elle a été 35e joueuse mondiale. Elle a atteint les huitièmes à Wimbledon et le troisième tour dans les trois autres grands chelems. Elle a entraîné Amélie Mauresmo. Elle a contribué au rayonnement du tennis français. Ce n'est rien à côté de ce qu'a accompli Isabelle Demongeot en 2007 quand elle a publié *Service volé*, un livre dans lequel elle dénonce les viols de son coach de l'époque, Régis de Camaret.

Elle avait 14 ans quand Régis de Camaret l'a violée pour la première fois. Cela se passe dans un hôtel près de Roland-Garros, en marge des championnats de France. Tout cela, elle l'a raconté lors du procès en appel qui se tenait à Draguignan en février 2014 :

« Il fallait faire des économies. Mes parents disaient que Régis de Camaret faisait des efforts en nous accordant des heures pour nous entraîner. Alors, il n'y avait qu'une seule chambre d'hôtel louée pour lui, une autre joueuse et moi. Mais la mère de l'autre fille a décidé de venir la voir jouer et, du coup, elle l'a emmenée dormir ailleurs. Et je me suis retrouvée toute seule dans la chambre avec lui. C'est là que ça a commencé. Je dors profondément et je suis réveillée par une main qui se glisse dans ma culotte. Il descend ma culotte, ses doigts me caressent, il me tire au bout du lit, met sa tête entre mes jambes et m'embrasse. Il me dit qu'il ne faut pas que j'aie peur, qu'il est là pour me donner du plaisir et qu'il ne faut pas que je parle. Je suis incapable de réagir, je ne comprends pas ce qu'il se passe. Un corps d'enfant face à un corps d'adulte. Il a 38 ou 40 ans. »

Hors tournoi, le calvaire se poursuivait dans le centre d'entraînement où sévit Camaret, au club des Marres, à Saint-Tropez. Cela se passait dans le cagibi où il rangeait ses tas de balles qu'il utilisait comme « matelas » pour abuser de ses victimes. Il y a de la poussière et des toiles d'araignées, le tout éclairé par une lumière tamisée :

« À chaque entraînement, j'avais l'angoisse et je me disais : et si c'était ce soir ? Il faisait en sorte que les autres joueuses puissent partir avant, et là, je savais que ça allait recommencer. Mais le lendemain, je revenais m'entraîner. Il me disait que, de toute façon, si je partais, je ne ferais plus rien. »

Cette emprise a duré neuf ans jusqu'au deuxième tour de Roland-Garros 1989 : « Pour la première fois, un soir, je refuse de lui ouvrir la porte de ma chambre d'hôtel [...]. Il me dit qu'il vient faire le bilan du match, je lui parle à travers la porte, je lui dis que c'est terminé, que je ne lui ouvrirai plus. »

Dans ce procès, dix femmes ont témoigné de faits similaires, malheureusement, huit étaient prescrits par la loi. Celui d'Isabelle Demongeot à trois mois près. Sans Isabelle Demongeot et son livre, ces neuf autres femmes n'auraient peut-être pas parlé. Peut-être que, sans elle, les victimes d'Andrew Geddes ne se seraient pas exprimées, douze ans après (voir *Consentement*).

Un papier du *Monde* raconte la fin de la déposition à la barre d'Isabelle Demongeot. Le président se tourne vers l'accusé :

« Comment réagissez-vous à cette déposition ?

— Comment je quoi ?

— Comment réagissez-vous à ce qui vient d'être dit ? répète le président.

— J'ai vécu autre chose. Nous avons eu une relation consentante. Je ne lui ai jamais imposé quoi que ce soit.

— Donc, tout cela, c'est un tissu de mensonges ?

— Euh, oui. »

De Niro (Novak)

(Paru dans *L'Équipe*, mai 2016.)

Au théâtre, on appelle ça la double énonciation. Lorsque Djokovic enjoint à l'arbitre Pascal Maria de descendre vérifier la marque d'une balle qui sort largement, sur le dernier point de sa rencontre avec Bedene, ce n'est pas tant à l'arbitre qu'il s'adresse qu'à la foule, sinon pourquoi mimer la proposition avec autant d'ostentation ? Cinq minutes plus tard, Djokovic plaisante avec Pioline et oblige Maria à venir répondre au micro, arguant qu'il aurait été le véritable protagoniste de cette rencontre. Le bras passé autour des épaules du pauvre officiel, il déclare (en français, s'il vous plaît) que normalement l'arbitre n'a pas le droit de faire de déclaration mais que lui, Djokovic, prend ça sous sa responsabilité. Le malheureux juge de chaise bredouille deux mots en faisant semblant de rigoler puis se sauve sans demander son reste.

Bilan de l'opération : Djokovic a mis les rieurs de son côté tout en mettant une pression maximale sur l'arbitre. Cette stratégie d'intimidation déguisée en *soft power* me rappelle Connors. On se souvient de l'Américain grimpant sur la chaise pour parler nez à nez avec l'arbitre sous les éclats de rire du public.

Incidemment, Djokovic a tranquillement signifié à tout le monde qu'il était au-dessus des lois. Il y a de « L'État, c'est moi » dans ce « J'en prends la responsabilité ». Djokovic, en ce moment, c'est un peu Louis XIV.

En tout cas, c'est une machine politique. Je ne m'étonnerais pas que ce gars-là finisse un jour président de son pays.

Je me souviens de sa conférence de presse d'avant-tournoi : affable, concerné, développant ses réponses sans qu'on lui demande. Première question : « Roland-Garros est le seul grand chelem que vous n'avez pas gagné. Comment vous sentez-vous et êtes-vous mieux préparé que les années précédentes ? » Soit la question qu'on lui pose tous les ans 450 fois à la même époque. Eh bien, j'ai la transcription sous les yeux, Djokovic fait une réponse de 25 lignes. Le reste de la conférence à l'avenant, avec l'autorité tranquille des seigneurs bien installés.

Sur le court, tout son corps exsude le même message : je suis le boss. Il a même une mimique, qu'il arbore souvent après un coup perdu, qui me rappelle quelqu'un. Comme un sourire à l'envers, les sourcils levés, le menton un peu rentré... Cet air à la fois dubitatif et dominateur, où l'ai-je déjà vu ? Je l'ai : Djokovic ressemble à De Niro. Qui l'aurait cru quand il faisait le mariole à imiter Becker et McEnroe, ou Nadal triturant son slip, il y a encore quelques années ? Djokovic, ce n'est plus le Joker. C'est le Parrain.

Député-maire

Il arrive que les joueurs de tennis s'intéressent aussi à la politique.

Ilie Nastase s'est présenté en 1996 à la mairie de Bucarest. À l'époque, il manquait peut-être un peu de conviction politique : le Roumain concourait sous pavillon néocommuniste et aurait pris la décision de se présenter suite à une soirée durant laquelle il avait embouti sa Volvo dans un des nombreux nids-de-poule de la capitale roumaine. « Au début c'était en rigolant, comme un pari, puis je me suis pris au jeu », avait-il confié à *Libé*. Son slogan : « Il s'est construit un nom, il reconstruira une ville. »

Il n'a pas été élu, alors il est devenu sénateur.

Marat Safin, lui, a bien été élu député à la Douma, la chambre basse du Parlement russe, en 2011, sous la bannière de Vladimir Poutine. Il a démissionné en 2017 pour pouvoir « se consacrer pleinement à ses activités de représentation », selon ses dires. Se représenter soi-même, un mandat à plein temps.

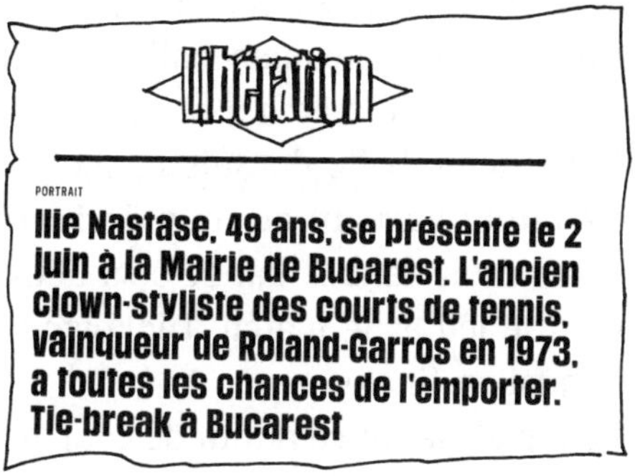

Libération

PORTRAIT

Ilie Nastase, 49 ans, se présente le 2 juin à la Mairie de Bucarest. L'ancien clown-styliste des courts de tennis, vainqueur de Roland-Garros en 1973, a toutes les chances de l'emporter. Tie-break à Bucarest

Destin

Le destin n'existe pas. Il n'y a pas de prédestination, les choses ne sont pas écrites à l'avance, et si un joueur croyait le contraire, il arrêterait instantanément sa carrière à son premier 6/0 6/0 encaissé. Dieu ne veut nous délivrer aucun message lorsque la balle sort d'un centimètre.

Cependant, la notion de destin n'est pas complètement inopérante en tennis. Il faut simplement la prendre pour ce qu'elle est : la métaphore rétrospective d'un certain parcours.

Le sentiment du destin ne nous apparaît jamais autant que dans ce cas de figure : un joueur sauve une balle de match, remporte le match, et le tournoi.

Deux exemples nous viennent instantanément à l'esprit :

En 1976, Adriano Panatta sauve une balle de match sur un plongeon au premier tour de Roland-Garros et remporte le titre six matchs plus tard contre Harold Solomon (après avoir battu Borg en quart, rien que ça).

En demi-finale de l'US Open 2011, Federer sert pour le match à 5/3 au cinquième set contre Djokovic. À 30-15, Djokovic retourne une deuxième balle dans le filet, ce qui donne deux balles de match à son adversaire. Mais à 40-15, sur la première balle du Suisse, Djokovic balance un incroyable retour gagnant de coup droit croisé. Federer met un coup droit dans la bande à sa deuxième balle de match, perd le jeu et le match. Djokovic remporte le titre contre Nadal en finale.

On a beaucoup glosé sur ce retour de coup droit devenu légendaire. Certains prétendent que Djokovic aurait fermé les yeux au moment de la frappe. On dit aussi que Federer aurait trouvé ce coup de roulette russe, à ce moment du match, incorrect, inélégant ou déplacé, contraire à l'esprit du tennis. (Je n'y crois pas une seconde. Ces joueurs ne vivent que pour ce genre de moments : tenter et réussir des coups impossibles dans des situations impossibles.)

Quoi qu'il en soit, on voit bien, dans les deux cas, ce qui suscite l'envie ou le besoin de croire que des forces surnaturelles sont intervenues pour changer le cours des événements.

Cependant, ni Panatta ni Djokovic ne sont redevables à qui que ce soit de leur victoire. La balle nous semble peut-être hors de portée mais Panatta pense qu'il peut et qu'il va l'avoir, alors il plonge et transforme un passing en volée gagnante. Djokovic sait que tenter un retour gagnant sur une première balle de Federer est un pari suicidaire, d'autant qu'il vient d'échouer au point précédent sur une deuxième, mais il sait aussi que si quelqu'un peut réussir un tel pari, c'est lui. Il fait confiance, non pas à sa bonne étoile, mais à sa force et à son talent, et ça marche. Nulle sorcière de *Macbeth* n'avait promis la victoire à Federer. Le meilleur relanceur claque le meilleur retour au meilleur moment. Le destin ne s'est joué de personne.

Le cas de figure du 2e tour de l'US Open 89 opposant Boris Becker à Derrick Rostagno est un peu différent. Rostagno, excellent serveur-volleyeur, mène deux sets à un et obtient deux balles de match dans le tie-break du quatrième. Becker a sauvé la première en lui retournant dans les pieds. Alors Rostagno tente le tout pour le tout et monte au filet sur la première balle de Becker qui n'a pas osé tenter le service gagnant. Becker, repoussé derrière sa ligne, croise son passing timidement, Rostagno est au filet, l'alternative est donc la suivante : soit la balle, qui manque de vitesse, échoue dans le filet, soit elle passe, et Rostagno n'a plus qu'à déposer sa volée gagnante. Autant dire que, à cet instant, Becker est foutu. La balle vole poussivement, Rostagno l'attend, c'est fini dans une seconde. Il n'y a pas de solution, soit la balle passe, soit elle ne passe pas, dans les deux cas, Becker perd.

Mais, en fait, il y avait une troisième possibilité : la balle accroche le filet, dévie de sa trajectoire, surprend Rostagno qui parvient quand même à la toucher mais ne peut pas la contrôler et l'envoie dans le public. Becker remporte le tie-break, le match, les cinq matchs suivants et le tournoi.

Dans ce cas précis, on ne peut pas mettre cette balle de match sauvée au crédit de Becker, qui n'a pas voulu que la balle ricoche. Cette balle let dans l'échange est uniquement un caprice du hasard. C'est *Match Point* de Woody Allen. Là, quand même, on commence à se rapprocher de l'idée de destin.

D'ailleurs, on se met à la place de Rostagno : comment digérer un tel coup du sort ? Comment ne pas se sentir broyé par une fatalité cruelle ou poursuivi par la vindicte de dieux hostiles ? Rassurons ceux qui, pleins d'empathie (ne sommes-nous pas tous à la merci d'une bande fatale ?), s'inquiéteraient pour la santé mentale de l'Américain : Rostagno n'est pas tombé en dépression. Un jour de 1986 où il devait se rendre à Mexico, il rata son vol. L'avion s'écrasa. Il n'y eut aucun survivant. Cet épisode lui avait sans doute apporté une certaine distance vis-à-vis des aléas de l'existence.

Détente, Sport de

« Lors de mes stages de tennis, certains adultes me confient qu'ils jouent pour se détendre. C'est très bien. Je leur recommande de ne pas oublier certains de mes conseils le jour où ils commenceront à jouer pour gagner. J'ai toujours trouvé la victoire plus relaxante que la défaite. »

Brad Gilbert
(*Winning Ugly*)

Deuxième balle

« Quel autre sport a la bonté d'offrir à chaque engagement une deuxième balle ? »

Grégory Cingal
(*Le Revers de mes rêves*)

Dis-moi comment tu frappes ta deuxième balle, je te dirai qui tu es.

Si tu la pousses, tu es un joueur du dimanche, et tout laisse craindre que tu le resteras.

Si tu la frappes aux deux tiers de la vitesse de ta première (à condition que ta première dépasse les 150 kilomètres/heure), on peut commencer à discuter. Si, ce faisant, tu fais moins de 15 % de doubles fautes, alors tu es peut-être un joueur de tennis.

Si tu gagnes plus de 50 % des points sur ton deuxième service, tu es solide.

Si ta deuxième balle est tellement liftée qu'elle rebondit au-dessus de l'épaule de ton adversaire, tu es Edberg ou Rafter.

Si tu as commis quatre doubles fautes de suite (sans trop paniquer mais en perdant le match en cinq sets, néanmoins), tu es Forget contre Vilas à Roland-Garros. Si tu as commis quatre doubles dans le même jeu alors que tu étais en train de malmener Djokovic, tu es Dimitrov.

Si, occasionnellement, tu tentes et réussis des aces sur deuxième mais commets dix doubles fautes par match en moyenne, tu es Monfils. Si tu en commets un peu moins tout en passant tes aces à 200 sur deuxième, tu es Kyrgios.

Si tu t'écries, en plein match : « *I hate my serve !* », c'est que tu as un gros problème avec ta deuxième balle et tu es Dementieva.

Si tu la kickes au T à égalité et qu'elle rentre pour revenir sur l'homme alors qu'au départ sa trajectoire semblait fuyante, tu es Henri Leconte.

Si tu la kickes tellement aux avantages que tu as fait un ace à Roland-Garros qui a atterri dans les loges *latérales*, tu es Thiem.

Si tu tentes et manques l'ace sur deuxième balle contre Lendl, lui offrant une balle de match, que tu sauves, puis obtiens toi-même une balle de match qu'il sauve d'un lob lifté sur la ligne en bout de course, et que tu finis par perdre au tie-break du cinquième set en demi-finale de l'US Open 84, tu es Pat Cash.

Si tu es capable de faire trois doubles dans un tie-break contre Federer et néanmoins gagner le match, tu es Djokovic.

Si tu peux gagner des grands chelems en faisant dix doubles par match, tu es Sharapova.

Si tu déclares en conférence de presse, de façon presque crédible : « J'ai décidé de ne plus jamais me faire breaker », tu es Serena Williams.

(Si tu fais une double faute et demie par match, sans jamais trembler sur les points importants, tu es Nadal ou Federer.)

Et enfin, si tu claques ta deuxième en te jouant, sans effort et sans stress, sans réfléchir pendant trente secondes, sans même *songer* à la double faute, comme si c'était une première à peine moins placée, sachant que tu claques déjà ta première à presque 200 km/h en trouvant toutes les zones et en multipliant les aces, cela fait de ta seconde balle indubitablement la meilleure de tous les temps (juste devant celle d'Edberg), et tu es Sampras.

Dimanche

Dimanche vient du latin « *Dies Magnus* », le grand jour.

Jour de finale de grand chelem ou de match par équipes avec ses copains du Tennis Club de Bourg-en-Bresse contre le club rival de Pont-d'Ain, le dimanche est un grand jour pour tout tennisman.

Demandez à Roger Federer, par exemple. Il a joué 30 finales de grand chelem dont 29 un dimanche (la finale de l'US Open 2008 s'est disputée un lundi), et en est sorti 20 fois victorieux. Sur 146 dimanches de finale, il a fini 97 fois vainqueur. Quand la plupart d'entre nous profitent du congé dominical, lui écrit sa légende.

Mais il y a aussi le finaliste, coincé entre le sentiment d'avoir vécu une belle semaine (ou quinzaine) et la déception de la défaite, comme un festin laissant un goût amer. Ivan Lendl connaît cette sensation : il a joué 19 finales de grand chelem et n'en a remporté que 8, ce qui reste tout de même une immense prouesse.

La personne qui écrit ces lignes ne serait pas tout à fait honnête intellectuellement si elle ne mentionnait son frère Julien Benneteau. 10 finales de jouées et 10 de perdues. Il y a des joueurs pour qui les dimanches de finale sont plus faciles à gérer que pour d'autres. L'auteur peut maintenant continuer la conscience tranquille après cette évocation douloureuse, mais juste.

Un autre dimanche a son importance : le *Middle Sunday*, dimanche de la première semaine du tournoi de Wimbledon, lors duquel aucun match n'a lieu. Les courts se reposent, les joueurs aussi, ainsi que les habitants du village. C'est une tradition dans le temple du tennis. Les habitants du village de Wimbledon ont passé un accord avec le tournoi pour qu'il y ait un jour sans foule ni embouteillage. La ferveur reprend ses droits dès le lendemain lors du *Crazy Monday* durant lequel les seize huitièmes de finale (femmes et hommes) doivent se jouer, comme si ce *day off* devait se payer d'une orgie le jour suivant. Seulement quatre fois dans l'histoire (1991, 1997, 2004 et 2016), les organisateurs ont dû faire une exception pour cause de météo londonienne capricieuse (pléonasme).

Désormais, il y a même des premiers tours de certains tournois qui se jouent le dernier jour de la semaine, quelques directeurs de tournoi (dont celui de Roland-Garros) ayant décidé, pour d'évidentes raisons commerciales, de commencer le dimanche : une bonne idée pour les organisateurs qui se rajoutent un jour supplémentaire de billetterie, et se donnent un jour de marge en cas de mauvaise météo, ce qui est souvent le cas de la première semaine de Roland-Garros. Un peu moins bonne pour les acteurs. Les joueurs et joueuses professionnels parlent entre eux du *Sunday*

Start comme d'une malédiction. Déjà, aucun d'entre eux ne refuserait un jour supplémentaire de préparation avant un rendez-vous aussi important que Roland-Garros. En plus, en cas de défaite, ils ont l'impression d'être sortis du tournoi alors qu'il n'a pas encore commencé ; en cas de victoire, ils doivent attendre DEUX jours pour jouer leur deuxième tour le mercredi. Ils ont ainsi peur de perdre le rythme après une pause trop longue entre deux matchs. Guy Forget, directeur du tournoi, reçoit pléthore de messages des joueurs et joueuses le samedi, le suppliant de ne pas programmer leur match le lendemain. Le lecteur peut se dire que tout cela est dérisoire, mais pas pour ces fous de préparation que sont les joueurs de tennis.

Et puis, il y a le dimanche de Coupe Davis. Pour celui qui investit dans un tel ticket, c'est un pari osé. En cas de victoire 3/0 dès le samedi soir, il sait qu'il assistera à une parodie de match en deux sets entre deux joueurs à la voix cassée par la fiesta de la veille. C'est d'ailleurs l'une des raisons pour lesquelles la Coupe Davis a dû évoluer. Mais quand ce jour-là compte, parce qu'il décide de la victoire d'un pays sur un autre, il offre l'occasion de devenir un héros national. Regardez Paul-Henri Mathieu et Lucas Pouille : probablement les deux extrêmes du tennis français. La victoire décisive face à Darcis en 2017, contre la Belgique, est certainement le dimanche le plus mémorable de la jeune carrière de Pouille, pour l'instant. La défaite en cinq sets de Mathieu face au Russe Mikhail Youzhny, après avoir mené deux sets zéro et être passé à deux points du match, est assurément le pire de celle du Strasbourgeois. Ce devait être un jour au paradis pour lui et la France. Ce fut plutôt un remake de *L'Enfer du dimanche*, d'Oliver Stone. Certains disent que cela a marqué sa carrière de manière indélébile. Au tennis (masculin), les destins se jouent le dimanche. (Pour les femmes, quatre fois par an, c'est le samedi.)

Dimitrov, Grigor

J'ai déjà écrit trois articles sur Dimitrov, c'est beaucoup.

Mon premier, pendant Roland-Garros 2016, s'intitulait « De quoi Dimitrov est-il le nom ? » et s'interrogeait sur ce que nous projetions sur le jeune Bulgare, surnommé Baby Federer.

Deux jours plus tard, après une douloureuse défaite au premier tour en cinq sets contre Troicki, je lançais l'alerte dans *L'Équipe* : « Sauver Dimitrov, c'est nous sauver nous-mêmes. »

Après trois saisons de montagnes russes qui le virent enchaîner d'invraisemblables tunnels de défaites et des exploits éblouissants (rien moins que le Masters 2017), nous voilà rendus à l'automne 2019 : Dimitrov élimine Federer à l'US Open et j'écris (toujours pour *L'Équipe*) : « L'homme qui tua Federer », soulignant le côté « *Tu quoque mi fili* » de la situation et l'ironie qui a fait que, dans une saison très médiocre, la seule performance de Dimitrov (demie à l'US Open) aura été au détriment de Federer. (Il allait boucler l'année *in extremis* avec une seconde perf : une demie à Bercy en collant soudain 6/3 6/2 à Thiem.)

L'histoire, depuis, a repris son cours. Dimitrov a perdu prématurément à l'Australian Open, un tournoi qui pourtant lui réussit bien mais dont la pente est tout de même assez nette ces dernières années puisque sa feuille de résultats indique : demie en 2017 (son match mythique contre Nadal), quart en 2018, huitième en 2019 et donc deuxième tour en 2020 contre le peu connu Tommy Paul. J'ai vu la fin du match et le super tie-break du cinquième set : c'était horrible.

Sharapova, son ex-petite amie, a émis un diagnostic : Grigor veut que ce soit beau, alors qu'il faut savoir gagner salement quand ça ne marche pas comme on veut. Tous les champions sont d'accord : si vous attendez de jouer votre meilleur tennis pour gagner, vous gagnerez deux matchs par an.

À le voir jouer, souffrir, se battre et perdre, avec toujours la petite double faute qui va bien au pire moment, et son petit poing serré de bon élève qui sait qu'il doit lutter jusqu'au bout mais qui sonne faux, je pense qu'il y a aussi la vieille question du plaisir et de la peur qui entre en compte.

Cette même quinzaine, en Australie, on a vu Federer sauver sept balles de match contre Sandgren, après avoir miraculeusement retourné la situation, deux jours plus tôt, dans le super tie-break du cinquième contre Millman. Comment a-t-il frappé dans la balle, comment a-t-il sauvé ces balles, comment est-il resté en contrôle, tout en étant dans un brouillard total... ? En conférence de presse, il a dit en substance que, au quatrième, il avait cru que c'était foutu, mais que du coup, ensuite, il était plus relax. Il n'avait aucune idée du nombre de balles de match qu'il avait essuyées, il croyait qu'il en avait sauvé trois.

Grigor peut serrer les poings et positiver autant qu'il veut sur le court. On voit bien qu'il tremble, comme Sandgren a tremblé contre Federer (mais Sandgren est 100e et n'a jamais été un vainqueur de grand chelem potentiel). Chez Federer, plus ça va mal, plus il se relâche, et en même temps, moins il fait de fautes. Il s'applique et il accepte. Il pense à autre chose. Il se concentre. Il fait de la résilience préventive. Évidemment, c'est plus facile pour quelqu'un qui gagne 80 % de ses matchs. Quand on enchaîne les défaites contre des joueurs moins doués, comme Grigor le fait avec une régularité tout à fait déprimante, la résilience préventive devient un peu plus difficile.

Mais enfin, quand on peut jouer comme lui, qu'on peut atteindre ce niveau physique et technique, il faudrait arriver à ce détachement existentiel qui nous pousse à faire bien ce qu'on sait faire, comme on le fait tous les jours, à jouir de chaque frappe en soi, tout en se disant, dans un coin de notre tête : « *I don't care.* »

Dionysos

Je ne saurais dire si le tennis est un sport plus dionysiaque qu'apollinien, mais il a en tout cas inspiré une chanson au groupe de rock Dionysos, intitulée « *McEnroe's Poetry* », dont voici les paroles :

I feel like John McEnroe
When he put the strings in glow
John McEnroe !
My name is John McEnroe
Do you know my poetry ?
It will be written with blood
With the blood of the bad referees
My tennis bag smells like gun smoke
And there's no tennis stuff anymore
There's only strange books, big maps
And a picture of a girl with a strawberry face

Di Pasquale, Arnaud

Après l'olympiade fructueuse de 2012 à Londres (voir *Olympique*), où il tenait le rôle de responsable du haut niveau, Arnaud Di Pasquale devient en 2013 le benjamin des directeurs techniques nationaux. Mais les Jeux se suivent et ne se ressemblent pas. Rio 2016 est un fiasco :

Benoît Paire découche et se fait virer, Mladenovic et Garcia fustigent la fédé pour un problème de concordance de tenues, et tout cela se répand dans les médias. Le chef de délégation accuse le coup. L'homme n'accepte pas : jamais on ne bafoue le drapeau.

Car le 28 septembre 2000, « Dip », cheveux longs et blonds trempés par la moiteur de Sydney, vit le plus grand moment de sa carrière : il dompte Roger Federer en trois sets lors de la petite finale olympique pour la troisième place. Certes, c'était encore le Roger émotif et nerveux, celui qui ratait en revers, celui qui cassait des raquettes, celui qui n'était que 43e mondial et qui n'avait que 19 ans.

Sur sa route, le Français bat Kiefer (n° 13), Voltchkov (n° 68), Norman (n° 4) et Ferrero (n° 12). En demie, il perd contre Kafel. Le Russe battra Haas en finale. Dip devenait le premier médaillé français en tennis de l'ère open. Il venait d'avoir 21 ans, avait de l'or dans la raquette, et du bronze sur la poitrine.

Djokovic, Novak (1)

(Paru dans *l'Équipe*, 27 février 2016.)

À l'hiver 2016, L'Équipe *me demandait un article sur Djokovic, dont tout le monde, alors, semblait convaincu qu'il allait faire le Grand Chelem et battre tous les records d'invincibilité – tout le monde, sauf moi. J'écrivais donc ceci, auquel, quatre ans plus tard, je ne vois rien de significatif à retoucher, si ce n'est quelques chiffres : de onze grands chelems, il est passé à dix-sept, c'est vrai [après un surprenant passage à vide de deux ans et demi], mais les deux autres n'ont pas chômé non plus, si bien que, vaille que vaille, et même s'il s'est un peu rapproché – plus que trois, OK ! –, la situation de leur duel à trois n'a pas fondamentalement changé.*

On verra si je suis finalement démenti par l'histoire. En attendant, je maintiens mon postulat : la chute des empires est toujours brutale et imprévisible – tout comme, pourrait-on ajouter à propos de Federer, puisque tout nous ramène toujours à lui, leur longévité.

Ceux qui ont vu *Le Bon, la Brute et le Truand*, le célèbre western de Sergio Leone, se souviennent à coup sûr de la scène finale où Clint Eastwood (le bon), Lee Van Cleef (la brute) et Eli Wallach (le truand) s'affrontent sur la place centrale d'un cimetière dans un duel à trois homérique. La tension monte avec la musique d'Ennio Morricone, tout le monde surveille tout le monde, chacun des trois adversaires observe anxieusement les deux autres, le doigt sur la gâchette, jusqu'à l'explosion finale. Sauf qu'en fait de duel à trois, quand la musique s'arrête, tout le monde dégaine et tire, et on se rend compte que le revolver du truand n'était pas chargé. Le bon peut ainsi tuer la brute et, magnanime, abandonner la moitié du magot au truand.

Djokovic, c'est le truand : il est là, mais en fait, sa présence n'a aucune importance. Le vrai duel, le seul qui compte, le seul qui a lieu effectivement, c'est celui qui oppose Federer (le bon) et Nadal (la brute). Djokovic est fort et même très fort, Djokovic est sympathique, Djokovic est polyglotte, Djokovic mérite sans aucun doute sa part du magot, et personne ne songe à la lui contester, mais la vérité, c'est que tout le monde s'en fout un peu. Personne n'est vraiment pour Djokovic, ni vraiment contre.

Alors les journalistes sportifs, parfaitement conscients de ce déficit de passions, ont recours, pour intéresser les amateurs de tennis au phénomène serbe, à l'hameçon éternel de tous les sports : les statistiques. En tennis, les critères sont simples : le meilleur, c'est celui qui a le plus de grands chelems, toujours. Djokovic va-t-il menacer le record de Federer ? La stratégie journalistique est habile. Il n'y a pas de passion sans sacré et le sacré, dans le tennis, c'est Federer. Federer, c'est Dieu. Dieu peut-il être détrôné ? Djokovic carbure à deux grands chelems et demi par an, il a 28 ans, il en a déjà gagné onze, si l'on se fie à ses temps de passage, on tremble.

Mais enfin qui veut bien se souvenir qu'on nous avait fait le même coup avec Nadal se détendra. Les temps de passage sont toujours un attrape-couillon. Connors a 22 ans quand il fait le Petit Chelem en 1974 : combien de tournois du Grand Chelem aurait-il dû remporter s'il avait continué sur ces bases, lui qui est resté compétitif jusqu'à 40 ans ? Borg a 26 ans quand il gagne son onzième (et dernier) tournoi du Grand Chelem (sans jouer l'Australie). C'est phénoménal. Il arrête le tennis l'année suivante. Wawrinka a 28 ans quand il gagne son premier tournoi du Grand Chelem et tout le monde alors se dit qu'il s'agit de son bâton de maréchal : qui aurait parié qu'il en gagnerait un autre (empêchant au passage Djokovic de faire le Grand Chelem) ?

Certes, Djokovic a l'air imbattable, et d'une certaine manière, il l'est depuis deux ans (même si, mine de rien, Federer arrive encore à le battre plusieurs fois par saison dans les tournois mineurs). Mais l'histoire nous a appris qu'il y a, qu'il y aura toujours des Wawrinka. Voilà pour ceux qui s'aventurent à parier sur un éventuel Grand Chelem du Serbe cette année : Serena aussi était imbattable l'an dernier. Quant au record des dix-sept tournois du Grand Chelem de Federer, on dirait que les gens ne se rendent pas compte : il en manque encore six au Serbe juste pour égaler le Suisse. Sept pour le battre, c'est-à-dire autant que le total de McEnroe ou Wilander, un de plus qu'Edberg ou Becker. Dit autrement, c'est comme si Djokovic devait encore, à 28 ans, accomplir la carrière entière de McEnroe, ou surpasser la carrière entière d'Edberg. Et puisqu'on parle de McEnroe ou Wilander : en 1984, l'Américain domine la saison comme personne ne l'a jamais fait, pas même Djokovic ni Federer. Il ne gagnera plus aucun tournoi du Grand Chelem par la suite. Wilander réalise le Petit Chelem en 1988 pour le même destin : plus aucun titre majeur après.

En sport, la chute est souvent brutale, et presque toujours imprévisible. Ceux qui prédisaient le déclin de Nadal depuis au moins cinq ans s'étaient tus finalement, par lassitude ou peur du ridicule. Le bestiau déjouait tous les pronostics médicaux : ses pieds, ses genoux, en dépit de toute rationalité, tenaient. Et, au moment où tout le monde s'était fait à l'idée que Nadal allait pulvériser le record de Dieu, il s'écroulait enfin.

Qu'on ne se méprenne pas : on s'attache au truand, on reconnaît ses qualités d'excellent tireur et on est content qu'il reparte avec sa part du trésor. Djokovic est un très beau joueur qui aura atteint un niveau incroyable. Mais enfin, en tennis comme dans les autres sports, le monde se divise en deux catégories : ceux qui font la légende et ceux qui bouchent les trous. Le rôle historique de Djokovic aura été de combler les trous du palmarès laissés par Nadal et Federer. Il y a fort à parier qu'une fois ces deux-là partis, lui aussi rejoigne très vite le cimetière des champions, avec la vie devant soi et la tête sur son magot.

Djokovic, Novak (2)

Le fan de tennis est dur à charmer mais il est fidèle : une fois séduit, il ne voit plus les autres. Federer est arrivé le premier, Nadal a pris le reste et Novak doit se contenter des miettes. Djokovic a dominé le tennis mondial de 2011 à 2016, connu une petite baisse en 2017, et repris en 2018. Pourtant, il suffit à Federer de regagner un tournoi de temps en temps et hop, tout le monde oublie le Serbe. Pourquoi ?

Djoko en a toujours trop fait. C'est ce copain un peu trop collant, qui essaie trop, qui fait tout pour vous faire rire, ou pour montrer qu'il veut être votre ami. Que ce soit à coups de déguisement pour Halloween, ou d'imitations, ce n'est jamais juste. Alors, s'il commence à gagner et plus encore, à dominer, il devient détestable (voir *Lendl*).

Il a beau offrir son cœur au public à la fin de chaque victoire, les fans ne sont pas dupes. Je préfère le Novak qui vient de battre Federer en finale de Wimbledon, qui toise les spectateurs, et qui leur dit : « Je ne suis peut-être pas le plus grand dans votre cœur, j'ai essayé, j'ai été maladroit certes, mais j'ai essayé. Maintenant, je vais me concentrer sur moi, mon palmarès, devenir le plus grand, et à la fin, vous allez bien finir par m'aimer. Et si j'ai besoin de vous détester pour y arriver, eh bien tant pis. » Grâce à cette défiance, il aura au moins gagné l'US Open 2011 et Wimbledon 2019.

Cela peut paraître injuste. Non seulement vous devez gagner, mais vous devez aussi plaire. Le Serbe devrait prendre exemple sur Nadal. Rafa a tout de suite compris qu'il se ferait une place dans le cœur du public en jouant la carte du guerrier, du combattant et du monstre physique. Il n'allait pas battre Federer sur le terrain de l'esthétique, du relâchement et du style. Djoko se retrouve un peu le cul entre deux chaises. Il doit inventer un troisième personnage, peut-être moins glamour : le robot humain (un peu comme dans *I, Robot* où nous croyons qu'un robot est coupable de choses terribles, avant de nous rendre compte qu'en plus de courir plus vite que tout le monde et d'avoir des capacités hors normes, il ressent de véritables émotions). C'est un romantique, Djoko, un sensible. Il doit l'assumer, le montrer, le partager.

Quoi qu'il en soit, humain ou pas, le drame de Djokovic est que, même s'il arrive à dépasser les deux autres (et je pense qu'il le fera), il n'aura peut-être jamais leur aura. Il arrivera toujours *après*.

Djokovid, Novax

Certains auront traversé la crise sanitaire mieux que d'autres, mais Djokovic n'est pas de ceux-là.

Tant qu'il faisait des *hugs* à son gourou (voir *Imaz*), le champion serbe suscitait juste une incrédulité teintée d'embarras.

Lorsqu'il a commencé à se positionner contre la vaccination obligatoire, c'est déjà devenu un peu plus ennuyeux.

Passe encore qu'il prétende purifier l'eau par la pensée, ou que sa femme nous explique sur Instagram que la 5G a causé le Coronavirus. Après tout, il fallait bien s'occuper pendant le confinement.

Mais on sait où mène, en général, ce type d'élucubrations. Quand on dit n'importe quoi, on finit par faire n'importe quoi. C'est ainsi que notre champion a eu l'idée d'organiser une tournée d'exhibitions (le désormais fameux Adria Tour) en Serbie et en Croatie au tout début de l'été 2020, sans mesure de protection d'aucune sorte : pas de tests, pas de distanciation, et tout le monde de s'empiler les uns sur les autres dans des virées en boîte dûment filmées. Et Novak qui fanfaronne : « Chez nous, Corona, c'est juste une bière. »

Résultat : cinq joueurs positifs sur treize (dont Dimitrov malade), Ivanisevic, le coach de Djokovic, positif, ainsi que son préparateur physique, une femme enceinte de son entourage, un enfant de cinq ans fils d'un restaurateur qui avait accueilli toute la joyeuse bande, et enfin, *last but not least*, Djokovic lui-même et sa femme instagrammeuse.

Il faut bien reconnaître une qualité à notre ami sans gluten : il ne fait pas les choses à moitié.

Dominguez, Patrice

Patrice Dominguez était le tennis qui s'adresse à tous, pour tous. Quand certains le confisquent, lui le transmettait.

Dans *The French* (voir *French*), on le voit converser avec Borg dans les vestiaires du Court central, juste après sa victoire. Il lui parle de la tension de sa raquette, et du fait qu'il ait cassé son cordage car il était trop tendu, comme deux joueurs de club pourraient le faire à la sortie de la douche, un dimanche matin.

Son charme résidait dans sa capacité à échanger avec la même intensité et le même respect avec tous les joueurs, de tous niveaux, comme moi par exemple. C'est rare dans un milieu du tennis où, parfois, l'intérêt qu'on vous porte dépend de votre classement.

Numéro 1 français, joueur et capitaine de Coupe Davis, huitième-de-finaliste à Roland-Garros, l'Australian Open et Wimbledon, entraîneur, directeur technique national, auteur de livres, consultant, directeur de tournoi (Monte-Carlo, Toulouse, Metz, Montpellier) : oui, il aimait le tennis.

Double, Le tennis et son

(Paru dans *L'Équipe*, mai 2016.)

Comme bien des domaines de l'existence humaine, le tennis tend à générer une nostalgie de vieux con. Tout est toujours mieux avant. Ainsi le double.

Il fut un temps pas si lointain où les champions pratiquaient cette discipline, et la prenaient très au sérieux, comme l'atteste le palmarès de McEnroe (7 grands chelems en simple, 9 en double, 1 en double mixte), celui d'Edberg (6 simples, 3 doubles) ou, le plus ahurissant, celui de Navratilova (18 simples, 31 doubles, 10 mixtes). Ces deux joueurs et cette joueuse ont ceci en commun (à part leur revers à une main, leur jeu de service-volée, et le fait d'être gaucher pour deux d'entre eux) d'avoir été numéros 1 mondiaux à la fois en simple et en double. En ce temps-là, ça ne plaisantait pas.

On se souvient de la célèbre phrase de l'élégant Peter Fleming, partenaire de double de McEnroe : « La meilleure paire de doubles du monde, c'est McEnroe avec n'importe qui. » Au-delà d'un indéniable sens de la formule, Fleming nous disait qu'un grand joueur serait toujours supérieur à un spécialiste de double.

Voire. Je me souviens de la finale de Roland-Garros 1986 qui opposait Edberg et Järryd (alors tous les deux dans les dix premiers en simple) à Fitzgerald et Smid (deux spécialistes du double). Järryd sert une deuxième balle à 12/13 30-40 dans le cinquième set, le service est long, le juge de ligne ne dit rien mais se fait *overruler* par le juge de chaise alors que l'échange est entamé depuis trois coups. Les « *No way ! No way !* » furieux de Järryd n'y feront rien. Les Suédois ont perdu.

Outre nous rappeler que le tennis est un théâtre de la cruauté, ce que nous dit cette finale homérique, c'est qu'entre les champions de simple et les spécialistes de double, en fait, il y a match. Sinon les sœurs Williams feraient le Grand Chelem de double tous les ans. Je les ai vues jouer ensemble au premier tour contre Diatchenko-Voskoboeva : c'était horrible. On aurait dit un match par équipes du dimanche (toutes proportions gardées). Comme la serveuse ne suit pas au filet, l'échange s'engage avec la retourneuse, et les deux joueuses au filet regardent passer la balle, dans l'espoir d'une hypothétique interception. Il fallait voir Serena serrer sa raquette à deux mains devant elle, bien haut à hauteur des yeux juste avant la frappe adverse, au cas où l'adversaire aurait l'idée de jouer sur elle, comme on nous apprend à le faire dans les écoles de tennis.

Le problème du double n'est pas que les meilleurs ne le jouent plus mais comment il est joué. Ce qui faisait le charme du double, c'étaient ses points ultraspectaculaires : pour conquérir un avantage positionnel décisif, chacune des deux équipes se ruait au filet et il en résultait des coups de billard ahurissant basés sur des volées réflexes qui défiaient l'œil humain. Au lieu de quoi, on voit aujourd'hui à peu près toutes les configurations sauf celle-ci. Soit le serveur suit au filet mais pas le retourneur. Soit le serveur ne suit pas non plus. Parfois l'équipier du retourneur reste lui-même au fond. (L'équipier du serveur, lui, reste quand même au filet : on n'a pas encore gravi le dernier barreau sur l'échelle de l'infamie.)

Même d'authentiques attaquants ne suffisent plus à provoquer les situations de volées-volées d'antan. J'ai vu la fin de Mahut-Herbert *vs* F. Lopez-M. Lopez. Si Mahut et Feliciano Lopez, deux authentiques serveurs-volleyeurs, montent sur leurs deux balles de service, imités le plus souvent par Herbert, Marc Lopez, lui, ne monte même pas sur sa première. Et surtout, plus personne ne pratique systématiquement le retour-volée. Les rares fois où ça arrive, c'est que le serveur n'a pas suivi sa deuxième balle. Donc les quatre joueurs ne se retrouvent plus jamais ensemble au filet (sauf malentendu).

C'est dommage pour la discipline. Dommage pour le jeu. Dommage pour les générations futures. Comme disait Anders Järryd : « *No way.* »

Double faute

J'ai souvent cru que j'avais résolu mon problème de doubles fautes. Mais, récemment encore, j'en ai fait cinq dans le même jeu. (J'ai perdu le jeu, gagné le set et perdu le match.)

L'an dernier, j'ai joué contre un jeune 15/2 qui a bien dû en faire 25 dans le match. J'ai perdu 7/6 au troisième. (Il en faisait moins à la fin.)

Jadis, si d'aventure je perdais un jeu en faisant au moins trois doubles fautes, je me punissais en lâchant le match : incapable de maîtriser ce coup de base, le seul qui ne dépend que de nous puisqu'on le joue à l'arrêt et qu'on décide nous-mêmes où mettre la balle (c'est d'ailleurs bien tout le problème – voir *Lancer de balle*), je ne me jugeais pas digne de gagner. Je ne le *méritais* pas. Drôle de façon de raisonner : j'aurais pu envisager de gagner *malgré* mes doubles fautes, mais non. La peur et le dégoût de soi me gouvernaient.

Et puis, j'ai vu ce Djokovic-Federer, il y a quelques années, en finale d'un tournoi mineur : Djokovic est à son sommet, il domine mais il y a match, il a gagné le premier set, est poussé jusqu'au tie-break au deuxième. Dans le tie-break, il fait trois – trois ! – doubles fautes. Contre Federer. N'importe qui à sa place se serait dit : « Je viens de filer gratos un set à Federer, alors que j'étais à quelques points du titre, c'est très con, je suis mort, tant pis pour moi, ça m'apprendra, je ferai plus attention la prochaine fois. » Lui, comme si de rien n'était, gagne 6/2 au troisième.

Tout ça pour dire que si vous avez une deuxième un peu fragile, Djokovic est un modèle : il fait des doubles, souvent sur des points importants. Et il n'en fait pas une montagne. (Ça marche aussi avec Sharapova : elle, c'était par paquets de dix, et elle gagnait quand même des grands chelems.)

Par ailleurs, mieux vaut frapper une double que de pousser la balle : dans le premier cas, on peut espérer qu'un jour elle sera dedans ; alors que, dans l'autre, on sait que vous végéterez toute votre vie.

Récemment, je me suis souvenu de l'enfant insouciant que j'étais : je pouvais faire deux doubles de suite et avoir à servir une deuxième balle dans la foulée, je la frappais joyeusement, sans me poser de questions, sans peur dans les bras (ni celui qui lance ni celui qui frappe). Je pensais juste à Edberg. Statistiquement, ça passait. (Et comme le retourneur était surpris, en général, ça faisait même un service gagnant : c'était tout bénéfice.) J'ai essayé de retrouver cette joie d'enfant et, le temps d'un match, ça a bien marché. (Et puis j'ai oublié. Il est si loin, le temps d'Edberg.)

En bref, la double faute est une philosophie. Ou plutôt une psychanalyse. Vous ne résoudrez jamais totalement vos problèmes de doubles, mais vous pouvez apprendre à vivre avec.

Douglass Chambers, Dorothea (1878-1960)

Voir : *Goolagong, Lenglen* et *Open*.

Drobny, Jaroslav (1921-2001)

C'est peu dire que Drobny eut plusieurs vies.

Joueur tchécoslovaque, allemand de 1939 à 1945 (car il était originaire des Sudètes, région absorbée par l'Allemagne suite aux accords de Munich), suisse en 1949 (après s'être exilé en 1948), égyptien de 1949 à 1954 et enfin britannique, il mit sa carrière tennistique entre parenthèses pendant six ans, de 1939 à 1945 (non sans avoir joué Wimbledon 1939 sous couleurs allemandes).

Vainqueur de deux Roland-Garros et d'un Wimbledon, il fut aussi champion du monde (1947) et médaillé d'argent olympique de... hockey sur glace (1948). (Lors des championnats du monde de 1947, il passa un triplé aux USA, battus 6/1 par la Tchécoslovaquie.) Sa pratique du hockey lui valut d'ailleurs une blessure à l'œil, et celle-ci l'obligea à porter des lunettes teintées qui le handicapèrent pendant les matchs en nocturne, ce qui ne l'empêcha pas de remporter 140,5 tournois amateurs (il partagea le tournoi de Bristol en 1954 avec un certain Jack Arkinstall), le plaçant en quatrième position des vainqueurs de tournois, toutes catégories confondues, derrière Laver (200), Connors (149) et Lendl (147). (Notons que, tout comme Laver et Connors, il était gaucher.)

Droit du sol

(Paru dans *L'Équipe*, mai 2016.)

Un spectre hante l'ATP Tour : le cosmopolitisme. Sur le circuit, des Russes, des Espagnols, des Argentins, des Suisses, des Serbes, des Ouzbeks, des Australiens, des Japonais, en veux-tu en voilà. *Idem* chez les filles de la WTA : des Indiennes, des Chinoises, des Slovaques, des Roumaines, etc. Et toute la beauté de ce joyeux *melting-pot* réside en ceci : ça n'a aucune importance.

Loin du chauvinisme hystérique du foot, le tennis est l'un des sports où l'origine compte le moins, le seul sport peut-être où un joueur peut se faire huer dans son propre pays. McEnroe-Nastase, Flushing 79 : le public applaudit à la première double faute de l'Américain. Caujolle-Connors, Roland-Garros 80 : le Français stupéfait se rend compte que tout le stade pousse Connors. McEnroe-Leconte, Bercy 88 : dès l'échauffement, *à chaque frappe de balle*, McEnroe se fait acclamer, Leconte se fait siffler. En tennis, jouer à domicile ne donne manifestement aucun avantage décisif.

Depuis combien de temps un Français n'a pas gagné Roland-Garros, un Australien Melbourne, un Américain l'US Open, un Anglais Wimbledon ? C'est qu'au tennis, le facteur national n'a jamais été considéré par le public comme véritablement pertinent. Un joueur n'est ni serbe, ni suisse, ni suédois, ou quoi ou qu'est-ce. Oscar Wilde disait : « Un livre est bien écrit ou mal écrit, c'est tout. » Un joueur joue bien ou mal, c'est tout.

D'ailleurs, symptomatiquement, la Suisse est sans doute le pays le moins national d'Europe. Djokovic est né dans un pays qui n'existe plus. Le simple fait que les Anglais se soient réjouis de la victoire de Murray à Wimbledon démontre, s'il en était besoin, à quel point le critère *national* n'est pas un critère *tennistique*. Il suffit de transposer la situation en rugby ou en foot pour en percevoir la radicale impossibilité : victoire de l'Écosse, l'Angleterre en liesse, vraiment ? Parce qu'il transcende les identités nationales, le tennis échappe au cadre étroit dans lequel Finkielkraut et ses amis voudraient réduire la psyché humaine. Le tennis est un internationalisme.

On prétend néanmoins que chaque nation possède son identité de jeu. Gros lift chez les Espagnols et les Sud-Américains, c'est vrai. Mais Rios, Del Potro, et Lopez, l'un des derniers serveurs-volleyeurs en activité. Même chose chez les Suédois, enfants de Borg, joueurs de fond. Et pourtant Edberg, l'un des trois plus grands volleyeurs de tous les temps. Les Australiens montent au filet ? Hewitt remporte le premier Wimbledon du fond du court. Chaque fois qu'on a cru pouvoir attribuer une identité de jeu à une nation, un joueur a surgi pour la déconstruire.

Mais alors *quid* de la Coupe Davis ? La vérité est que seuls la France et McEnroe s'intéressent vraiment à cette compétition. McEnroe parce que son père lui chantait tous les soirs l'hymne américain avant de s'endormir. La France parce que la composition de son élite (sur-représentation française entre la 8e et la 25e place depuis environ trois décennies) la rend particulièrement compétitive pour ce type d'épreuve. Mais si le reste du monde prenait réellement au sérieux la Coupe Davis, la Suisse battrait tous les ans l'Espagne ou la Serbie en finale (et les frères Murray n'y pourraient rien changer).

Bien sûr, on suit toujours avec sympathie les premiers tours des Français, parce que c'est l'occasion de voir des nouvelles têtes comme Bourgue ou des joueurs et joueuses au parcours atypique à la Robert ou Razzano (aussi bien d'ailleurs lorsqu'ils sont haïtiens, belges ou chypriotes comme Baghdatis, dès l'instant qu'ils sont francophones : la langue crée la proximité), mais contrairement à ce que font semblant de croire les programmateurs télé, l'amateur de tennis préférera toujours zapper sur un Nadal-Bellucci, un Federer-Schwartzmann, un Venus Williams-Jankovic ou un Nishikori-Rosol.

Certes, le tennis est un sport historiquement bourgeois et les tribunes de Wimbledon ne respirent sans doute toujours pas tellement la sueur. Mais enfin, au tennis, personne ne jette de bananes sur les joueurs noirs. Les Espagnols et les Suisses ne s'écharpent pas aux abords des stades. Américaines, Russes et Chinoises cohabitent en bonne intelligence. Contrairement à la fable que certains essaient de nous vendre, le sport est évidemment toujours politique. Et, en ce qui concerne le sujet qui nous occupe, je trouve cette morale à la fois saine et réjouissante : en tennis, le droit du sol n'existe pas.

Dürr, Françoise

Sur une affiche célèbre, l'Oncle Sam américain montrait du doigt pour attirer l'attention. Le revers de Françoise Dürr faisait de même : son index s'allongeait sur le manche de sa raquette. (Ça ne l'a pas empêchée de gagner Roland-Garros en 1967.)

Ce n'est pas beau de montrer du doigt. Sauf pour Françoise, en revers.

E

Eastern

La prise dite « eastern » n'est pas la prise continentale. Ce n'est pas la prise western. La prise eastern, c'est Stalingrad : plus un pas en arrière.

Écart

Creuser, maintenir ou réduire l'écart. Tous les matchs de tennis se résument à ça. Deux points d'écart, deux jeux d'écart : c'est le fondement de ce sport, et il n'y a aucun autre moyen de remporter la victoire. Celui qui gagne est celui qui gère le mieux cette question (voir *Break, Balle de* et *Becker, Boris).*

Dans son livre *Winning Ugly*, Brad Gilbert, qui avait observé comment McEnroe, Connors, Lendl, et Courier à ses heures, excellaient dans la gestion de ces écarts, nous livre leur secret : ils ignoraient le sens du mot « maintenir ». Une fois le break empoché, plutôt que d'assurer leurs coups, ils augmentaient, au contraire, leurs prises de risque. Au lieu de simplement songer à confirmer leur break (ce qui allait sans dire), ils n'avaient déjà qu'une idée en tête : breaker de nouveau. Ils étaient là pour écraser leur adversaire. Ils étaient là pour *creuser* l'écart.

Gilbert précise bien qu'il s'agit d'une tactique très difficile à mettre en œuvre, et ne la recommande pas. (À vous de voir. Ce que vous ferez après la lecture de ces lignes en dira beaucoup sur vous.)

Edberg, Stefan

Il n'y a pas d'essence des peuples. Il suffit pour s'en convaincre de songer à Stefan Edberg.

Père : Borg.

Frères : Wilander, Nyström, Sundström.

Femme : Annette (ex de Wilander).

Nationalité : suédoise. (Cheveux : blonds.)

École : fond de court. (Option : revers à deux mains.)

Principe de jeu (théorisé par Borg) : renvoyer la balle une fois de plus que l'adversaire.

Nous avons là les bases solides d'une civilisation glorieuse, à l'identité bien définie – en apparence. Or, qu'a-t-elle engendré ? Simplement le plus grand volleyeur de tous les temps. Stefan Edberg, l'homme qui jouait assis. Le grand rival de Boum-Boum Becker. Son service kické au-dessus de l'épaule (l'un des premiers à sauter dans le court avec sa jambe d'appui). Son revers à une main, le meilleur à l'époque. (Un jour, le petit Edberg a détaché sa main gauche du manche, et c'est toute l'histoire du tennis qui en a été changée.) Ses montées en revers slicé, à l'australienne (*chip and charge*). Ses retours-volées. Son partenaire de double, Anders Järryd, volleyeur comme lui. Sa Pro Staff originale (qui était maquillée par Wilson comme une Classic), transmise comme un bâton de relais à Sampras et Federer.

L'identité : si une telle chose existait, le joueur de tennis n'en aurait qu'une, celle de son jeu. Edberg est davantage fils de McEnroe que de Borg, Athénien né à Sparte, américain, australien, tout ce qu'on veut, ou rien de tout ça, parce que rien de tout ça n'a de sens, ni en art ni en sport, et que le véritable, le seul pays d'Edberg, était celui de l'attaque.

Emerson, Roy

Dans la liste des vainqueurs de grands chelems, entre Sampras (14) et Borg (11), je me suis toujours étonné de cette curiosité : Emerson (12). Qui était ce type ?

Un Australien, d'accord. Sûrement, pensais-je, un joueur du genre de Johan Kriek, raflant l'Open d'Australie à l'époque où personne n'y allait plus (mais douze fois, tout de même).

Or, à bien y regarder, pas du tout : six fois l'Australie, d'accord, mais aussi deux fois Roland, Wimbledon et l'US Open. Contre des joueurs somme toute assez corrects puisqu'il y bat en finale ses compatriotes Rod Laver (deux fois), Fred Stolle (cinq fois) et Tony Roche (futur coach de Lendl), ou encore Arthur Ashe (deux fois).

Non seulement Emerson appartient de plein droit à la *dream team* australienne des années 60 mais, si l'on se réfère au palmarès, on pourrait même dire qu'il en est le leader, devant Laver (10 grands chelems), Rosewall (8) Newcombe (7), Stolle (2) et Roche (1).

En fait, la réalité est tout de même plus ambiguë, puisque les années 60 sont cette période de confusion où le circuit professionnel concurrence le circuit amateur et brouille les cartes (voir les deux Pancho : *Segura* et *Gonzales*). Contrairement à Laver qui passe cinq ans sur le circuit pro et se voit donc priver de l'opportunité d'augmenter son palmarès en grand chelem pendant ses plus belles années, Emerson préfère Wimbledon aux gros chèques et engrange, dans la même période, les victoires qui font l'histoire. Sans doute Laver était-il un meilleur joueur qu'Emerson, mais après tout, chacun fait ses choix. Au regard de l'histoire du jeu, c'était un bon calcul : le chat Laver n'était plus là ? La souris Emerson pouvait danser. Bien joué, Roy.

Ennuis

« Quand tu t'attends à dérouler, parfois c'est là que les ennuis commencent. »

Federer (après une défaite 7/5 7/5 contre Thiem au Masters 2019)

Entraîneur

Je ne savais pas à quoi m'attendre. Quand mon frère m'a proposé « le poste », j'étais journaliste pour L'Équipe 21, et je n'envisageais pas du tout de faire un jour ce métier. J'avais connu une brève expérience pendant mon dernier semestre en Floride, en coachant une partie de l'équipe de tennis universitaire, pour rendre la fin de mon diplôme plus fun. J'avais adoré mais ne voulais pas en faire une carrière.

J'ai finalement accepté pour plusieurs raisons. La première, parce qu'il m'a toujours été compliqué de dire non à mon frère. La deuxième était financière, car mon salaire de journaliste stagiaire en alternance n'était pas suffisant. La troisième était la curiosité.

Julien revenait d'une double opération, suite à des pubalgies à répétition. Il s'entraînait jusque-là avec Loïc Courteau qui venait de prendre son nouveau poste d'entraîneur de l'équipe de France de Coupe Davis. Mon frère cherchait quelqu'un qui le connaissait parfaitement et qui pouvait assurer les deux-trois ans qui lui restaient (selon lui). Il n'avait pas de temps à perdre. J'ai pris deux semaines pour réfléchir et me suis lancé.

Je n'étais pas prêt. J'ai découvert la grande discipline que demandait ce métier. Je devais avoir une vision, moi qui n'avais pas d'expérience. Je devais planifier des entraînements, moi qui ne l'avais jamais fait. Je devais savoir comment Julien devait jouer, moi qui n'avais jamais été capable de me hisser à ce niveau-là. Je devais prévoir les partenaires d'entraînement. Je devais avoir un avis sur la programmation de tournois. Je devais modifier techniquement quelqu'un de plus doué que moi. Je devais élaborer un plan de jeu pour battre Untel ou Untel. Je devais m'inventer des compétences sans aucune formation.

Ma seule formation résidait dans mon passé de joueur. Ce n'était en fait pas rien, et je me suis vite rendu compte que les solutions que j'essayais de trouver en tant que joueur pouvaient s'appliquer au plus haut niveau.

J'avais oublié la compétition. Je l'avais gommée de ma mémoire, comme si je ne voulais plus avoir affaire à elle, tant je croyais qu'elle m'avait rendu malheureux. Très vite, la défaite et la victoire redevenaient les influents du baromètre de mon bonheur. Je retrouvais ce pour quoi j'avais cessé de jouer, fatigué d'être défini par le résultat que je produisais sur un court de tennis.

Julien avait perdu son identité de joueur. Rien de plus normal après une longue absence. Il fallait passer par le travail et la répétition pour le rassurer et qu'il consolide son jeu. Il fallait en même temps qu'il se refasse une caisse physique, grâce à son préparateur. Mais il fallait doser car il n'avait pas beaucoup d'autonomie et fatiguait vite. Un casse-tête : il fallait bosser dur sans avoir vraiment la possibilité de le faire.

L'entraîneur est dans la même immédiateté que son joueur. Une belle victoire ne se savoure que quelques heures pour l'un comme pour l'autre. Quand Julien bat Marin Cilic, 4e mondial, en quart de finale du Masters 1 000 de Bercy, après les larmes de joie, après avoir savouré quelques heures, il faut se pencher sur la préparation de la demi-finale contre Sock. L'esprit de compétition revient tout de suite. On se dit que jouer Sock dans une demie de Masters 1 000 représente une belle occasion. Et à l'arrivée, malgré cette joie immense et ce résultat magnifique, c'est la défaite qui nous attend. C'est épuisant.

L'entraîneur inspire, guide, passionne, contrarie, améliore, énerve, accompagne, aime, pousse sa joueuse ou son joueur vers un objectif unique : gagner. Le reste n'importe pas. Dans la tête d'un joueur, il est la priorité de son entraîneur. Vous n'êtes là que pour lui. Cela fait partie de la fiche de poste de votre métier. Ceux qui font carrière le font trente à trente-cinq semaines par an, pendant vingt-cinq-trente ans, et ne voient pas leurs enfants grandir, quand ils en ont. De plus, c'est un métier où le CDI n'existe pas, à part quand on travaille pour une fédération. Dans le très haut niveau, le joueur peut se séparer de vous à tout moment.

Quand vous êtes entraîneur, votre patron, le joueur, doit vous obéir. Quand la relation marche et que les résultats sont bons, ce paradoxe fonctionne parfaitement. Quand la défaite devient plus fréquente que la victoire, vous voyez des entraîneurs ne plus oser rien dire, de peur de perdre leur emploi. Le problème pour le joueur est que c'est dans ces moments-là qu'il a besoin qu'on lui parle. Or la précarité de la situation de l'entraîneur le mure dans son silence.

Mes deux années et demie d'entraîneur m'ont fait connaître des choses que je n'avais pas eu la chance de vivre en tant que joueur : demi-finale de Masters 1 000, finale de Wimbledon en double, les plus grands tournois du circuit ATP, la victoire sur certains des meilleurs joueurs du monde, entre autres. Tout ça, en voyageant en Business Class, en résidant dans les plus beaux hôtels des villes les plus sexy. Mais, à la fin de l'année, on fait le bilan, et on se dit qu'on n'a pas vu la personne qu'on aime pendant deux cent cinquante jours, et on se retrouve à se poser cette question : « Est-ce que je veux faire ça de ma vie ? »

Ce métier est une vocation, une passion qui vous vole à vos proches. Il y a de grands entraîneurs en France qui ont consacré ou consacrent toujours une grande partie de leur vie au tennis : Loïc Courteau, Thierry Champion, Manu Planque, Olivier Ramos, Jean-Christophe Faurel, etc. J'en oublie. Ils ne sont pas très connus, mais ils ont contribué au rayonnement du tennis français sur la scène mondiale. Ils ont tout mon respect.

Escudé, Nicolas

La première fois que j'ai vu Nicolas Escudé, c'était dans le vieux Roland-Garros : celui où le court Philippe-Chatrier s'appelait « Court central » (voir *Roland-Garros*).

Il s'entraînait sur le court n° 2, adoré par les Français. J'avais 10 ans, et j'assistais à une séance au panier, mené par Thierry Tulasne qui se trouvait au filet. Il devait le passer.

Je me souviens de tout : sa raquette, une Head Prestige rouge, sa tenue d'entraînement Nike, sa régularité en revers, cette impression qu'il ne pouvait en rater aucun tout en touchant les cibles.

J'étais fou de son revers à deux mains. Il était beau, élégant, rectiligne, relâché. Pour moi, il fait partie des plus beaux revers à deux mains du tennis français avec ceux de Paul-Henri Mathieu, Benoît Paire, ou celui de mon frère Julien.

Je l'ai revu plus tard, quand il jouait le tournoi satellite de Bourg-en-Bresse, dans mon club. Je ramassais les balles pendant le tournoi. Il avait la réputation du « branleur talentueux ». Elle s'est confirmée à mes yeux quand je l'ai vu faire l'échauffement de son double avec son partenaire Jean-Noël Grinda. Ils portaient une casquette vissée à l'envers, qui arborait le logo d'une boîte de nuit célèbre de la région, à l'époque. Ça me fascinait, j'admirais ce relâchement.

Ce côté nonchalant ne l'a pas empêché d'atteindre le plus haut niveau : quart à Wimbledon et à l'US Open, demie en Australie, un pays qui lui a réussi, puisque c'est là-bas qu'il a réalisé son chef-d'œuvre : battre le numéro 1 mondial Lleyton Hewitt, chez lui, en finale de Coupe Davis, montrant la voie sans le savoir à Kristina Mladenovic qui réussira le même exploit dix-huit ans plus tard (voir *Mladenovic*).

Le dernier jour, c'est encore lui qui bat Wayne Arthurs, en cinq sets. Sur la balle de match, il ajuste l'Australien d'un passing de revers long de ligne. Sûrement grâce à cette séance d'entraînement, sur le court n° 2 de Roland-Garros, six ans auparavant.

Étirements

Dans sa très riche autobiographie, *Open*, Agassi raconte, entre autres, comment il a dragué Steffi Graf : après moult vasouillages, il est parvenu à la convaincre de partager une séance d'entraînement. Andre a le trac, il accumule les balles dans le filet, les curieux, eux, s'accumulent autour du court, ce qui accroît sa gêne, il foire, à l'en croire, une balle sur trois, mais bon, la séance se passe, et au bout d'une heure et quart, Steffi fait signe qu'elle a sa dose. Et donc Andre nous dit : « J'arrive à prendre un air désinvolte jusqu'à ce qu'elle commence à s'étirer les jambes sur le poteau du filet. » Et voici que, pour se donner une contenance et cacher son trouble, Agassi imite Graf.

Après tout, pourquoi pas, sauf qu'il écrit cette phrase incroyable : « Je n'ai encore jamais fait d'étirements, mais autant m'y mettre. »

Wait. What ?

Le mec a 29 ans, il a déjà gagné trois grands chelems, et il n'a *jamais* fait d'étirements ?

Je me sens arnaqué. Ça fait des années que, cédant à la *doxa* et à la frénésie ambiante, je me plie de mauvaise grâce à cette routine fastidieuse : indispensable, paraît-il, avant, après, tout le temps, si on veut éviter les blessures et atténuer les courbatures pour pouvoir enchaîner les matchs en bon état. Est-ce que j'ai évité les blessures, ces dernières années ? Non. Est-ce que j'ai réduit mes courbatures ? Peut-être, mais ce n'est pas flagrant.

Est-ce qu'Agassi a gagné Wimbledon, l'US Open et Melbourne *sans s'étirer* ? OUI ! (Et d'ailleurs, lorsqu'on lit attentivement son livre, on se rend compte qu'il n'arrête pas de s'enfiler des shots de tequila les veilles de grandes finales – pour se détendre, dit-il –, de bouffer des gros burgers dès qu'il peut, de siffler des bières avec Brad Gilbert, et qu'il reprend toujours trois fois des pâtes à la cantine.)

J'aurais dû m'en douter. Je me souviens de McEnroe expliquant qu'il avait fait son premier footing à 30 ans. Est-il devenu meilleur *après* ? Non.

Je revois Wilander me parler de Bob Dylan, *en fumant sa clope* (voir *Wilander*).

Eh bien, dont acte. Plus question de s'emmerder. Adieu footings, adieu étirements. Je jure (mais sans doute un peu tard) qu'on ne m'y reprendra plus avec toutes ces bêtises (voir *Régime*).

Evert, Chris

La « petite fiancée du tennis » (et, brièvement, de Jimmy Connors) s'est bâti un palmarès phénoménal dans les années 70 et 80 : dix-huit grands chelems, ce qui en fait théoriquement l'égale de Navratilova, sa grande rivale.

De fait, c'était une championne, mais enfin son jeu très régulier n'aura jamais brillé par une fantaisie ni un panache excessifs. On louait surtout chez elle une féminité qu'on exagérait d'autant plus qu'elle permettait, par comparaison, de critiquer Navratilova, trop athlétique et trop lesbienne pour les canons conservateurs de l'époque.

En guise d'hommage, l'une de ses adversaires et compatriotes, Julie Heldman, avait dit d'elle : « Contre Chris Evert, si on ne fait pas attention, au bout du 35e échange, on peut vite être déconcentrée. »

Excuses

(Paru dans *L'Équipe*, mai 2016.)

D'après Guy Forget, le sentiment qui prédomine dans ce beau sport qu'est le tennis est la frustration. Rien ne marche jamais comme on veut, les moments où tout notre jeu est en place se comptent en minutes à l'échelle d'une vie, les circonstances nous semblent toujours défavorables, sans parler de l'adversaire qui fait tout pour contrarier nos projets (faire le point, gagner le match et avancer au tour suivant).

Il y a plusieurs façons de gérer cette frustration. La plus répandue est la méthode Benoît Paire qui consiste à verbaliser sur le court. Au deuxième tour, lors de sa défaite contre Gabashvili, il criait : « Mais pourquoi je suis allé me faire masser ce matin, il m'a détruit la cuisse ! » Ou encore : « Il n'a jamais joué comme ça de sa vie, ça va à 10 000 à l'heure et ça passe ! »

Sauf si vous avez déjà gagné un grand chelem, vous aurez sans doute reconnu (mes lecteurs, mes frères) les deux compagnons familiers de la psyché du joueur lambda : la culture de l'excuse et la pensée magique paranoïaque.

Dans le premier cas, il s'agit de se dédouaner de la défaite à venir. Ô combien confortable cette douce sensation d'abandon (littéralement), quand on a décidé (et pris soin de faire savoir au monde) que l'issue de la rencontre n'était plus de notre ressort. On va perdre mais on sait pourquoi. Ce n'est plus notre faute.

J'ai déjà perdu un match parce que j'avais le soleil dans l'œil. Et l'adversaire, non ? Non, parce que je suis gaucher, et que moi seul avais le soleil dans l'axe. Bien sûr, au lieu d'essayer de modifier mon lancer de balle (ce qui ne m'aurait de toute façon pas fait de mal, soit dit en passant), j'ai employé l'essentiel de mon énergie à surjouer l'éblouissement pour montrer au maigre public que j'étais gêné, pendant que j'enquillais les doubles fautes.

Le deuxième cas fonctionne selon les mêmes ressorts, mais en pire puisqu'on introduit une dimension surnaturelle : l'adversaire a une réussite tout à fait anormale. Le sort est contre nous. On n'a pas de chance. C'est un complot. C'est un destin.

Pour être honnête, il y a tout de même des cas où les circonstances sont objectivement contraires. Ainsi Radwanska pouvait-elle légitimement râler après sa défaite contre Pironkova, alors qu'elle avait mené 6/2 3/0 avant la pluie : « Je suis surprise et en colère d'avoir dû jouer sous la pluie. On n'est pas dans un tournoi à 10 000 dollars. »

Pour Djokovic non plus, Roland-Garros n'est pas un tournoi à 10 000 dollars, mais le seul grand chelem qui lui manque, son Graal personnel. Et voilà qu'il se retrouve à taper dans une balle gorgée d'eau qui s'écrase dans des flaques. Il perd 3/6 le premier set contre un joueur qu'il a pulvérisé à Madrid. De quoi être légèrement irrité. Et nul doute qu'il l'est, mais, plutôt que de se plaindre, il joue (ou, en l'occurrence, il rame). Il sert pour le deuxième set à 5/3, 30-15, casse une corde, perd le point, change de raquette, fait une double faute, 30-40. N'importe qui mettrait la double sur le compte du changement de raquette. Lui sert un ace, son premier du match.

Je ne sais pas comment finira la rencontre (j'ai tout de même une petite idée). Mais je repense à ce que Wilander a dit un jour de Nadal : « C'est l'archétype du gagnant, et il le sera dans tout ce qu'il entreprendra pour le reste de sa vie. Cela se voit, cela se sent. Il peut perdre ou gagner, ça ne change rien, absolument rien, à sa façon de faire ou à ce qu'il essaie d'accomplir. » Qu'il pleuve ou qu'il vente.

Exhibition

La règle non écrite d'un match exhibition est que le joueur qui gagne le premier set laisse son adversaire gagner le deuxième, afin que les spectateurs en aient pour leur argent, et éventuellement on se tire un peu la bourre au troisième, mais enfin sans trop forcer.

Sauf pour Lendl.

Un jour qu'ils devaient disputer une exhibition, Wilander avait prévenu Lendl qu'il était vraiment crevé (sous-entendu : « Vas-y mollo »).

Lendl l'écouta sans doute attentivement, puis lui colla 6/0 6/0.

Comme dit Brad Gilbert : « Un type tout à fait charmant. »

F

Face-à-face

Les face-à-face (ou H2H, pour *head-to-head* en anglais) comptent jusqu'à un certain point, mais en fait, surtout pour les joueurs, *avant* le match.

Par exemple, pour Gasquet quand il doit affronter Nadal (0-10). Ou Gilles Simon Djokovic (1-11). Ou Ferrer quand il jouait Federer (0-17). Ou Davydenko face au même (2-19). Ou Roddick (3-21).

Cette question des face-à-face a enfanté l'une des répliques les plus drôles de l'histoire du tennis. Gerulaitis, qui venait de battre Connors après seize défaites consécutives, avait déclaré en conférence de presse : « Que ça lui serve de leçon. Personne ne bat Gerulaitis dix-sept fois d'affilée. » (L'histoire, d'ailleurs, le démentira, comme l'atteste son bilan face à Borg : 0-17, justement.)

Dans le même genre, Gilbert a perdu quinze fois sur quinze contre Lendl. Une fois, il a eu un set et un break d'avance, et il a quand même perdu. On peut supposer que Lendl bénéficiait d'un léger ascendant psychologique.

C'est que les face-à-face ne prennent leur véritable signification que lorsque le bilan est particulièrement déséquilibré, ou lorsqu'une série en cours donne toujours la victoire au même joueur. Ou encore lorsque le bilan est équilibré alors qu'il ne devrait pas l'être, ou favorable au joueur le moins fort des deux : on parle alors de « bête noire ». Ainsi Santoro pour Safin (7-2), Mecir, « le tueur de Suédois », pour Wilander (7-4), ou, dans une moindre mesure, Nalbandian pour Federer à l'époque où celui-ci roulait sur tout le monde (8-11), ou encore Brad Gilbert pour Becker (4-6) qui déclarait : « Chaque fois que je joue Gilbert, c'est pareil : je me dis que je ne peux pas perdre contre un gars comme ça. »

Il arrive également – et nous en venons lentement mais sûrement au point qui nous intéresse – qu'entre deux joueurs de force, de renommée, de palmarès et de classement équivalents, le H2H soit déséquilibré.

Prenons Jimmy Connors (huit grands chelems, meilleur classement : numéro 1). Il est largement déficitaire dans ses face-à-face avec Borg (8-15) ou Becker (0-6). Qu'en déduire ?

En fait, pour interpréter ces statistiques, il faut quelques informations supplémentaires.

Dans le cas de Becker, les dates de naissance suffisent : il a quinze ans de moins, et Connors a payé contre lui son extrême longévité au plus haut niveau (non sans démériter, d'ailleurs, puisqu'il lui aura pris un set quatre fois sur six).

Dans le cas de Borg (seulement quatre ans plus jeune), il faut regarder le détail de leurs affrontements : à partir de 1979, Connors ne gagne plus et encaisse dix défaites d'affilée. L'explication, c'est que, de 1978 à sa retraite en 1981, Borg est quasiment imbattable (sauf par McEnroe). Une statistique presque similaire, contre McEnroe justement, nous confirme cette lecture : contre Connors, McEnroe (sept ans plus jeune) gagne onze fois d'affilée de 1983 à 1986. *Puis* reperd deux fois, en 1987 et 1989, c'est-à-dire pendant sa période de déclin (20-14 pour McEnroe au total).

On peut donc dire que Connors a été dominé pendant d'assez longues périodes par ses deux rivaux. Mais on peut aussi dire qu'il les a enterrés.

Ce qui nous amène à Federer : la seule statistique qui semble en mesure de remettre en cause son statut de plus grand joueur de tous les temps (voir *GOAT*) est celle de ses face-à-face contre ses deux rivaux.

Son H2H contre Djokovic est, à l'heure où j'écris ces lignes, de 23-27 (il aurait pu être de 24-26 s'il avait converti ses balles de match au dernier Wimbledon, mais n'en parlons plus). Sur un échantillon aussi énorme, l'écart est négligeable. (Songeons que le face-à-face de Borg et McEnroe, qui incarnent l'une des plus grandes rivalités de l'histoire, au point qu'on leur a consacré un film, n'est que de 7-7.)

Reste donc la seule statistique vraiment problématique, que tout amateur de tennis connaît par cœur (et actualise au fur et à mesure), celle qui rend compte de ses duels avec Nadal : 16-24, à l'heure qu'il est. Qui avait fait dire à Navratilova : « Federer est le meilleur joueur de tous les temps, mais Nadal est le meilleur des deux. »

Certes, la formule est belle : on dirait du Oscar Wilde.

Mais elle est néanmoins discutable, pour plusieurs raisons. Federer rend cinq ans aux deux autres. Comme Connors, il paie forcément sa longévité : il est impossible d'avoir un bilan positif contre des joueurs plus jeunes de force équivalente. Federer mène contre Sampras (1-0) et Agassi (8-3), on ne peut pas *en plus* lui demander de mener contre Nadal et Djokovic.

Federer, durant sa carrière, aura été extrêmement compétitif sur terre battue, davantage que la majorité des spécialistes, ce qui l'a amené à jouer Nadal sur cette surface plus que de raison : six fois rien qu'à Roland-Garros (dont quatre finales), pour autant de défaites. Goûtez donc ce paradoxe : si Federer avait été moins fort sur sa surface faible, il n'aurait pas été si souvent en finale de Roland-Garros, et compterait donc moins de défaites contre Nadal. (Si vous trouvez ce raisonnement un peu chantourné, demandez leur avis à Sampras ou Becker, qui pèsent en tout et pour tout une demie chacun à Roland-Garros : quasiment jamais en mesure, donc, d'affronter un top 4.)

Lors de leurs huit dernières confrontations, Federer a gagné sept fois, ramenant son pourcentage de victoires à 40 %, soit un ratio tout à fait décent.

Et, pour en finir avec cette histoire de H2H, et faire un sort à la phrase de Navratilova, je convoquerai une autre rivalité légendaire : Edberg-Becker. Un coup Edberg gagnait Wimbledon, un coup Becker. Six grands chelems chacun. Qui songerait à les dissocier ? On aurait même tendance à donner un léger avantage à Edberg, plus longtemps numéro 1, et qui aurait dû gagner un Australian Open supplémentaire sans une blessure en finale alors qu'il dominait Lendl. Et pourtant, Becker-Edberg : 25-10.

Comme quoi, les face-à-face n'ont que l'importance qu'on veut bien leur donner.

Voilà donc une question de réglée.

Si jamais Nadal dépasse ou même égale Federer au nombre de grands chelems, je trouverai bien autre chose.

Faute

En allemand, la lune est un mot masculin, et le soleil est féminin : c'est toute une vision du monde qui s'en trouve modifiée.

Il en va un peu de même avec l'emploi de « faute » en français, pour traduire le « *out* » anglais. D'un côté, l'expulsion, de l'autre, la culpabilité. C'est plus sec, plus violent, en anglais : tu as raté ? Dehors ! Mais c'est plus grave en français, plus judéo-chrétien, plus *moral* : tu rates, tu paies. Tu es responsable, toi, et personne d'autre. C'est ta faute si tu as perdu.

Quand j'étais petit, je croyais que l'arbitre disait « fausse » et non « faute » : je voyais la balle fausse, comme une fausse note. Cette confusion acoustique a sans doute forgé ma vision du jeu, différente des deux autres : dans cette optique, gagner un match relevait d'abord du travail d'artiste. Voilà qui m'a probablement coûté quelques victoires, mais m'aura aussi permis de goûter, (quelquefois) raquette en main, ou (plus souvent) devant ma télé, aux beautés des partitions bien exécutées.

Fauteuil

On ne le sait pas assez, mais les joueurs de tennis en fauteuil sont si rapides qu'ils n'utilisent quasiment jamais le deuxième rebond auquel ils ont droit.

Au début des années 80, les joueurs de paratennis utilisaient des fauteuils de ville qui pesaient 20 kilos. Aujourd'hui, ils pèsent 6 kilos, et leurs utilisateurs volent comme des fusées. Il est déjà arrivé à Stéphane Houdet (deux Roland-Garros, un US Open, numéro 3 mondial et encore numéro 1 en double à presque 50 ans) de se renverser avec sa machine en plein échange, de la redresser, de remonter dessus et de poursuivre le point.

L'une des principales particularités techniques du tennis en fauteuil est ce revers inversé qu'ils alternent avec un revers chopé plus classique. En général, ils l'enchaînent avec une rotation à 360° : ils perdent la balle des yeux pendant une fraction de seconde, mais c'est pour mieux repartir, en profitant de leur élan.

Pour le reste, ils servent à 180 (c'est-à-dire plus fort que vous et moi debout), en décollant du sol (oui, les roues du fauteuil décollent).

Pour des questions évidentes d'appui et de changement de direction, la tactique principale du joueur en fauteuil consiste à jouer dans le contre-pied de l'adversaire (mais le contre-pied se nomme « contresens », dans cette discipline).

Comme chez les valides, il existe différents styles de jeu. L'Argentin Gustavo Fernandez, actuel numéro 1

mondial, est un gros lifteur de fond de court. Le Japonais Shingo Kunieda, numéro 2, joue en toucher et variations. Stéphane Houdet est un attaquant doté d'un gros service qui aime monter au filet.

Il existe deux catégories de tennis en fauteuil : open et quad, cette dernière pour les joueurs qui souffrent d'une atteinte aux membres supérieurs, en plus d'être privés de l'usage de leurs jambes. Certains utilisent des fauteuils électriques.

Le vainqueur d'un grand chelem en fauteuil, catégorie open, gagne entre 40 000 et 45 000 dollars.

Il existe aussi des compétitions par équipe : les Hollandaises sont tenantes du titre de la World Team Cup depuis vingt-quatre ans.

Un jour, Djokovic s'est essayé au paratennis, ce qui lui a permis de considérer ses pratiquants pour ce qu'ils sont : des athlètes de haut niveau, et des pairs.

Fedal

Le 39e épisode de la série s'est déroulé le 7 juin 2019 à Roland-Garros. Il n'était pas vraiment nécessaire. On connaissait déjà la fin. Un vrai « Fedal », c'est quand les deux joueurs sont très proches en termes de niveau de jeu. Ce n'était pas le cas ce jour-là : aucun combat, comme si le Suisse avait perdu d'avance. Les tribunes n'étaient même pas pleines au début de cette demi-finale : le public savait probablement à quoi s'attendre. Roger Federer n'a jamais pris plus d'un set à Nadal à Roland. Là il n'en a pris aucun. Un mois plus tard, à Wimbledon, au même stade de la compétition, Federer se venge, l'emportant en quatre sets. Pareil, à peine un peu plus de suspense, mais dans l'autre sens.

Ils se retrouvaient onze ans après le plus beau Fedal de tous les temps : Wimbledon 2008, victoire de Nadal 9/7 au cinquième set après quatre heures quarante-huit d'anthologie. Le vrai dernier Fedal, c'était la finale de l'Open d'Australie en 2017, qui a vu Federer gagner son dix-huitième grand chelem au bout d'un chef-d'œuvre de match en cinq sets. En 40 confrontations, Nadal a gagné 24 fois. Sur 14 matchs en grand chelem, 9 victoires pour Nadal, mais aucune à l'US Open. Federer est resté plus de semaines à la place de numéro 1 mondial. Nadal n'a jamais gagné le Masters.

De toutes les rivalités, les Borg-McEnroe, Agassi-Sampras, Navratilova-Evert, Graf-Seles, c'est la plus grande. Elles se ressemblent toutes : styles de jeu complètement différents, un gaucher contre un droitier – à part pour Agassi-Sampras –, des personnalités qui n'ont rien à voir... Comme s'il fallait être les parfaits opposés pour être de parfaits opposants.

Leur plus grand exploit sera peut-être celui-ci : même si Novak Djokovic venait à les dépasser en nombre de grands chelems gagnés, ils resteraient les plus grands dans la mémoire collective.

Fed Cup

Tout est parti des filles qui avaient envie de changement. Après Noah, on leur promet Mauresmo, qui a pris un autre chemin en devenant capitaine de Coupe Davis puis a changé d'avis pour devenir coach de Lucas Pouille. Une porte s'entrouvre alors pour mon frère Julien, dont la candidature au capitanat est tout de suite soutenue par les joueuses. Entre le « lol » qui a accueilli, sur Twitter, le refus de sélection de Caro Garcia, et leur procession, toutes unies dans la cour de l'Élysée, elles ont fait du chemin.

Déjà, il fallait que Caroline revienne. Julien s'est rendu dans la région lyonnaise pour échanger avec tout le clan. Son message était clair : il part d'une page blanche et son seul but est d'avoir la meilleure équipe possible, donc ça passe par le retour de Caro en bleu. Pour cela, il était prêt à faire des petits ajustements au niveau du fonctionnement de l'équipe afin que Garcia soit dans les meilleures conditions.

Lors de mon émission « Échange », nous avons établi, mon frère, Pauline Parmentier et moi, qu'il y avait eu trois moments pivots dans cette campagne. Le premier a lieu le samedi soir des demi-finales ; on est à 1 partout avec la Roumanie. S'il est acté que Caroline Garcia va affronter Halep dans le match des numéros 1, Julien hésite entre Alizé Cornet et Pauline Parmentier pour jouer en numéro 2. Alizé décide pour lui : selon elle, c'est Pauline qui doit jouer parce qu'elle est mieux préparée. Pauline vivra le lendemain l'un des plus grands moments de sa longue carrière et remettra les deux équipes à 2 partout.

Après cet exploit, deuxième moment : c'est au tour de Mladenovic-Garcia d'entrer sur le court pour envoyer la France en finale. Mon frère, qui m'a confié ne pas avoir été serein jusque-là, voit ses deux joueuses se regarder dans les yeux et se taper dans la main. Il se dit alors : « OK, c'est bon, elles vont le faire. » Et pourtant, cela faisait huit cent quatre-vingt-neuf jours qu'elles n'avaient pas joué ensemble.

Et puis, troisième moment, la causerie de la veille de la finale. Le capitaine énumère l'impact qu'a eu chacune des joueuses dans la compétition ; voici ce qu'il dit à Kristina Mladenovic : « Kiki, je finis par toi, parce que, c'est vraiment grâce à toi qu'on est en finale. Ces dernières années, tu as tenu la baraque en équipe de France. Sur le premier tour, c'était pas facile, notre équipe est plus forte, on est cinq, t'as pas joué, ça a été dur pour toi, mais à l'arrivée, à la fin de l'année, la numéro 1 française au classement, c'est toi. La patronne, la leader, c'est toi. Et c'est un rôle que tu adores. Je sais que c'est là que tu es la plus forte, et tu vas nous le prouver dès demain en nous lançant, et en donnant le maximum du premier au dernier point. » Julien m'a confié par la suite qu'il sentait qu'il devait aller chercher Kristina sur ce terrain, même si bien sûr ça froisserait les autres.

Et à la fin, c'est le sport qui a gagné. Les joueuses ont réussi à se concentrer sur l'essentiel : leur volonté de gagner un titre entre copines. Ça n'a pas dû être facile : Kristina faisait la tronche quand Caro est revenue et qu'elle n'a pas été alignée en simple pour le premier tour contre la Belgique. Caro a dû jalouser Kristina qui a survolé la finale de bout en bout, rapportant les trois points, en battant la numéro 1 mondiale. Elles ne sont pas redevenues meilleures amies, mais elles ont su faire abstraction de leurs différends pour aller chercher l'un des plus beaux titres de leur carrière.

Si on ajoute à ça Alizé Cornet qui surmonte ses démons pour battre Mertens en quart de finale contre la Belgique et faire un de ses matchs les plus aboutis, Pauline Parmentier qui joue son meilleur tennis pour remettre la France à 2 partout contre la Roumanie, Fiona Ferro qui interprète son rôle de numéro 5 à la perfection, on a là un des plus grands exploits du tennis français. D'ailleurs, le pays ne s'y est pas trompé, lorsqu'il a célébré ces femmes comme il se devait, à la place qui leur revenait, sous les ors de l'Élysée.

Federer, Roger (1)

La seule page française de Wikipédia sur Federer fait 300 000 signes, soit près de la moitié de ce dictionnaire, qui, lui-même, le mentionne quasiment à chaque entrée et lui consacre partout la place qu'il mérite (voir *GOAT*).

Federer est le fantôme encore vivant qui hante ce dictionnaire et le monde.

C'est le *highlander* : il ne peut en rester qu'un, et c'est lui.

Tout a été dit, et il n'y a rien à ajouter. Le silence qui suit un million de frappes de Federer et leurs commentaires est encore du Federer.

Il reste peut-être une seule chose à faire : révéler son secret. Il ne s'agit pas de palmarès, bien sûr. Gagner, qu'est-ce que c'est ? On n'a jamais demandé à Shakespeare, à Mozart, à Van Gogh ou à Cruyff de *gagner*. On le demandait aux dramaturges grecs, et Sophocle ne gagnait même pas à tous les coups. Michel-Ange bataillait âprement pour emporter des commandes. Gagner n'est rien, ou si peu. Peut-être Nadal ou Djokovic ou un autre, un jour… et cela n'a aucune importance. Je ne parle pas de victoires, je parle de jeu. On ne peut simplement pas jouer comme il joue sans avoir un secret. Nous sommes des millions à l'avoir cherché en vain, parfois durant des vies entières. Certains ont cru le trouver et l'ont payé cher (Dimitrov), d'autres cherchent encore, la plupart se sont résignés.

Pourtant, comme tous les secrets, il était très simple : *son corps lui obéit absolument.*

Federer, Roger (2)

Iconographie du dieu Roger. Pas un défaut de fabrication. Pas un craquèlement sur la toile. On aurait presque envie d'apprendre quelque chose de sale sur lui, un je-ne-sais-quoi qui le rendrait humain.

Plus il gagne, plus les gens veulent le voir gagner. Ce n'est pas pareil pour Djokovic : le côté un peu plus machinal et implacable du Serbe le rend moins charmant. Les gens sont pour celui qui va faire l'exploit contre lui. Ça le rend fou, d'ailleurs. Ça se saurait si le tennis était juste.

Les gens sont lassés de voir Nadal gagner à Roland-Garros. Ils guettent le moindre faux pas de l'Espagnol qui rendrait alors possible la victoire pour Federer, ce qui se passa en 2009 quand Federer battait Söderling en finale.

Quelle technique ! Le service d'abord. Il n'est pas surpuissant mais peut atteindre les 200 kilomètres/heure. D'une précision millimétrée. Une technique parfaite qui lui permet de toucher toutes les cibles et d'avoir une variation de vitesse et d'effet avec un lancer de balle identique. Il utilise l'inertie et le transfert de poids parfaitement. Federer ne force pas.

En revers, il n'a cessé de progresser tout au long de sa carrière ; lui qui avait pour idole Sampras est sorti du modèle « gros service, gros coup droit, pas de revers ». Ivan Ljubicic a joué un rôle important dans l'évolution de ce coup, lui permettant d'acquérir une grande solidité, en le variant magnifiquement. Son revers slicé, surtout, est une arme redoutable, qui autorise à changer le rythme et à faire relever la balle à son adversaire pour le punir ensuite.

Son coup droit reste son arme ultime. Il peut le jouer à toutes les hauteurs en gardant une efficacité constante. Il peut le frapper lifté ou à plat. Quand la machine se grippe côté coup droit, c'est là qu'il se frustre, qu'il s'agace et qu'il redevient humain.

Physiquement, il représente la perfection biomécanique. Voyez-le torse nu, il n'est pas bodybuildé et peut même avoir un peu de bide. Il est parfaitement proportionné, rapide tout en ayant de l'envergure. Il est très léger et possède un pied très vif. Couplez cela à un « œil » exceptionnel, vous tenez ici une des raisons de sa longévité.

Quand vous le croisez, son regard incarne la confiance en soi. Une fois seulement j'ai vu de l'inquiétude dans ses yeux. En 2017 à New York, je me trouve dans la salle de soin des vestiaires. Mon frère Julien se faisait masser après un double qui avait fini tard. Roger, lui, jouait sur le Arthur-Ashe Stadium contre Del Potro en quart de finale. Del Potro était un miraculé : au tour précédent, il avait remonté un handicap de deux sets zéro contre Thiem pour finalement l'emporter 6/4 au cinquième set dans une ambiance de Coupe Davis. Je me souviens, le stade tremblait sous les clameurs des supporters argentins. Depuis son retrait du Masters 1 000 de Cincinnati trois semaines auparavant, il se disait que le dos de Roger était fragile, mais à part une victoire en cinq sets contre Youzhny, son parcours avait été plutôt tranquille jusque-là. Les deux joueurs se retrouvent à un set partout. La troisième manche est serrée, et le Suisse finit par la perdre 10/8 dans le tie-break. À l'écran, on le voit parler à l'arbitre et quitter le court. Il n'avait pas le droit. Il l'a pris. Je pensais alors à une simple pause pipi. C'est à ce moment-là que je vois Roger arriver dans la salle des kinés, demandant à Stéphane Vivier, son ancien kiné qui à l'époque était employé par l'ATP, de lui manipuler le dos – il était clairement soucieux. Il savait que ça allait être dur de renverser la vapeur. Ses yeux avaient déjà perdu. Ce n'est pas pour autant qu'il a abandonné. Roger Federer a joué pas loin de 1 500 matchs dans sa carrière. Jamais il n'a abandonné. Trente minutes plus tard, il était sous la douche, défait.

Mais enfin, la plupart du temps, Federer est sûr de sa force : il sait très bien qui il est, ce dont il est capable, et aussi ce qu'il représente. Wimbledon 2018, nous le croisons au restaurant des joueurs. Il marche avec son plateau, et là, un membre de l'entourage d'un autre joueur vient lui demander une photo : « Désolé, mais je ne peux pas accepter. Si je commence à faire des photos dans les zones joueurs, je n'arrête pas de la journée », a-t-il répondu. Il voit que nous voyons la scène et nous dit en rigolant : « Vous comprenez, non ?

— Bien sûr, en même temps, jamais personne ne nous demande de faire de photos, ici. Mais tu devrais faire mettre des panneaux interdisant d'en faire.

— Oh, t'inquiète pas, demain ce sera fait ! »

Le lendemain, les panneaux étaient fixés au mur.

Ferrer, David

On peut penser que Ferrer, ex-numéro 3 mondial, vainqueur de 27 tournois, d'une régularité sans faille pendant dix ans, a eu la malchance d'être contemporain de Nadal, qui l'aura cantonné au rôle de numéro 2 espagnol toute sa carrière, et l'a sans doute privé de deux ou trois Roland-Garros, où il l'a battu en 2005, 2012, 2013 (finale) et 2014.

On peut le penser, effectivement. Mais on peut aussi demander à Wawrinka ce qu'il en pense.

Ferrero, Juan Carlos

Vainqueur à Roland-Garros, vainqueur à Monte-Carlo (où il était tenant du titre : Ferrero était très fort sur le Rocher) et brièvement numéro 1 mondial en 2003.

Crush de Sharapova en 2004, l'année où elle remporte Wimbledon : « C'était magique d'entendre Juan Carlos prononcer mon nom, surtout avec son accent espagnol. [...] Je ne me contentais pas de gagner. Je prouvais que Juan Carlos [qui l'avait gentiment encouragée en début de tournoi et en avait fait publiquement sa favorite] avait eu raison de croire en moi. »

Pic de carrière très court, mais beau gosse, le Juan !

Flach & Seguso

Flach et Seguso étaient un peu, dans les années 80 et 90, les Placid et Muzo du double, remportant quatre grands chelems dont l'US Open 85 contre Noah et Leconte.

Fleming, Peter

« La meilleure équipe de double du monde, c'est McEnroe avec n'importe qui », disait Peter Fleming, mais ce n'importe qui, c'était lui.

Flipper

Au service, pensez que votre corps est une lame de flipper, qui s'incline au moment du lancer, puis revient à sa position initiale au moment de la frappe. Ainsi, votre lancer sera parfaitement vertical, vous irez chercher la balle exactement au-dessus de votre tête, et votre service jaillira tout seul, sans effort. N'écoutez pas ceux qui vous disent de lancer plus à gauche, à droite, devant, en arrière. Si vous lancez la balle à la verticale, en pensant *flipper*, le point d'impact sera parfait, et l'effet ressort fera le reste. Vous êtes dans *Robowar*. Votre adversaire est un *bumper*. En route vers l'extraballe.

Forget, Guy[1]

Gaucher moins flamboyant mais plus régulier que son contemporain Leconte, Guy Forget a connu une trajectoire de joueur assez peu commune dans un sport où si, à 20 ans, t'as pas gagné ton premier million d'euros et signé ton contrat chez Rolex, t'as raté ta vie. Forget a pris son temps pour parvenir à sa plénitude, sa meilleure année étant 1991, celle de ses 26 ans, durant laquelle il remporta six tournois, dont deux Masters 1 000, atteignit la 4e place mondiale et décrocha sous le capitanat de Noah la première Coupe Davis française depuis 1932.

S'il doit d'ailleurs rester une image de sa carrière, c'est bien à Lyon, le 1er décembre 1991, qu'elle se grava dans la mémoire du pays tout entier. Quatrième acte de la finale, Forget malmène Sampras 7/6 3/6 6/3 5/4, sert pour le match, le trophée et la réanimation d'un orgueil tricolore depuis longtemps plongé dans un coma végétatif, pas encore rompu aux victoires en série de ses équipes de hand, de foot ou de basket. Sampras, qui n'a cure de ces considérations, résiste, 15-40, deux balles de break pour

1. Entrée rédigée par Joris Capel.

recoller à 5/5, Forget les sauve et revient à égalité, plante un ace extérieur et met toute la salle en apnée. Avantage donc, première balle, service extérieur, l'Américain retourne en revers slicé légèrement ascendant, du nanan pour le natif de Casablanca, qui cisaille une volée de revers dans la diagonale opposée, tout le monde exulte et se lève, sauf Sampras, qui plonge à l'issue d'une course désespérée au large de sa ligne de fond de court. Son coup de remise traverse péniblement sa moitié de terrain et c'est là que le temps, qui suspendait son vol depuis 1816 sur les rives du lac du Bourget, décide de faire une infidélité à Lamartine et franchit la centaine de kilomètres qui le séparaient du palais des sports de Gerland. Personne, et surtout pas Forget, même s'il est dans son carré de service et que son adversaire finit sa glissade ventre à terre contre les panneaux publicitaires, ne veut croire que cette balle va passer le filet. Elle le fait pourtant, et le Français doit se résoudre à la frapper une dernière fois. Frapper est d'ailleurs un verbe très emphatique en l'espèce puisque Forget, tétanisé par l'enjeu et cette occasion impossible à rater, exécute à 3 mètres du filet un coup droit de quatrième série, posture corporelle incertaine, épaule en ciment et avant-bras crispé. Défiant les lois de la cinétique, le feutre repart pourtant dans le camp américain, la victoire est en nous, les aiguilles des horloges peuvent reprendre leur course.

Presque trente ans plus tard, il faut le dire, ces quelques secondes valent par leur dramaturgie celles qui ont vu Armstrong sauter depuis le dernier barreau de l'échelle de son module jusque sur le sol lunaire. Si si.

Point de comparaison ou source d'inspiration ?

Prenez les Williams. Une entente parfaite – elles vivaient même ensemble jusqu'en 2018. Au sujet de leurs confrontations, l'aînée confie : « Quand vous souhaitez tout le temps qu'une personne gagne et que d'un coup vous devez la battre… C'est la partie la plus difficile pour moi. » Elles se sont jouées 30 fois sur le circuit. 18-12 pour Serena. Son père avait prévenu : « La petite est encore plus forte. »

Les choses ne se passent pas toujours aussi bien. Évoluer en famille dans le circuit professionnel peut créer des frictions, comme quand Marat Safin s'exprime après la défaite de sa petite sœur à l'Open d'Australie en 2005 : « Elle est incapable de prendre des décisions et elle a toujours besoin de quelqu'un pour tout lui expliquer. » Trois ans plus tard, les choses s'arrangent à Roland-Garros, et Marat déclare, après la défaite de sa sœur en finale : « Un de ces jours, ils m'appelleront le frère de Dinara. » Ils ont tous les deux été numéro 1 mondial.

Dans la famille McEnroe, Patrick, quant à lui, a le tort de ne pas écouter John, à en croire ce dernier : « Je lui disais de rester au fond du court, il montait. Je lui disais de jouer dans tel tournoi, il prenait deux semaines de congé. » En 1991, ils se retrouvent en finale du tournoi de Chicago. Balle de match, une sonnerie de téléphone interrompt le service de John. Patrick dit à voix haute : « C'est ma mère, dis-lui d'attendre une seconde. » John répond : « Papa, c'est maman au téléphone, tu veux lui dire quelque chose ? » Patrick ne battra jamais John en trois rencontres.

Dans certains cas, ça peut carrément mal tourner. Arantxa Sanchez a appris le tennis grâce à ses frères

Emilio et Javier. Elle attaquera ce dernier en justice, l'accusant d'avoir dilapidé son argent dans de mauvais placements.

Et puis, il vaut mieux ne pas être d'un naturel trop jaloux. Kristyna Pliskova doit se demander ce que sa sœur jumelle Karolina a de plus qu'elle. Pour l'instant, la réponse est 17 millions de dollars. Chez les Zverev, c'est 15.

Les gens m'ont souvent posé cette question : « Est-ce que ton frère a été un frein pour toi ? » Je laisserai un proverbe indien répondre à ma place : « Nul ami tel qu'un frère ; nul ennemi comme un frère. »

French, The

Trois semaines durant, la caméra de William Klein se promène dans les coulisses de Roland-Garros 81. Trois ans plus tard, il photographie Gainsbourg pour la pochette de l'album « Love on the Beat ». Travesti, le chanteur apparaît plus vrai que nature : Klein le défriche. Il fit de même avec le tennis.

Les actrices et les acteurs de l'époque (Evert, Ruzici, Mlandikova, Borg, McEnroe, Noah, pour ne citer qu'eux) apparaissent dénudés, au figuré comme au propre. Noah se désape, laissant apparaître son Bike, un slip de l'époque fait d'une coque de tissu sur le devant fixée à l'arrière par deux élastiques qui traversent ses fessiers. Il se met sur la table de massage après l'interruption de son huitième contre Vilas. Le Français finira par remporter ce match en quatre sets contre l'élève de Tiriac, qui fume clope sur clope dans les tribunes.

Le lendemain matin, Yann confesse qu'il était au Palace jusqu'à 1 h 30 du mat' : « Tu comprends, je n'arrivais pas à dormir. » Il perd en quart contre Pecci, sublime Freddie Mercury paraguayen.

C'est l'âge des styles qui s'opposent : Panatta, élancé et doué, qui perd au 2e tour contre le jeune Tulasne, besogneux et courbé par son admiration pour Borg. Donald Budge le surnommait « Borg's little brother », car il avait la même attitude et liftait beaucoup, surtout en revers, que le Français jouait à une main. Tulasne, à peine 18 ans, répondait sûr de lui à un journaliste que, lui aussi, il trouvait qu'il ressemblait à Borg.

Depuis toujours, la pluie dérange la programmation. Réunion de crise en compagnie de Philippe Chatrier (président FFT), Ann Jones (WTA), et Jacques Dorfmann (juge-arbitre du tournoi) :

« On devrait lancer les matchs de femme à 10 heures, se débarrasser de ceux qui ne sont pas spectaculaires, propose Ann Jones.

— Certaines joueuses vont râler. Ça peut tuer le tournoi, tempère Chatrier.

— Il faudrait mettre quelques matchs d'hommes pour faire passer la pilule », conclut Jones. Un autre temps, celui de Chris Evert qui rentrait sur le terrain avec deux raquettes sous le bras et son sac à main !

L'Américaine restait sur quatre victoires de suite à Paris. L'année d'avant, elle battait Ruzici en finale, sa grande amie. Les deux sont inséparables dans le documentaire : elles lisent un magazine ensemble, ricanent devant le sketch improvisé d'un Nastase séducteur, feignant de se battre avec Bambino, son garde du corps, et se jouent en quart de finale (victoire d'Evert). Mlandikova stoppe la série d'invincibilité d'Evert en demi-finale et devient la première joueuse tchécoslovaque à remporter Roland-Garros.

Jean-Loup Dabadie aurait pu écrire les dialogues de ce film. D'ailleurs, il « joue » dedans et discute de McEnroe avec André Boniface, international de rugby à la retraite, devant un Jean Gachassin silencieux :

« L'arbitre annonce plus que deux minutes de balles et McEnroe conteste : "Comment, moi je ne peux pas faire plus de deux minutes de balles !" Il testait l'arbitre.

— Tandis que moi, au rugby, j'ai toujours l'impression que c'est l'arbitre qui me testait. »

Avant le début du tournoi, deux journalistes regardent Borg donner un « clinic » pour un équipementier. Leurs voix sont captées :

« Il paraît que Borg touche 35 briques pour ça.

— Moi, on m'a dit 40 !

— Il se fait pas chier. »

Un couple et un ami sont dans les loges du Central, et regardent Noah passer Pecci après un point marathon :

« J'aurais pas fait mieux, rigole le mari en regardant son pote.

— Il est toujours aussi con, ton mari.

— Oui, toujours… acquiesce madame. »

William Klein a exaucé le rêve de tout réalisateur qui, un jour, a voulu faire un documentaire sur le tennis : tout montrer, grâce à un accès total, du simple spectateur aux plus grands champions. Sa caméra s'immisce dans les endroits où le tennis se déshabille. Et il s'est laissé filmer. En revoyant *The French*, on ne peut s'empêcher de comparer avec notre ère. Cela provoque le doux sentiment que tout a changé mais que rien n'a changé.

G

Gagner

Phénomène qui arrive quand votre adversaire perd le dernier point d'un match. Procure : ivresse, confiance en soi, sentiment d'invulnérabilité...

La victoire est un état qui ne dure pas, donc précisément le contraire d'un état. C'est un sentiment en mouvement. Il peut être un leurre quand il devient l'étalon de la vérité : « Ce que je fais est bien puisque je gagne, donc je dois continuer. » Avec ce genre de raisonnement, une victoire peut coûter des mois de défaites.

S'il y a une vérité au tennis, c'est celle-ci : il n'y en a pas. Cette phrase peut sûrement s'étendre à tous les sports de compétition. De fait, sur les 200 joueuses et joueurs qui constituent les tops 100 ATP et WTA, il y a autant de vérités menant à la victoire.

Garcia, Caroline

Il y a un débat autour de Caroline Garcia : devrait-elle se séparer de Louis-Paul, son père/entraîneur ? Pas facile quand on sait les résultats qu'elle a obtenus avec lui : quart à Roland-Garros, huitième en Australie et à Wimbledon, 8 titres sur le circuit WTA, et un titre à Roland-Garros en double.

Je suis contre le coaching sur le court. Et je suis contre le fait qu'on puisse entendre ce qui se dit (voir *Mouratoglou*). Mais il se trouve qu'une joueuse a le droit d'appeler son entraîneur au changement de côté une fois par set. Ainsi, à Toronto en 2019, nous avons donc eu accès à cet échange entre Caroline, les yeux dans le vide, et son père :

« Il faut mettre un peu du tien, sinon, je ne peux rien faire [...]. Tu as ton papier, lis-le [*sic*]. Prends la possibilité de progresser [...]. Je veux que tu ailles à la guerre, que tu sortes de ton état passif [...]. Tu rejoues, OK ? Tu sors de ton état et maintenant, tu y vas ! Au niveau de ton service, tu es là [geste à l'appui]. Tu n'enroules pas, comme sur ta deuxième. Fais ta gestuelle de la deuxième. Fais des deuxièmes si tu veux, un peu plus engagées. Tu t'engages et tu fais des gestuelles de deuxième. Pour passer un nombre de premiers services plus important. Et au niveau du retour, il n'y a pas d'enjeu, tu essaies juste de prendre... [...]. Si tu veux être négative, je peux rien faire pour toi ! [...] Rentre dans ton match, ce sera une première victoire. »

Ce discours n'a pas eu les effets escomptés. Garcia a perdu 6/3 6/3 contre Ostapenko. Si, le 10 septembre 2018, elle atteint la 4e place mondiale, son meilleur classement, aujourd'hui, elle est 46e. Alors, forcément, on peut se demander si la relation entre l'entraîneur et son entraînée fonctionne encore vraiment et ce que Caroline compte faire pour remédier à cette situation.

Pour l'instant, elle semble avoir choisi une solution diplomatique. Sous la supervision de Louis-Paul, elle fait un test au sein de l'académie Rafael-Nadal avec le très expérimenté Gabriel Urpi qui a notamment travaillé avec Arantxa Sanchez, Conchita Martinez et Nicolas Mahut. Elle passe énormément de temps sur le terrain (entre quatre et six heures par jour), revient aux bases. Le travail rassure.

Athlète exceptionnelle, capable de taper fort des deux côtés, Garcia est la joueuse complète par excellence qui a battu certaines des plus grandes : Halep, Kerber, Ivanovic, Pliskova, Svitolina, Wozniacki, Stephens, etc., au moment où elles étaient toutes dans le top 10.

En 2011, alors que la Française n'était « que » 188ᵉ à la WTA, Andy Murray a dit d'elle en la voyant jouer contre Sharapova qu'elle serait numéro 1 mondiale un jour. On a envie de le croire.

Elle a un slogan : « *Fly with Caro* ». Alors vole Caro, et si possible de tes propres ailes.

Garros, Roland (1888-1918)

Roland Garros aurait été bien surpris de devoir sa postérité au stade de tennis qui porte son nom.

En effet, l'aviateur, auteur de la toute première traversée de la Méditerranée en 1913 à bord de son monoplan, aura fait des compétitions de cyclisme, de foot, de rugby, ouvert une boutique de voitures de sport avant de devenir pilote, développé un système sur les avions de chasse pour tirer à travers les hélices, participé à des combats aériens pendant la Première Guerre, jusqu'à sa mort en 1918 lors de l'un d'eux, à 29 ans.

Une vie courte mais bien remplie, durant laquelle il aura donc fait à peu près tout, sauf du tennis.

Gasquet, Richard

Au début il n'était qu'une rumeur. Il se disait qu'un jeune joueur vivait dans le Sud et qu'il était prétendument surdoué. Je l'avais vu en photo en une de *Tennis Mag*. Je me disais que c'était peut-être un peu trop de bruit pour rien. Et puis, un jour, je l'ai vu jouer.

« Nous ne faisons pas le même sport. Jamais je ne jouerai aussi bien que lui » sont les premières pensées qui me sont venues. C'est dur pour un enfant de 10 ans d'être réaliste. J'avais alerté mes parents, et ils m'avaient rassuré comme ils le pouvaient : « Chacun son rythme, il a beaucoup plus joué que toi quand il était petit, tu n'as pas encore fini ta puberté, etc. »

Il était assez petit. Sa raquette Head paraissait bien trop grande, mais son talent et son relâchement faisaient voyager cet engin avec style et facilité. Il prenait la balle plus tôt que tout le monde, voyait plus vite et se déplaçait mieux. Et puis, son revers à une main, déjà...

Il avait entre deux et trois ans d'avance sur les temps de passage des meilleurs de chaque catégorie. « Le petit Mozart du tennis ». La Fédération ne jurait que par lui, à juste titre. Il y avait lui et les autres.

Il n'a pas réussi à gagner de grand chelem. Pour cela, il aurait fallu battre un membre du *Big Four*. Chaque fois, il a buté sur l'un d'entre eux en demi-finale de majeur ou en finale de Masters 1 000. Il le reconnaît, lucide : « Ils étaient plus forts que moi. » Il n'y a pas de fausse modestie chez Richard Gasquet. Il a toujours assumé d'avoir été très fort très jeune, il assume de n'avoir pas su se hisser au niveau de Federer en 2007 et Djokovic en 2015 dans le dernier carré de Wimbledon, et de Nadal dans celui de l'US Open 2013. Le petit milieu du tennis a souvent entendu cette phrase prononcée avec son accent biterrois : « Moi, je joue 15. » Il s'est fait mentir en atteignant la 7e place mondiale.

Certains le dépeignent comme un exemple de *lose* à la française. Il est aujourd'hui le Français qui a gagné le plus de matchs sur le circuit professionnel dans l'histoire du jeu.

Gaucher

On ne sait pas exactement pourquoi les gauchers sont meilleurs.

Le fait est que, représentant à peine 12 % de la population, ils se multiplient vers les sommets.

La théorie la plus communément admise est celle dite du « circuit court ». La science nous apprend que chaque hémisphère du cerveau commande aux membres de la partie opposée du corps. L'hémisphère gauche commande au bras droit et à la jambe droite, et inversement. Par ailleurs, chacun des deux hémisphères a une spécialité : le gauche s'occupe de la mémoire, de l'intellect, du langage, du *logos*, le droit des réflexes, des émotions et de la créativité. C'est donc l'hémisphère droit qui est aux commandes lorsque le joueur doit frapper la balle. Or, pour un droitier, il faut d'abord transmettre l'ordre de frapper la balle à l'hémisphère gauche puisque c'est celui-ci qui gouverne la partie droite du corps. Alors que, pour un gaucher, l'hémisphère droit envoie son ordre directement à la main dont il a la charge. Le chemin qui va de la prise d'information à la frappe comporte une étape en moins.

Il en résulterait un gain infinitésimal de vitesse. D'où la surreprésentation des gauchers dans les sports de réflexes tels que l'escrime, d'où aussi le fait que Jesse James ait été gaucher (mais pas Billy le Kid, en dépit de la légende – cf. l'excellent livre de Julien d'Abrigeon, *Pas Billy the Kid*, Al Dante, 2005).

Mais enfin, la vitesse n'explique pas tout.

Ce n'est pas la vitesse qui explique le toucher de balle de McEnroe. La combativité de Connors. Le service de Tanner. La volée de Navratilova. La série de victoires de Vilas en 77. Les coups de hache de Muster. L'adresse de Rios. Le talent de Korda (pas plus que, dans son cas, la nandrolone). La victoire d'Andres Gomez sur Agassi à Roland-Garros 90. La précocité de Seles. Les victoires de Kerber et Kvitova. Le palmarès en double de Bob Bryan (dont le meilleur classement en simple, 116e, est deux fois meilleur que celui de son frère jumeau droitier, Mike, 246e). Les deux Grands Chelems de Rod Laver. La folie d'Ivanisevic ou celle de Leconte. La fantaisie et l'imprévisibilité de Shapovalov.

Ce n'est pas la vitesse qui explique Nadal.

On raconte que Nadal, petit, était droitier. On peut supposer que, sans ce changement de main, il n'aurait jamais été le champion qu'il est devenu, il n'aurait jamais gagné un grand chelem ni le moindre tournoi, il n'aurait jamais été dans les 100 premiers mondiaux, ni même joueur professionnel.

Circuit court ou pas, c'est bien la preuve que les gauchers bénéficient d'un avantage supplémentaire, une grâce mystérieuse, quelque chose *en plus*.

Alors, bien sûr, cette théorie souffre quelques exceptions, dont une de taille. Mais c'est prendre le problème à l'envers. Demandez-vous combien *il* aurait gagné de grands chelems avec son autre main.

Il faut imaginer Federer gaucher.

Géopolitique

Parfois, les États se mêlent de tennis, ou plutôt, utilisent le tennis. Ce fut le cas lors du match qui a opposé Malek Jaziri, joueur tunisien, et Amir Weintraub, joueur israélien.

Nous sommes en 2013 lors d'un challenger à Tachkent, en Ouzbékistan. Sous la pression de la Fédération tunisienne de tennis, Malek Jaziri refuse de jouer. Il avait d'abord prétexté une blessure au genou pour ne pas se présenter sur le terrain. Mais des échanges de mails dévoilés par son frère Emir Jaziri ont démontré que c'étaient bien les autorités tunisiennes qui faisaient pression sur le joueur pour qu'il ne joue pas :

Cher Malek,

Suite à la réunion cet après-midi au ministère de la Jeunesse et des Sports avec M. Riadh Azaez [directeur du sport d'élite au ministère], j'ai l'immense regret de t'annoncer que tu es tenu de ne pas jouer contre le joueur israélien.

Cordialement,
Adel.

La Tunisie ne reconnaissant pas l'existence de l'État d'Israël, ils n'acceptaient pas qu'un de leurs athlètes affronte un Israélien. À l'époque, le gouvernement tunisien avait nié toute implication dans cette affaire, mais la Fédération internationale de tennis avait quand même exclu la Tunisie de la Coupe Davis pendant un an. Curieusement, les deux joueurs faisaient partie de la même équipe (celle de Sarcelles) pendant les championnats de France interclubs, et il paraît même que le joueur israélien avait invité Jaziri à son mariage. Autre bizarrerie, en 2009, la Tunisie avait affronté Israël en Coupe Davis, et cela n'avait causé aucun problème.

En juillet 2013, un cas similaire s'était produit sur le circuit féminin et avait fait naître des soupçons de même nature. La joueuse tunisienne Ons Jabeur menait 6/3 4/1 quand elle a décidé d'abandonner, sans raison apparente. Au tour suivant, Shahar Peer, joueuse israélienne, l'attendait.

Gerulaitis, Vitas (1954-1994)

Il faut toujours un quatrième. Lorsque Connors, Borg et McEnroe se tiraient la bourre, le quatrième, c'était Gerulaitis.

Contrairement à Murray ou Wawrinka, Gerulaitis semblait content de son sort. Un grand chelem (en Australie, à l'époque où aucun des trois autres ne prenait la peine de s'y rendre), quelques finales (US Open 79 et Roland-Garros

80, respectivement écrasé par McEnroe et Borg), quelques défaites mémorables (la demi-finale contre Borg à Wimbledon 77 perdue 8/6 au cinquième ou la finale du Masters 81, balle de match contre Lendl), et la réplique la plus drôle de l'histoire des conférences de presse (« Personne ne bat Gerulaitis dix-sept fois d'affilée » après une victoire contre Connors) auront suffi à faire son bonheur.

Dominé sur le court par Borg et McEnroe, l'élégant serveur-volleyeur à tête de Boucle d'or prenait toutefois la direction des opérations pour les emmener faire la fête : en sexe, drogue et rock'n roll, c'était lui le numéro 1. (Peut-être même a-t-il une part de responsabilité dans le déroulement de leurs carrières, prématurément abrégée pour Borg, un peu laborieuse dans sa deuxième moitié pour McEnroe.)

Sa mort est un mélange de Zola et de Brian Jones : il décède dans son sommeil, à 40 ans, intoxiqué au monoxyde de carbone à cause d'un chauffe-piscine défectueux.

De son vivant, il aura néanmoins été plus Rolling Stones que *Germinal* puisque, pour jouer ses matchs, il avait l'habitude d'arriver au stade dans sa Rolls.

Gilbert, Brad

Si on comparait le tennis américain des années 90 à un western italien, nous pourrions avoir *the Good* (Sampras), *the Bad* (Agassi) et *the Ugly* (Gilbert, auteur du best-seller *Winning Ugly*). (Je laisse les plus jeunes comme Antoine s'égosiller par-dessus mon épaule parce que, selon eux, le bon, c'est Agassi, et la brute, Sampras. *Let's agree to disagree*. On ne va pas s'engueuler pour un petit con chauve qui portait des shorts en jean. J'ai des dossiers : souviens-toi de Martin Jaite en Coupe Davis, Andre. Tu es méchant. C'est ainsi.)

L'*ethos* que s'est construit Gilbert est intéressant, parce qu'il s'est bâti sur les critiques : un nul qui bat les forts (cf. la célèbre déclaration de Becker : « Chaque fois que je joue contre lui, je me dis qu'il est impossible que je perde contre un mec comme ça. »)

Or, c'est tout de même exagéré : le mec en question a été 4e mondial, c'est-à-dire que, physiquement, mentalement, mais aussi *techniquement*, il était et reste encore plus fort que 99,99 % des milliards de joueurs qu'a comptés et que comptera ce sport. Mais enfin, il avait trouvé son credo : faire croire à tout le monde, à commencer par ses adversaires, qu'il était un joueur médiocre *mais* un *mastermind* d'exception, parce qu'il n'oubliait jamais de prendre une paire de chaussettes de rechange dans son sac, et parce qu'il visait le coup droit de Becker au service côté égalité, pour l'obliger à jouer un revers sur son deuxième coup, ayant noté qu'il pouvait arriver que Becker, pourtant doté d'un excellent coup droit *et* d'un excellent revers, ne gère pas toujours parfaitement son changement de prise en passant de l'un à l'autre, surtout en début de match.

Bon, après tout, c'est vrai que cette analyse n'était pas à la portée de tout le monde.

GOAT

(Paru dans *L'Équipe*, mai 2016.)

Lorsque j'ai couvert Roland-Garros pour L'Équipe *au printemps 2016, Federer était bloqué à 17 grands chelems depuis plusieurs années, et j'avais pensé faire preuve d'un optimisme un peu provocateur en présupposant qu'il finirait à 18. On connaît la suite de l'histoire : il en est désormais à 20, et – mieux vaut prendre un peu de marge – tout laisse à croire qu'il finira à 22.*

Dans *La Couleur de l'argent* (Scorsese, 1986), Paul Newman, champion de billard, explique selon quel critère il mesure l'excellence : « L'argent. Le meilleur, c'est celui qui en a le plus, toujours. » Si on applique cette règle au tennis, évidemment, c'est Djokovic qui décroche la palme. Mais si l'on parle du meilleur *de tous les temps* (*Greatest Of All Time*), alors il faut prendre en compte l'inflation, et le paramètre monétaire devient non pertinent. En tennis, à vrai dire, c'est plus simple : l'unité de mesure est le tournoi du Grand Chelem, et sa valeur ne bouge pas. Le meilleur, c'est celui qui en gagne le plus, toujours. Donc on sait qui c'est.

Quelle ne fut donc pas ma surprise, dimanche, de lire dans les colonnes de ce journal cette phrase : « Sans manquer de respect au présumé plus grand joueur de tous les temps, ce forfait affecte davantage la note artistique du tournoi que sa note technique. »

Présumé ? Mais 17, c'est 17. Que Nadal mène 23-11 dans leurs face-à-face ne change rien à l'affaire. On se souvient de la boutade de Safin, alors au sommet, qui, après une énième défaite contre Santoro, avait déclaré : « Je suppose que si Fabrice bat le meilleur joueur du monde, alors c'est lui le meilleur joueur du monde. »

C'était un hommage élégant à son vainqueur mais c'était aussi une démonstration par l'absurde dite sur le ton de la plaisanterie. Stepanek ne serait pas devenu numéro 2 hier s'il avait battu Murray.

Donc Nadal, c'est réglé, Djokovic, c'est réglé, mais on me dit Rod Laver. Oui d'accord, deux Grands Chelems. Mais le principe du temps, c'est la durée. Peu importe en combien de temps vous amassez votre palmarès. Si c'était un ratio, alors c'est Borg qui hériterait du titre, sans doute (onze tournois du Grand Chelem en six ans). S'il s'agissait juste de savoir qui a été le plus dominateur sur une saison, alors ce serait McEnroe (seulement trois défaites en 84, sans jouer l'Australie, mieux que Djoko en 2011). On pourrait également intégrer d'autres facteurs, tels que la concurrence (*présumée* plus faible pendant les années Hewitt, plus forte dans l'ère actuelle du *Big Four*) mais on sait bien que, dès l'instant où on introduit de la subjectivité, on n'en sort plus. On peut même s'amuser, si on veut, à classer les joueurs par coup : le meilleur service (Sampras), le meilleur coup droit (Del Potro ou Fernando Gonzalez, même si là, Nadal et Federer peuvent aussi postuler), le meilleur revers (Wawrinka), la meilleure volée (Pat Cash), la meilleure demi-volée (Tim Mayotte), la meilleure amortie (Bahrami), le meilleur mental (Connors et Becker *ex aequo*, même si Djokovic n'est pas mal mais il fait trop de doubles sur les points importants), etc. Pour alimenter les fins de repas arrosés, c'est très bien.

Et cependant, il y a quand même un argument de taille à faire valoir en faveur de Rod Laver : de 1963 à 1968, c'est-à-dire dans l'âge d'or de sa carrière, exactement entre ses deux Grands Chelems, il n'a pas pu disputer un seul des quatre majeurs, à l'époque réservés aux amateurs, parce qu'il était passé professionnel (c'est en 1968 qu'on entre dans l'ère open, c'est-à-dire ouverte aux professionnels). On peut raisonnablement imaginer que, en cinq ans, il en aurait gagné un paquet supplémentaire (il culmine à onze). D'accord, mais si on va par là, on peut aussi ressortir Pancho Segura et Pancho Gonzalez, qui firent régner la terreur sur le circuit professionnel sans avoir le droit de poser un pied à Wimbledon ou à Roland-Garros. Rod Laver a privilégié le pognon à l'histoire, c'est son problème.

On peut donc retourner la question dans tous les sens, on parvient finalement toujours au même résultat : le plus grand joueur de tous les temps est un Suisse qui laissera derrière lui une ardoise inconcevable de dix-huit tournois du Grand Chelem.

Golden Set

Consiste à remporter 24 points de suite sans en perdre un seul pour l'emporter 6/0. En 2010, à Wimbledon, Yaroslava Shvedova réussit cet exploit face à l'Italienne Sara Errani : 6/0 6/4.

C'est en 1943 qu'a été recensé le premier « Golden Set ». Il était l'œuvre de Pauline Beltz qui infligea ce supplice à Catherine Wolf, à Cincinnati. Un autre a été réalisé par Tine Scheuer-Larsen en Fed Cup, en 1995, face à Mmaphala Letsatle.

Chez les hommes, on en recense trois : Bill Scanlon en 1983 à Delray Beach face à Marcos Hocevar ; Julien Reister face à Tim Puetz aux qualifs de l'US Open 2013 ; et Stefano Napolitano face à son compatriote Augusto Virgili dans les qualifications du challenger de Todi en 2015.

Il y a très peu d'exemples dans l'histoire du tennis parce que le Golden Set est très difficile à accomplir. C'est probablement l'association d'une réussite extrême d'un côté et d'une détresse terrible de l'autre. Les victimes ont sûrement oublié, le temps d'un set, que, pour gagner un point dans ce sport, il suffisait de mettre la balle dans le terrain une fois de plus que son adversaire.

Golmard, Jérôme

Trois ans durant, il a combattu la terrible maladie de Charcot. Il appelait ça le match de sa vie. Avant celui-ci, il en avait remporté des grands (mais plus dérisoires), en mettant la manière : Monte-Carlo 99, quart de finale, coiffé de son bandana militaire et d'un palmier sur la tête, il bat Carlos Moya, tenant du titre et 2e mondial, en réussissant cinquante-trois coups gagnants !

À Toronto, en 2000, il domine Agassi, alors numéro 1 mondial. La plus belle victoire d'une carrière qui l'a vu remporter deux titres et atteindre la 22e place mondiale. Dans son autobiographie *Open*, Agassi écrit : « Chaque match est le résumé d'une existence en miniature » (voir *Agassi*). « Djé » a terminé le sien à l'âge de 43 ans, en se battant jusqu'au bout, en guerrier magnifique.

Golovin, Tatiana

Un jour que je faisais des services tout seul (j'aime bien faire des services pour me détendre), j'ai vu débarquer Tatiana Golovin sur le court d'à côté.

Elle venait s'entraîner avec un jeune sparring-partner, en vue de son grand retour après une longue blessure, quinze jours plus tard, à l'US Open.

Je n'ai pas très souvent l'occasion d'observer d'aussi près des *top players* en action. Ce qui frappe immédiatement, c'est la vitesse et la violence. Je me souviens de ses droite-gauche, mais aussi de son service : c'était le coup du service qu'on connaît, sans fioritures, lancer, armer, détente et frappe, mais ça partait si vite et si fort... Une telle puissance, ça semblait incroyable. Il y avait quelque chose d'irréel dans ce mélange : autant de violence couplée à autant de régularité, j'étais hypnotisé. Les gestes, les jambes, tout était d'une simplicité déconcertante. Coup droit, revers, elle frappait sans effort, et ça partait à 200 dans tous les coins. Même sa deuxième, on n'avait pas trop envie d'être au retour. Elle s'amusait bien avec son partenaire. C'était si facile.

À la fin de la séance, elle s'est longuement étirée sur le court, comme un chat. Encore aujourd'hui, il m'arrive d'essayer de reproduire maladroitement ses étirements, mais évidemment, mon vieux corps rouillé ne m'autorise pas la même souplesse.

Quelques jours après la séance d'entraînement à laquelle j'avais assisté, j'apprenais son forfait à l'US Open, puis, peu après, sa retraite sportive, en raison de ses problèmes au dos. Elle avait 21 ans.

Dix ans se sont écoulés, et il semble qu'elle veuille revenir à la compétition. Si elle joue comme je l'ai vue s'entraîner ce jour-là, ça devrait bien se passer.

Gonzales, Pancho (1928-1995)

Meilleur joueur de tous les temps selon Pancho Segura (voir *Segura, Pancho*).

Vainqueur de sept tournées professionnelles majeures avant l'ère open. (Les tournées professionnelles opposaient deux, trois ou quatre joueurs qui s'affrontaient sans arrêt pendant au moins six mois. Par exemple, en 1955-1956, Gonzales bat Trabert 74 fois contre 27 défaites. En 57, Gonzales bat Rosewall 50-26. En 58, Gonzales bat Hoad 51-36, etc. – voir *Professionel.*)

On crédite par ailleurs le joueur américain de 25 titres majeurs, mais comme il n'y a parmi eux que deux véritables tournois du Grand Chelem (les US Championships 1948 et 1949), son palmarès nous semble aujourd'hui assez exotique : qui se souvient du Philadelphia Indoor Pro (remporté en 1950 et 1952) ou des German Pro Championships (1952) ? Même chose pour ses grands chelems pro : quatre Wembley, huit US Pro. Oui, oui, si vous le dites.

Impressionnant et pourtant, rien à faire : l'histoire a oublié tout ça.

Gonzalez, Fernando

Joueur chilien, finaliste en Australie et 5e mondial en 2007, Gonzalez passe pour avoir peut-être le plus gros coup droit de tous les temps. C'est en tout cas l'avis de Federer.

Goolagong, Evonne

Contrairement à Kyrgios qui n'en a que l'air (en fait sa mère vient de Malaisie), Evonne Goolagong *est* une aborigène d'Australie, vainqueur de sept tournois du Grand Chelem, spoliée de sa place de numéro 1 mondiale en 1976, attribuée par erreur à Evert suite à un problème informatique, qu'on lui accordera rétroactivement seulement quarante ans plus tard.

En 1980, elle devient la première femme (et dernière en date) à remporter Wimbledon après avoir eu un enfant, depuis Dorothea Douglass Chambers… en 1910.

Il est possible que Goolagong obtienne une plus grande reconnaissance dans un avenir proche. Beaucoup (parmi lesquels Navratilova et McEnroe) militent en effet pour qu'on rebaptise le Margaret Court Arena (le Central *bis* de Melbourne) Evonne Goolagong Arena, suite aux propos toujours plus racistes et homophobes de Margaret Court. Qu'une aborigène remplace celle qui, dans les années 70, expliquait que l'Afrique du Sud était « le pays le mieux organisé sur la question raciale » serait en effet une forme de revanche salubre. Et comme pour sa place de numéro 1, quarante ans plus tard : il serait temps.

Goven, Georges

Il a été 56e joueur mondial et a atteint cinq finales. Après sa carrière, il a été capitaine de Coupe Davis et de Fed Cup. Il connaît très bien le tennis féminin, et son expertise l'a conduit à entraîner Tatiana Golovin, Kristina Mladenovic ou même Alizé Cornet. Mais ce n'est pas ce qui nous intéresse.

Nous sommes fin des années 60, début des années 70. Goven boit un verre dans un bar d'hôtel à Miami. Une femme l'approche. Ils discutent, se draguent et finissent par passer la nuit ensemble. Le lendemain, elle lui propose de la suivre en tournée : c'est l'une des choristes des Doors.

Georges Goven suivra sa petite amie pendant un mois. À l'époque où les téléphones portables n'existaient pas, la Fédération française de tennis tentera en vain de le contacter pour une sélection en Coupe Davis. Goven préfère aller de ville en ville dans le « rockstar bus » de Jim Morrison et manque la rencontre. Qui pourrait lui en vouloir ?

Graf, Steffi

Vincent Delerm a fait une chanson sur les jambes de Steffi Graf.

Agassi a longuement raconté comment il l'avait poursuivie de ses assiduités pendant des années, de loin en loin, et notamment comment Brooke Shields, sa petite amie de l'époque, avait réveillé son intérêt pour la joueuse allemande en collant sur le frigo une photo de Graf dont elle voulait s'inspirer physiquement.

On sait que le geste de l'agresseur de Seles était motivé par son amour de Steffi Graf, que la crieuse yougoslave était alors en train de supplanter. (Ça a marché : après s'être fait poignarder, Seles n'est jamais revenue à son niveau.)

Mais enfin, si on veut s'en tenir strictement au tennis, le plus extraordinaire est quand même ceci : que Graf ait pu gagner 22 tournois du Grand Chelem (dont son fameux Grand Chelem doré en 1988) en jouant 99 % de revers slicés.

Grammaire

Voir : *Morale*.

Grand Chelem

Le Grand Chelem est un peu comme le prix Goncourt, qui a tendance à se décliner sous des tas de variantes : Goncourt de la nouvelle, du premier roman, des lycéens...

Il y a le Grand Chelem à cheval sur deux ans, le Grand Chelem en carrière, le Grand Chelem junior, le Grand Chelem doré, le Grand Chelem doré en carrière...

Mais, en fait, on sait bien qu'il n'y a qu'un Grand Chelem qui vaille : le calendaire. Melbourne, Roland-Garros, Wimbledon, US Open : gagner les 4 titres, la même année (comme au golf).

Alors, oui, faire ça chez les juniors (Edberg) ou en double (Navratilova-Shriver ; Hingis avec des partenaires différentes) ou en double mixte (Margaret Smith Court, trois fois, avec des partenaires différents), c'est très fort, mais le Graal, évidemment, c'est le simple senior.

Et là, ils ne sont que cinq :

- Donald Budge (1938)
- Maureen Connoly (1953)
- Rod Laver (1962 et 1969)
- Margaret Smith Court (1970)
- Steffi Graf (1988)

Autant dire que ça n'arrive pas tous les jours, et l'on est enclin à penser que ce n'est pas près d'arriver à nouveau, en dépit des quelques joueurs et joueuses qui se sont approchés de l'exploit depuis Laver et Graf (voir *Petit Chelem*). En 2016, après Roland-Garros, tous les journalistes de *L'Équipe* étaient persuadés que Djokovic allait le faire, au lieu de quoi, il s'est vautré au troisième tour de Wimbledon avant d'aller perdre en finale de l'US Open.

Ceci découlant de cela, chaque époque ayant tendance à voir midi à sa porte, le Grand Chelem a cessé d'être la valeur étalon définitive. Ce qui compte, maintenant, c'est qui gagne le plus de tournois du Grand Chelem, mais pas forcément les quatre d'affilée. (Significativement, lorsqu'on parle d'un *grand chelem*, il faut comprendre, par métonymisation, un *tournoi* du Grand Chelem. On dit : « il a gagné *un* grand chelem » par opposition à « il a fait *le* Grand Chelem ».) Le Grand Chelem, aujourd'hui, est vu comme un exploit légendaire un peu désuet, presque impossible à réaliser, en raison d'une concurrence poussée à son paroxysme (voir *Big Four*).

Argument discutable si l'on considère que, pour son Grand Chelem de 1962, Laver avait tout de même dû battre Newcombe en finale de Roland-Garros, et Rosewall en finale de Wimbledon : pas trop de la merde non plus (quinze tournois du Grand Chelem à eux deux). D'ailleurs, Donald Budge a eu beau jeu de formuler cette remarque imparable : « Tout le monde me dit qu'à mon époque, c'était plus facile de faire le Grand Chelem. Mais si c'était si facile, pourquoi personne d'autre ne l'a fait ? »

Grosjean, Sébastien

L'un des plus grands palmarès du tennis français de l'ère open : demi-finaliste en Australie, à Roland-Garros et à Wimbledon. Il faut y ajouter une Coupe Davis, un Masters 1 000 à Bercy ainsi qu'une finale au Masters.

Au vu de sa carrière, il aurait au moins mérité une finale en grand chelem. Je pense bien sûr à sa demi-finale perdue contre Arnaud Clément à l'Open d'Australie en 2001, alors qu'il menait deux sets zéro et s'offrait deux balles de match.

L'une, sur le service de Clément, que ce dernier sauve sur une attaque de coup droit le long de ligne. La deuxième, sur son service : l'échange s'engage, les deux joueurs se bougent de droite à gauche sur le terrain, mais sur un revers trop neutre de Grosjean, Clément prend la balle plus tôt, monte au filet le long de la ligne et claque sa volée de revers de l'autre côté. Il gagnera le troisième set 7/6.

Le quatrième set sera aussi une énorme bataille, remportée par Clément 7/5. Et Grosjean finira par céder 6/2 dans la cinquième manche. La joie de Clément sera contenue, par respect pour son pote. Ils se connaissent depuis qu'ils sont « minots », comme ils disent chez eux, entre Aix-en-Provence et Marseille, formés par le même homme, Bernard Fritz.

Grosjean doit principalement son immense carrière à son coup droit : plus soudain que celui de Tsonga, plus offensif que celui de Monfils. Ces coups de fusil pouvaient partir de n'importe quel endroit sur le court, même s'il affectionnait particulièrement son coup droit de décalage. Il se dégageait très rapidement grâce à un jeu de jambes hors pair. Il avait probablement le plus grand coup droit de l'histoire du tennis français.

Grozdanovitch, Denis (*alias* Grozda)[1]

Woody Allen l'a fait dans *Match Point*, Denis Grozdanovitch n'a cessé d'en rêver. Suspendre cette balle let au-dessus du filet sans que jamais elle retombe et laisser ouvert le champ des possibles. Pourquoi devrait-elle absolument terminer sa course, cette balle qui pourrait aussi bien être un astre tournoyant autour d'un autre ? Un match doit-il vraiment finir ? Parti comme une fusée – champion de France junior en 1963 –, Grozdanovitch a préféré vivre un ballet céleste, gravitant bientôt autour du squash – champion de France de 1975 à 1979 –, puis du jeu de courte paume – champion de France à plusieurs reprises. À l'hypercompétition qui l'aurait peut-être mené au firmament du tennis, Grozdanovitch oppose l'amour du beau jeu, la magie du temps suspendu, la grâce du coup parfait. Ne devrait-on pas s'en inspirer et créer une note artistique au tennis susceptible d'infléchir un score froidement mathématique ? En attendant, il faut se délecter des livres, parfois hilarants, écrits par « Grozda » (ainsi

1. Entrée rédigée par Axel Vicq.

que l'appellent ses élèves de club), à commencer par *De l'art de prendre la balle au bond : précis de mécanique gestuelle et spirituelle.* Car, au-delà des courts, l'homme, aussi érudit que modeste, est tantôt théoricien des jeux de balle, ethnologue du tennis, essayiste ou philosophe malgré lui.

H

H2H

Voir : *Face-à-face.*

Haas, Tommy

Du long cortège de joueurs qui auraient dû gagner un grand chelem, il est possible que Tommy Haas soit le porte-étendard.

Mélange de Michael Stich et de Federer, Haas mariait un jeu très complet à une grande élégance. Numéro 2 mondial à son meilleur, jamais il n'alla en finale d'un grand chelem, sa carrière ayant été gâchée par de nombreuses blessures.

On se souviendra de lui, néanmoins, comme l'homme qui passa à quelques points d'empêcher Federer de gagner son unique Roland-Garros, en 2009 (voir *Break, Balle de*).

Haillet, Robert (1931-2011)

Il a été en demi-finale à Roland-Garros. Il est connu aussi pour un match mémorable contre Budge Patty, toujours à Roland-Garros. Patty mène 5/0 40-0 au cinquième set. Haillet va gagner onze points d'affilée, sauver deux autres balles de match à 5/3, pour finalement l'emporter 7/5 au cinquième set. Un hold-up.

Le destin se vengera. En 1964, il devient directeur commercial d'Adidas et développe la « chaussure de tennis Robert Haillet ». En 1970, elle changera de nom pour « Stan Smith ».

Pour lui rendre hommage, j'aime dire parfois : « Tiens ! Aujourd'hui, je vais mettre mes Robert Haillet. »

Haine

« Gagner, c'est haïr suffisamment. »
Alexandre Labruffe et Benjamin Linet
(*Battre Roger*)

Becker détestait Agassi.

Agassi détestait Connors.

Noah détestait Connors et Lendl.

McEnroe détestait Connors mais admirait Borg avec qui il s'entendait très bien.

Nastase et Tiriac se détestaient.

Becker et Stich se détestaient.

Gilbert détestait Becker qui le méprisait. (Lorsqu'il entraînait Agassi, Gilbert lui demandait de « bousiller ce connard ».)

Agassi détestait Tarango qui avait triché contre lui quand ils avaient 8 ans. Il détestait Chang parce qu'il ne supportait pas qu'il puisse croire que Dieu était de son côté.

Connors a passé le plus clair de sa carrière à se faire détester par le public, mais à la fin, tout le monde l'adorait (sauf ses adversaires).

Connors et McEnroe ont failli se foutre sur la gueule en demi-finale de Roland-Garros 84. (McEnroe a facilement gagné le match.)

Fibak a voulu casser la gueule à McEnroe qui l'avait traité de sale communiste lors d'un match du Masters au Madison Square Garden.

Durant un match de poule du Masters en janvier 1986, McEnroe a balancé à Brad Gilbert, au changement de côté : « Tu ne mérites pas de jouer sur le même court que moi. » (Il a ensuite perdu le match et décidé de faire une pause de six mois.)

En 1987, Lendl déclarait : « Connors estime qu'il doit détester tous ses adversaires s'il veut les battre, et McEnroe déteste tous ceux qui peuvent le battre. Avant, il détestait juste Connors et moi, mais maintenant, on doit bien être 50 sur la liste. »

Hewitt prétendait qu'il visait toujours la tête de son adversaire. Lendl était connu pour jouer sur l'homme.

Pete Sampras déclarait en 1997 : « Ce qui me différencie de Patrick Rafter ? 10 titres en Grand Chelem. »

Tout le monde semble détester Sharapova (surtout les joueuses françaises, qui lui reprochent de ne jamais dire bonjour à personne).

Nadal et Federer se respectent et s'entendent très correctement. (Ils jouent en double une fois par an lors de la Laver Cup.)

Kyrgios déteste le fait que Djokovic essaie de se faire aimer. Il a tenté de tuer Nadal en l'allumant à Wimbledon.

(Nadal a eu le réflexe de se protéger avec sa raquette mais a perdu le point.)

Les joueurs ont longtemps détesté Berdych, notamment Nadal avec qui il avait un contentieux, et puis ça s'est tassé.

Un jour, Murray a lancé à Rosol qui venait de le bousculer au changement de côté : « Tout le monde te hait sur le circuit ! »

Paire a refusé de serrer la main à Llodra à l'issue d'un match, et a juré qu'il ne lui parlerait plus jamais. (Ou était-ce l'inverse ?)

Noah et Leconte se sont fâchés pendant quelques années, au plus fort de leur rivalité.

Mladenovic et Garcia étaient les meilleures amies et gagnaient en double, avant de se brouiller durablement pour une histoire de tweet. Mladenovic s'est ensuite répandue en propos méprisants envers son ex-partenaire. Quelques années plus tard, elles se reparlent, et rejouent même la Fed Cup ensemble, qu'elles gagnent en 2019 grâce à leur victoire en double.

Borg ne détestait personne, il allait boire des coups avec Gerulaitis (puis, plus tard, avec McEnroe), et quand il en eut assez de ne détester personne, il prit sa retraite.

Halep, Simona

Il règne actuellement au sommet du tennis féminin une rare confusion : on ne sait jamais, d'une semaine à l'autre, qui est numéro 1 mondiale. Barty ? Pliskova ? Muguruza ? Osaka ?

En fait, la meilleure, depuis au moins quatre ans, la plus régulière, la plus costaud, c'est Halep, la petite Roumaine qui, l'air de rien, nous fait une carrière à la Lendl : perd ses trois premières finales de justesse contre Sharapova (6/4 6/7 6/4), Ostapenko (4/6 7/6 6/3) et Wozniacki (7/6 3/6 6/4), devient numéro 1 mondiale puis remporte Roland-Garros en 2018 contre Sloane Stephens (3/6 6/4 6/1), et Wimbledon en 2019 contre Serena en personne, à qui elle colle 6/2 6/2 sans trembler.

Cogneuse, cavaleuse, accrocheuse, solide et inspirée, Halep, dans la lignée d'une Justine Henin, a tout pour devenir officiellement ce qu'elle est déjà : un repère, un élément de clarification, une grande championne et la patronne du circuit.

Hall of Fame

C'est à Newport, où se déroule un ATP 250, que se trouve le Hall of Fame du tennis mondial. Newport est un port de plaisance qui se situe dans l'État de Rhode Island sur la côte est des États-Unis. C'est l'un des plus beaux endroits où il m'ait été donné de jouer au tennis : un country club, où subsistent encore de vrais courts en herbe. Là-bas, il est impossible de jouer du fond du court. Et, pour être tout à fait authentique, le club possède aussi de vrais terrains de jeu de paume.

Chaque année, pendant le tournoi, les plus grands joueurs et joueuses de tennis entrent au Hall of Fame et accompagnent cet honneur d'un discours. La dernière Française intronisée est Mary Pierce. Ils ne sont pas nombreux, d'ailleurs, nos Français dans cette prestigieuse liste : Jean Borotra, René Lacoste, Henri Cochet,

Toto Brugnon, Philippe Chatrier et Yannick Noah chez les hommes. Suzanne Lenglen, Françoise Dürr, Simonne Mathieu, Amélie Mauresmo et Mary Pierce chez les femmes. Qui sera le prochain ?

Hawk-Eye

Le Hawk-Eye est le contraire du VAR au foot, dans la mesure où il a mis tout le monde d'accord, tout de suite. Quand l'un des joueurs demande à faire appel au Hawk-Eye (on dit qu'il *challenge* la décision de l'arbitre, ce à quoi il a droit trois fois par set, renouvelables chaque fois qu'il a raison : système simple et génial dont on se demande pourquoi il ne s'applique pas au foot), le joueur, son adversaire, le public et l'arbitre regardent l'écran tous ensemble, le public fait « Ooooh ! » quand la caméra zoome sur la représentation numérique de la balle et du court, et le match peut reprendre tranquillement sans que personne proteste.

À mes yeux, cependant, le Hawk-Eye est aussi suspect que le vote électronique : quelle *preuve* a-t-on de la fiabilité et de la justesse du jugement de la machine ? Qui nous dit qu'il n'y a pas, derrière l'écran, un humain armé de sa petite souris ou de son *trackpad* qui met la balle où il veut ? Cette adhésion générale à un instrument qui offre tant de possibilités de manipulations m'a toujours étonné.

Heureusement, on trouve toujours des esprits supérieurs qu'on n'endort pas aussi facilement, et surtout pas avec des grosses balles jaunes représentées sur écran géant sous forme de dessin animé. On attribue d'ailleurs à McEnroe cette phrase de génie, qu'il aurait prononcée en plein match : « Je ne voudrais pas paraître paranoïaque, mais je pense que cette machine sait qui je suis. »

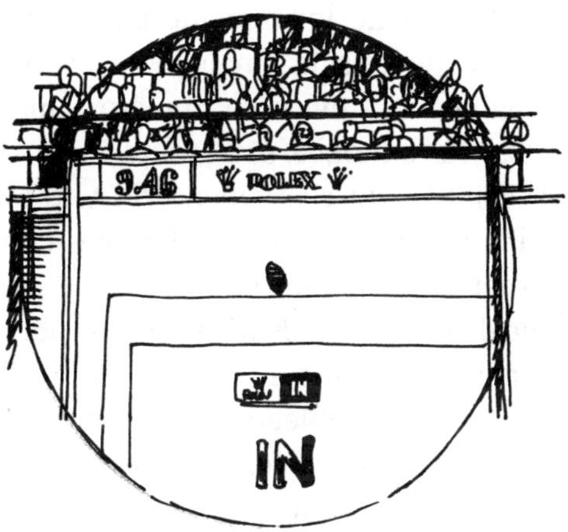

Henin, Justine

Été 1994, un beau club de tennis sur les bords du lac d'Annecy, dans lequel se déroulent Les Petits Princes, l'un des plus gros tournois internationaux pour les moins de 14 ans, après Les Petits As à Tarbes. J'ai 8 ans et je suis là pour soutenir mon frère. Il s'échauffe avec un partenaire de l'équipe de France dans une diagonale du terrain, celle des égalités. Dans l'autre, celle des avantages, une fille à lunettes et un garçon d'à peine 1 m 20 s'échangent des boulets de canon, sans la moindre faute, et tout cela grâce à deux des plus beaux revers à une main jamais vus.

Olivier Rochus avait 13 ans, et Justine Henin 12. Déjà, elle était très rapide : j'ai le souvenir de son jeu de jambes et de ses pieds, qui étaient toujours en mouvement. Je me demandais comment un si petit gabarit pouvait taper aussi fort.

Son palmarès a confirmé ce talent précoce : 7 titres en grand chelem, il ne lui manque que Wimbledon où elle a atteint deux fois la finale. Elle est restée cent dix-sept semaines à la place de numéro 1 mondiale. Le 14 mai 2008, elle annonce sa retraite alors qu'elle est toujours au sommet du classement WTA. C'est la seule joueuse de l'ère open, hommes et femmes confondus, à avoir pris sa retraite en étant numéro 1.

Elle décide de revenir en 2010 et atteint tout de suite la finale de l'Open d'Australie. La même année, elle perd en huitième de finale à Wimbledon, et doit mettre un terme à sa saison à cause d'une blessure au coude. Elle ne se remettra jamais vraiment de cette blessure et arrête définitivement sa carrière en janvier 2011.

En 2006, elle atteint les finales des quatre grands chelems. Elle gagne Roland-Garros contre Kuznetsova et perd en finale de l'US Open contre Maria Sharapova. En Australie, elle joue en finale contre Amélie Mauresmo, qui se détache assez vite 6/1 2/0. Henin n'est pas dans son assiette, se touche les abdos et appelle le kiné sur le court. Elle abandonne deux points plus tard. Il y avait un sentiment d'inachevé pour Mauresmo, qui lui en a voulu : « Ça a mis du temps. Tant que je jouais, jamais vraiment.

Elle m'avait volé un moment. Et des moments comme celui-là, ils sont rares. » (Mais la Française aura sa vraie victoire, à la régulière, six mois plus tard, à Wimbledon – voir *Mauresmo*.)

Lors de mes recherches pour cette entrée, je suis tombé sur un fait amusant : un astéroïde porte le nom de *Justinehénin* (l'astronome qui l'a nommé s'est trompé et a mis un accent). Une boule de feu qui porte son nom : sans doute un hommage à ce qu'elle créait avec son magnifique revers à une main.

Henman, Tim

Jean-Baptiste de Murray : celui qui l'annonce. (La Henman Hill à Wimbledon s'est d'ailleurs fait rebaptiser Murray Mount. Malheur au vaincu.)

Dernier serveur-volleyeur à avoir atteint les demi-finales à Wimbledon (2002, perd contre Hewitt).

Stats très correctes contre Federer (6-7).

Herbert, Pierre-Hugues

Il est rare que ce soit l'invité d'une émission qui aille chercher son intervieweur. C'est pourtant ce qu'il s'est passé avec Pierre-Hugues Herbert. Une fois notre entrevue calée, il m'a demandé l'heure d'arrivée de mon train et m'attendait au parking. Nous sommes allés déjeuner dans un restaurant tout près de la magnifique cathédrale de Strasbourg, sur la Grande Île.

Pierre-Hugues ne vient pas de Strasbourg même, mais de Mittelhausbergen, qui veut dire « la maison au milieu de la montagne », en allemand. C'est joli, on dirait le titre d'une chanson de Cabrel. Une fois le déjeuner englouti, nous nous sommes rendus là-bas, où il construit une maison avec l'aide de ses parents. Nous nous sommes installés au troisième étage, où le père a mis ses guitares.

La première fois que je l'ai vu, c'était il y a neuf ans, en République dominicaine. On s'était joués, je l'avais battu, en double en plus. Neuf ans plus tard, c'est lui le vainqueur de grand chelem et moi qui lui pose des questions. S'ensuit une longue discussion lors de laquelle il me raconte son itinéraire.

Sa carrière commence quand son père, il y a quinze ans, quitte son job pour se consacrer à la formation tennistique de son enfant de 13 ans. Il n'a pas d'expérience, mais il y croit. Son choix n'est pas tout de suite apparu comme judicieux, puisque Pierre-Hugues n'a pas gagné beaucoup de matchs en simple cette année-là. Probablement parce que le choix de son père a mis la pression au jeune joueur qu'il était. Heureusement, il connaissait la victoire grâce au double.

Jean-Roch, le père de Pierre-Hugues, est un chercheur. Très vite, il préfère scolariser son fils du côté allemand de la frontière alsacienne, plus adapté selon lui à l'épanouissement de l'enfant. Si vous discutez avec lui, il vous dira que sa méthode est ludique, avant tout basée sur l'amusement de son élève : avant que son joueur ne veuille progresser, il doit aimer jouer. Il a aussi fondé une association de droit local pour financer la structure d'entraînement de son fils. Parfois, le manque de moyens permet d'innover.

Ce projet père-fils n'a été rendu possible que grâce à une mère qui a changé de travail pour assurer les revenus du reste de son foyer. Parfois, pour économiser de l'argent, il arrivait au père et au fils de dormir dans une tente qu'ils essayaient de monter à la lumière des phares de leur voiture, dans un camping du fin fond de la Croatie.

Pierre-Hugues s'est vite rendu compte des conséquences sur leur famille qu'avaient leurs voyages. « J'enlevais son père à mon frère… Il a réussi à faire sa vie sans son papa. »

Comme beaucoup de pères plongeant dans la passion d'un enfant qui tente d'en faire une carrière, Jean-Roch est passé pour un fou. Mais il avait une vision. Il connaissait et connaît toujours son enfant par cœur. Il a su ce qu'il lui faudrait pour aller au plus haut niveau.

Aujourd'hui, Pierre-Hugues a connu ses meilleurs résultats dans le collectif, que ce soit en double ou en Coupe Davis. Ça ne l'agace pas, mais le construit, le fait progresser et lui permet d'avancer en simple. Ça fait partie de son histoire. « Sans le double, je ne serais pas où j'en suis en simple. »

Nicolas Mahut, le partenaire avec qui il a gagné quatre grands chelems ainsi que six Masters 1 000, l'a pris sous son aile en 2015. Tout de suite, ils jouent bien ensemble : finale à l'Open d'Australie. « Il est difficile de mettre des mots sur une relation comme celle-là. Il m'a appris le métier sur le circuit principal. Je suis comme en couple avec Nicolas. Pour réussir de belles choses, il a fallu construire notre relation. On est des personnes très différentes mais on a réussi à rassembler nos forces sur le terrain. » Ça n'a pas mal marché. Il leur reste un objectif majeur : une médaille olympique à Tokyo.

Après une heure de discussion, j'ai dû couper les micros. On aurait pu rester encore longtemps à parler de tennis, de son parcours, et de sa philosophie de vie. Il devait partir pour soigner une lésion à la cuisse qu'il avait subie une semaine avant pendant le tournoi de Metz. Mon train n'était que trois heures plus tard, alors je suis resté à discuter avec ses parents. Et puis, un ami du père, guitariste comme lui, a sonné à la porte pour venir répéter les morceaux qu'ils reprennent. Juste avant de partir de la maison au milieu de la montagne, je les ai rejoints, pour une reprise de « La Corrida », une chanson de Cabrel.

Hewitt, Leyton

Autant Edberg jouait comme un Australien, autant Hewitt aura joué comme un Suédois. Vers la fin de sa carrière, il avait d'ailleurs adopté le *vicht*, cette espèce de signe étrange, mi-bec de canard, mi-hiéroglyphe, qu'utilisait Wilander pour saluer ses victoires ou ses beaux points.

Cette confusion des identités nationales aura abouti à ceci : Hewitt restera dans l'histoire comme le premier joueur à avoir remporté Wimbledon du fond du court, en 2002, contre Nalbandian. (Car, nous ne le rappellerons jamais assez : Borg pratiquait le service-volée à Wimbledon.)

Loué pour sa combativité (symbolisée par ses célèbres « *Come on !* » connorsiens) dont on dit qu'elle aura compensé son manque de puissance et de coup létal, Hewitt laisse décidément un souvenir ambigu : c'est lui qui assure la transition entre le règne de Sampras et celui de Federer (avec quelques autres numéros 1 plus fugaces, voir *Safin, Kuerten, Ferrero, Roddick* et, tout de même, *Agassi*). Quatre-vingts semaines en tête du classement ATP n'auront pas suffi à nous défaire de l'impression qu'il était de passage. C'est injuste, bien sûr, mais c'est parce que le tennis n'échappe pas aux lois d'airain du sport et de la vie : souvent, le mérite ne suffit pas.

Hingis, Martina

Mon père me parlait beaucoup d'elle. Il l'avait vue gagner Roland-Garros junior à l'âge de 13 ans, puis 14. Pour lui, elle était le tennis : l'intelligence du jeu, un œil exceptionnel, un talent et une main hors normes. Alors, bien sûr, quand elle m'a demandé en 2014 d'être le *sparring-partner* de la joueuse qu'elle conseillait (Sabine Lisicki), j'y suis allé de bon cœur.

Cela faisait un an qu'elle était revenue sur le circuit pour ne jouer que le double, suite à son contrôle antidopage positif à la cocaïne en 2007. Elle avait clamé son innocence, en avançant que le taux de cocaïne retrouvé était si faible que quelqu'un qui aurait passé sa main sur un bar « contaminé » puis se serait touché les cheveux aurait été contrôlé positif. En vain.

La routine de notre collaboration était simple. La veille, elle m'envoyait un message pour m'indiquer l'heure et l'endroit des échauffements. Une fois l'échauffement fini, Sabine allait se préparer au vestiaire pour son match, et je me retrouvais à déjeuner avec Martina. Nous parlions technique, tactique, argent, mental, bref, tennis. Elle n'aimait pas parler de SON passé. Elle avait peut-être peur que j'aille trop loin dans mes questions. Et j'en avais plein : qu'est-ce qui s'est passé en finale de Roland contre Graf en 1999 ? Est-ce qu'elle la déteste ? Est-ce qu'elle regrette certaines de ses phrases sur Amélie Mauresmo (voir *Mauresmo*) ? Est-ce qu'elle pense qu'elle aurait continué à poser des problèmes à Serena si elle avait continué (7-6 pour l'Américaine dans leurs confrontations directes) ? Pourquoi n'a-t-elle jamais gagné Roland-Garros alors qu'elle a remporté les trois autres ?

La finale contre Graf à Roland-Garros en 1999 me reste en travers de la gorge. Elle domine le début du match et mène rapidement 2/0. Puis l'Allemande revient, et on sent que Hingis se frustre. Graf varie merveilleusement entre son revers slicé et son coup de fusil en coup droit. On entend Martina rire sur certains coups gagnants. Graf enchaîne les points, sans broncher, sans jamais rien montrer. Hingis remporte la première manche 6/4 grâce à un jeu de service interminable. On se dit qu'elle a fait le plus dur.

Au début du deuxième, il y a un point litigieux. Côté égalité, Graf sert, Hingis retourne long de ligne, la balle est annoncée faute. Graf est dessus, joue la balle, mais n'entoure pas la marque. L'arbitre de chaise descend mais ne sait pas où regarder et doit donc s'en tenir à l'annonce de sa juge de ligne. Quand l'arbitre a le dos tourné, Graf s'empresse d'effacer la ligne. C'est le début de la fin pour Hingis. Elle fait le tour du filet pour montrer où avait atterri la balle. Hingis parle avec l'arbitre de chaise et fait appel au superviseur. La Suissesse est en larmes. Le public français ne demandait que ça : des « Steffi, Steffi, Steffi » descendent des tribunes.

Par la suite, chaque point remporté par Graf est accompagné d'une ovation. Hingis mène quand même 3/1 au deuxième set. Elle a plusieurs balles de 4/2 mais ne les convertit pas. Graf reprend l'avantage et mène 4/3. Hingis revient, breake l'Allemande et sert pour le match à 5/4, mais Graf débreake et gagne son jeu de service. Elle mène alors 6/5. Hingis a laissé passer sa chance, et perd une nouvelle fois sa mise en jeu. 7/5 Graf.

5/2 30-40 balle de match pour Graf, Hingis sert à la cuillère, suit à la volée, et sauve une balle de match, sous les sifflets du public. Sur la deuxième balle de match de Graf, elle tente encore un service à la cuillère, qu'elle rate cette fois-ci. Deuxième balle, l'échange s'engage, Martina rate en longueur. Graf gagne son sixième et dernier Roland-Garros. La poignée de main est glaciale, les deux joueuses manquent de se rentrer dedans près de la chaise d'arbitre. Graf est au centre du court. Hingis quitte le Central avec son sac sur l'épaule, encore une fois sous les sifflets.

Quand Hingis revient en larmes avec sa mère, Graf est à la porte du tunnel en train de taper dans la main de la sienne. Martina éclate en sanglots, cette fois sous quelques applaudissements du public.

Lors de son discours, Graf dit à Hingis : « Martina, ne t'inquiète pas, tu auras beaucoup d'autres chances de gagner Roland-Garros. Tu es une joueuse incroyable. » Martina hausse les épaules. Elle n'avait que 18 ans. Elle s'est écroulée. Elle ne gagnera jamais Roland-Garros. C'est peut-être à cause de ce jour-là qu'elle ne veut pas parler du passé.

Hoad, Lewis (1934-1994)

Meilleur joueur de tous les temps d'après Pancho Gonzales (voir *Gonzales, Pancho*).

En 1956, Hoad est à deux sets de faire le Grand Chelem, mais il perd en finale des US Championships contre son compatriote, rival et grand ami, Ken Rosewall (4/6 6/2 6/3 6/3).

L'année suivante, il passe professionnel et disparaît des livres d'histoire.

Hôtel

Dans un lobby d'hôtel de luxe, on trouve de tout : le businessman qui en attend un autre pour un meeting, tout en sirotant un jus de tomate dans lequel baigne un bâton de céleri, le vieil homme riche et sa compagne de vingt ans sa cadette qui ne se parlent pas, les yeux rivés sur leur smartphone, le journaliste qui attend avec son stylo la célébrité qui daignera un jour descendre pour répondre à ses questions et qui ne se sent pas trop à sa place socialement.

C'est aussi la résidence principale de la joueuse et du joueur de tennis. Ils y passent les trois quarts de leur temps. La réussite d'une carrière peut se mesurer à l'aune de la catégorie des hôtels fréquentés : chambre d'hôte, bungalow, dortoir, gîte, camping, logement chez l'habitant, studio à partager, chambre double avec deux lits, chambre double à lit king size, chambre supérieure, junior suite, suite.

Une chambre d'hôtel est un refuge pour le champion de tennis. Cela fait même partie de sa légende. Il aime cette vie cachée, une espèce de clandestinité où des choses se passent derrière les portes closes.

Quand il se sent bien dans un hôtel, le joueur n'en change pas. D'une année sur l'autre, on pourrait imaginer qu'il veuille voir autre chose. C'est tout l'inverse. Richard Gasquet, par exemple, note les numéros de chambre des hôtels où il se sent bien.

Quand Nadal vient à Paris pour Roland-Garros, il prend ses quartiers à l'hôtel Raphael. Ça ne lui a pas trop mal réussi : il y reste souvent au moins quinze jours.

Housse

Jadis moulante, aujourd'hui obèse, la housse de raquette vit avec son temps.

I

Idole

On dit qu'il ne faut pas rencontrer ses idoles. Il ne faut pas les comparer non plus. Pete Sampras n'est pas Roger Federer, et une partie de moi lui en veut. J'étais fou de Sampras : je demandais à ma mère de m'acheter les mêmes tenues, j'adorais ses chaussures, les Oscillate, je tirais la langue comme lui, je levais la pointe du pied gauche avant de servir comme lui – et, bien sûr, je détestais Agassi. Puis j'ai grandi, et me suis rendu compte que la vraie star des deux, c'était Agassi. Il en avait le style, la vie et les problèmes existentiels, comme la peur de perdre sa perruque en finale de Roland-Garros 1990.

Quand je regarde aujourd'hui les replays des matchs de Sampras, quel ennui. Aucune émotion : une fois le break obtenu, il balançait tous ses jeux de retour car il se savait *imbreakable*. Il serrait à peine la main de ses adversaires. Je crois vraiment que je le détesterais aujourd'hui.

Je pouvais lui pardonner son côté robotique parce qu'il gagnait beaucoup, et parce que je pensais que son record de 14 titres du Grand Chelem en carrière ne serait jamais battu. La décennie d'après, trois gars arrivent et les piétinent, lui et ses records. Maintenant, je lui en veux aussi de ne pas avoir été à la hauteur de Federer, Nadal ou Djokovic.

Aujourd'hui, on parle plus de McEnroe, Borg ou Becker que de lui.

Je crois vraiment que je me suis trompé d'idole. Ou d'époque.

Imaz, Pepe

Pepe Imaz est une sorte de gourou hippie qui prône l'amour et la paix, roule des yeux et vous fait des hugs de trente secondes. Il intègre le staff de Djokovic en 2016, après la première victoire de celui-ci à Roland-Garros.

À partir de là, la carrière de Djokovic subit un trou d'air de deux ans durant lesquels il multiplie les contre-performances (une seule finale en grand chelem, à l'US Open 2016, perdue contre Wawrinka, et des défaites invraisemblables, telle celle contre Istomin au deuxième tour de Melbourne, son tournoi préféré).

Djokovic se sépare de Pepe Imaz en 2018 puis gagne quatre des cinq grands chelems suivants.

Imitation

« J'imite toujours les gestes des gens que j'admire » (Sharapova).

C'est pas con.

Individualisme

Le tennis est un sport individuel, comme la boxe, les échecs ou le golf, et ce n'est pas sans conséquence sur l'état d'esprit des joueurs – tous les joueurs. En fait, le golf, où l'on ne se bat contre personne en particulier, n'est pas exactement comparable. Au golf, on joue tout seul, on se bat contre le parcours, tandis qu'au tennis, comme en boxe ou aux échecs, on est dans une situation d'antagonisme pur. De l'autre côté du filet, il y a une volonté dont les aspirations sont exactement contraires aux vôtres, et qui met tout en œuvre pour s'imposer à votre détriment. C'est un duel, sans match nul possible (contrairement aux échecs ou à la boxe).

Cela induit fatalement des comportements, une mentalité, un rapport à l'ego bien particuliers, que l'on peut résumer par cette phrase d'Agassi : « Si quelqu'un doit en profiter, autant que ce soit moi. »

Ironie

Voir : *Sagesse*.

Isner, John

Un jour, le jeune Isner (2 mètres 08) se rend compte qu'il a le meilleur service du monde. Le reste de son jeu n'est pas aussi bon, mais suffisant tout de même pour effectuer une honnête carrière à la tête du tennis américain (qui ne vit pas sa meilleure période), en balançant des paquets d'aces, en faisant une demie ou un quart par-ci par-là en grand chelem, en remportant une quinzaine de titres dont Miami en 2018, et en atteignant la 8e place en 2018, à 33 ans.

Il fait tout de même partie des six joueurs à avoir franchi la barre des mille aces en une saison, avec Ivanisevic, Roddick, Sampras, Raonic et, bien sûr, Karlovic.

Il restera de toute façon pour avoir joué et gagné le match le plus long de l'histoire du tennis (onze heures et cinq minutes, joué en trois jours, à Wimbledon en 2010 – voir *Mahut*), record qui ne peut plus désormais être battu qu'à Roland-Garros, puisque partout ailleurs, on joue désormais un tie-break au cinquième set. (Évidemment, il bat aussi par la même occasion le record d'aces en un match : 113.)

Ivanisevic, Goran

Seul joueur (avec Kim Clijsters à l'US Open 2009) à avoir remporté un tournoi du Grand Chelem en ayant reçu une *wild card* pour entrer dans le tableau, il bat Rafter pour sa quatrième finale à Wimbledon en 2001, sur le difficile score de 6/3 3/6 6/3 2/6 9/7 au terme d'un match qui le voit, très agité, parler au ciel dans les derniers points.

Ivanisevic, joueur irrégulier mais sympathique, avait déclaré un jour : « Plus je joue mal, plus les gens m'apprécient. C'est incompréhensible. » C'est que, en fait, dans le monde entier, et non pas seulement en France, on aime les perdants. Mais ce qu'on aime le plus, c'est quand le *loser* finit par gagner. Et c'est ce qui advient à Ivanisevic, en fin de carrière, lorsque, 125e mondial, alors qu'il revient d'une énième blessure et qu'on le croit définitivement lessivé, il aligne soudain Moya, Roddick, Rusedski, Safin, Henman et Rafter, à la surprise générale, sous les hourras de la foule.

Loser + *happy end* : combo gagnant.

Voir : *Ace*.

J

Jaeger, Andrea

L'un des premiers produits de l'Académie Bollettieri avec Jimmy Arias (au côté de qui elle remportera le double mixte à Roland-Garros en 1981), Andrea Jaeger est connue pour avoir eu une carrière encore plus courte que celle de Tracy Austin, puisque, après avoir été 2e mondiale en 1981 et atteint deux finales de grand chelem (toutes deux perdues contre Navratilova), elle prit une retraite bien méritée en 1985, à l'âge de 19 ans.

Järryd, Anders

Parmi la cohorte de joueurs de fond de court suédois qui s'élancèrent sur le circuit à la suite de Borg, il y eut l'exception Edberg, le serveur-volleyeur ultime, mais aussi Järryd, son partenaire de double, avec qui il remporta deux grands chelems en 1987.

Järryd fit une très honnête carrière en simple qui le conduisit à la 5e place et il fut un joueur de double au palmarès exceptionnel de huit grands chelems et autant de finales (voir *Double, Le tennis et son*).

On sait moins qu'il fut aussi *presque* la bête noire de McEnroe. En 1984, alors que ce dernier est à son sommet et ne perd littéralement aucun match (sauf trois), Järryd obtient par deux fois des balles de match contre lui (mais finit par perdre).

Le premier de ces deux matchs se déroulait en demi-finale de Stockholm et ne fut pas sans conséquence, puisqu'il entraîna une suspension de trois semaines de l'Américain : suite à une annonce qui, selon ses propres mots, « ne [lui] avait pas semblé vraiment juste », il avait traité l'arbitre de débile, jeté une balle dans les tribunes, écrasé une canette de soda avec sa raquette et aspergé le roi de Suède qui était assis au premier rang. Une journée ordinaire, somme toute, pour Mac. Mais ce que l'on ignorait alors, c'est que la dépression couvait : le ver de 1985 était dans le fruit.

C'est McEnroe qui, avec son style inimitable, le révèle dans son autobiographie (*You Cannot Be Serious*) : « Où est Borg, pensais-je ? Qui diable est cet Anders Järryd ? Et que fait-il avec une balle de match contre *moi* ? »

Et c'est ainsi que Järryd, même s'il a fini par perdre le match, a gagné sa place dans le grand livre du tennis.

Jésus

En foot, la bigoterie semble constitutive du haut niveau. Pas un joueur sud-américain qui oublie de se signer en entrant sur la pelouse, en sortant, avant de tirer un penalty, ou après avoir marqué. Pourquoi Dieu serait-il supporter de mon équipe plutôt que de l'équipe adverse ? Mystères de la foi qui ne se pose jamais ces questions. Mais, au moins, ces démonstrations ostentatoires atteignent parfois un kitsch qui n'est pas sans grandeur : c'est la « main de Dieu » de Maradona.

En tennis, les cas sont plus rares, mais aussi moins drôles. Du jeune Agassi qui lisait la Bible tous les jours (« Je n'aurais pas tant de foi en la Bible si son message ne se reflétait pas autant dans ma vie », disait-il) à Mary Pierce qui a fini les bras en l'air dans une secte évangélique à l'île Maurice (« J'ai donné ma vie à Jésus », etc.), on retrouve les mêmes éléments de langage creux à la ferveur forcée, le même folklore usé jusqu'à la corde et vaguement embarrassant, mais on reste assez loin de la dimension héroï-comique, ou même simplement politique d'un petit gros qui refait la guerre des Malouines à lui tout seul.

Le comble de ces bondieuseries maussades aura sûrement été atteint lors de la finale de Roland-Garros 89, quand Chang a cru bon de remercier Jésus, sans un mot pour son adversaire (l'archange Stefan Edberg).

Heureusement, Nelson Monfort nous aura sauvés de tout ce mysticisme infantile, crypto-narcissisme pathologique, en s'embrouillant dans la traduction, assurant au spectateur perplexe que Chang avait remercié, non pas Jésus, Notre-Seigneur, mais un certain « Luigi ». De la Bible à Super Mario, c'est toute notre civilisation qu'on a vue, à cet instant, défiler en une seconde.

Jeu de jambes

« Dès que l'un de vos coups est défaillant, contrôlez votre jeu de jambes », nous dit Brad Gilbert (dans son livre *Winnig Ugly*), et il n'y a rien à ajouter, il suffit de regarder Nadal, Djokovic, et surtout Federer : des danseurs.

Jeu de paume

On dit que le tennis, à la base, était un jeu d'aristocrate, sans doute parce qu'Édouard VI est mort après une partie (disputée par un froid glacial), mais c'est faux. Ses origines sont révolutionnaires, comme chacun sait, puisque c'est sur un terrain de jeu de paume que la Révolution française a vraiment débuté.

D'ailleurs, lorsque je suis en difficulté sur le court, je me dis dans ma tête : « Nous sommes ici par la volonté du peuple. Nous n'en sortirons, etc. »

Blague à part, le jeu de paume est bel et bien, historiquement, une activité subversive, puisque, à la fin du XIVe siècle, il est si populaire qu'il faut en interdire la pratique, sauf le dimanche, car il détourne les gens de leur travail. Les gens s'en moquent, et continuent de jouer sans autorisation, tous les jours que Dieu fait, tels des Gilets jaunes récalcitrants. La compétitivité s'effondre. C'est l'anti-*start up nation.*

Johnston, Bill (1894-1946)

Compatriote et souffre-douleur de Bill Tilden, contre qui il perd cinq finales entre 1920 et 1925 aux US Championships (ancêtre de l'US Open), après l'avoir tout de même battu en 1919. En même temps, pendant la première moitié des années 20, Tilden ne perdait contre personne, jusqu'à l'arrivée des Mousquetaires – voir *Tilden.*

Julien

Comment passer d'une défaite en qualifs de challenger à Turin contre Mektic, 290e mondial, à une demi-finale de Masters 1 000 à Bercy en un an et demi ?

Trois mois avant « le naufrage de Turin », Julien reprenait la compétition à Nouméa afin de préparer l'Open d'Australie. Il n'avait pas joué pendant sept mois à cause d'une pubalgie pour laquelle il avait dû se faire opérer. Nous débutions notre collaboration mi-novembre pour la préparation hivernale. Je découvrais le métier d'entraîneur.

Après cette tournée (défaite au premier tour de l'Australian contre Almagro), le bilan est clair : le niveau de jeu est bon mais la caisse physique n'est pas là. Il avait repris trop tôt, mais il était dur de se priver du premier grand chelem de l'année. La saison *indoor* en France arrive au bon moment : il adore ces conditions.

Nous sommes à Marseille. Il sort facilement des qualifications et tombe au premier tour contre Sacha Zverev. Pas facile comme tirage, mais super test pour son niveau de jeu. Il fait un très bon match. Il perd le premier set 7/6, c'est serré. 5 partout au deuxième. Il y a un long échange, et sur une course, je vois qu'il se tient le mollet. Il se retourne vers moi avec inquiétude et résignation dans son regard. Dans le vestiaire, je le retrouve abattu. Les joueurs connaissent leur corps par cœur. Verdict : six semaines d'arrêt.

Deux mois plus tard, il est retombé à la 673e place mondiale. Nous faisons le choix de l'humilité : faire des matchs pour retrouver le rythme, quitte à repasser par les challengers. Nous partons à Barletta, petite ville italienne donnant sur la mer Adriatique. L'organisation du tournoi lui donne une invitation. Il perd au premier tour contre un Russe 280e à l'ATP en menant 5/2 au troisième. Nous trouvons réconfort en mangeant des parts de pizza à emporter devant l'élimination du PSG en Champions League face à Manchester City. Je pensais que nous avions touché le fond.

La semaine suivante, il doit jouer les qualifications du challenger de Turin. Un peu plus d'un an avant, il qualifiait la France en Coupe Davis pour les quarts de finale. Il perd et nous sommes dans un vestiaire miteux, moi ne sachant pas quoi faire, lui abattu : « Si j'ai envie de revenir, c'est pour être compétitif pour des grands objectifs. Être capable de jouer les plus grands tournois, revenir en équipe de France de Coupe Davis. Mais là, ici, je ne peux pas, je n'y arrive pas. »

Vient Roland-Garros, et son lot d'attentes. Défaite au premier tour contre Pouille en quatre sets, en faisant un bon match. Je compte sur le double avec Roger-Vasselin pour renouer avec la victoire. C'est le cas, ils passent trois tours, mais perdent en quart contre les Lopez, en ayant six balles de match. « Ça devient trop dur », me glisse-t-il dans les vestiaires du Chatrier.

La tournée sur gazon succède à celle sur terre battue. Elle commence mal avec une défaite sans jouer contre Dodig à Nottingham. Il reste longtemps sur le court après le match, au téléphone. Nous avons une discussion franche le soir même à l'hôtel avec lui et Christophe Gaillard, son kiné, sur la suite à donner à tout ça. Six mois après sa reprise, je dois lui apporter des solutions, et je n'y arrive pas. C'est mon échec.

S'il devait renaître quelque part, Wimbledon est le parfait endroit. Il passe le premier tour contre Marchenko, et perd honorablement au deuxième tour contre Nishikori en quatre sets (voir *Wimbledon*). En double ils vont jusqu'en finale avec Édouard Roger-Vasselin. Julien a le sourire : il se rend compte que le tennis peut toujours le rendre heureux.

Il confirme durant l'été américain qui suit avec notamment une magnifique victoire contre David Ferrer à Cincinnati, alors 12e mondial.

À force de travail et de résilience, il était redevenu un joueur de tennis normal, qui connaît la victoire et la défaite chaque semaine. C'était notre plus grand accomplissement.

Pour finir la saison, il joue le challenger de Mouilleron-le-Captif. Loin du glamour du grand circuit, il gagne le tournoi. Finalement, il pouvait se motiver pour la « deuxième division » du tennis. Paradoxalement, c'est l'un de nos meilleurs souvenirs.

En mars 2017, je reçois un appel de mon frère : « La patrie a besoin de moi, Tonio. » Herbert blessé, Noah fait appel à lui pour le quart de finale de Coupe Davis contre la Grande-Bretagne. On avait atteint un des objectifs que nous nous étions fixés : retrouver l'équipe de France. Nico Mahut et lui qualifient les Bleus pour la demie.

Nous discutons en automne sur l'avenir de notre collaboration. Pendant deux ans, le circuit m'a épuisé, et j'ai envie de passer à autre chose. Ça tombe bien, il veut finir sur une saison 2018 « light » et me dit qu'il la fera sans entraîneur. Nous savons donc que notre dernier tournoi sera le Masters 1 000 de Bercy. Il adore ce tournoi, c'est là qu'il a battu Roger Federer numéro 1 mondial en 2009. Julien annonce à la presse que c'est son dernier Bercy.

Au premier tour, il joue Shapovalov. Le Canadien est encore un peu jeune à l'époque. Julien joue très bien et le bat en deux sets. Au tour d'après, il retrouve Jo-Wilfried Tsonga, contre qui il avait perdu quelques semaines avant à l'ATP 250 d'Anvers. On se dit que ça va être difficile, Jo (15e mondial à l'époque) fait partie des meilleurs joueurs du monde en *indoor*. Julien perd le premier set 6/2, Tsonga est trop fort. Le deuxième est plus accroché. Jo le domine mais n'arrive pas à se détacher. Ils vont jusqu'au tie-break que Julien arrive à gagner. Dans sa lancée, il survole le troisième set 6/2 contre un Tsonga épuisé par sa saison. Premier frisson.

David Goffin, 10e mondial, l'attend au troisième tour. Il est programmé sur le court nº 1 et je me dis que c'est dommage qu'il finisse sur « le petit court ». Je me trompe. Victoire 6/3 6/3. Le match parfait. Il me dit : « À part l'an dernier, je bats toujours au moins un top 10 par saison. »

Nous sommes au restaurant des joueurs, et Yannick Noah vient nous voir pour lui annoncer qu'il fera partie du groupe sélectionné pour la finale face à la Belgique. Nous sommes heureux mais pas euphoriques, il y a un quart de finale à préparer face au numéro 5 ATP, Marin Cilic.

Je sens tout de suite qu'il pense que c'est faisable. Nous préparons le match le mieux possible : accepter mentalement de prendre des aces et des coups droits gagnants. En revanche, il faut lui faire mal dès que possible. Sur chaque deuxième balle qu'il sert, l'agresser. C'est le seul moyen de lui faire baisser sa vitesse au premier service. Et puis ne rien lâcher, c'est la fin de saison, les joueurs fatiguent. L'amener en fin de set, le surprendre. Il y aura peut-être une seule occasion. Il faudra la saisir.

Julien commence fort et breake le Croate qui revient tout de suite et breake à son tour au milieu du premier pour mener 5/2. Débreak dans la foulée, 5/4. C'est bien, il faut rester au contact. Au tie-break mon frère est plus réaliste et offensif. 7/6 pour lui.

Il se détache d'entrée au deuxième set, mais comme au premier, Cilic revient. Je me dis alors que ça va être compliqué, je sens que Julien fatigue. Mais il tient au score, et se retrouve à 6/5 pour lui au deuxième set, service Cilic. Je ne me souviens plus du jeu, excepté la balle de match à 30-40. La voici, la fenêtre de tir, c'est maintenant ou jamais. Service au T, Julien est parti du bon côté, retour sur le revers du Croate, qu'il joue croisé (comme souvent), mon frère le remet dans la diagonale, Cilic se décale, il va droit devant avec son coup droit, mais se fait contrer par un coup droit long et croisé, il est obligé de faire un coup neutre au milieu du court, Julien prend son temps, se décale et emmène son coup droit long de ligne. C'est gagné ! Bercy hurle, moi aussi. Julien pleure, moi aussi.

Il perdra le lendemain en demi-finale contre l'Américain Jack Sock, trop fort pour lui ce jour-là. Il avait tout donné la veille.

Deux semaines après, il part pour Lille avec l'équipe de France de Coupe Davis. Il se prépare bien et est pressenti pour être aligné avec Nicolas Mahut : les deux s'entraînent et jouent ensemble toute la semaine. Le mercredi soir, deux jours avant la finale, Noah change d'avis et sélectionne Herbert et Gasquet. Ce sera le moment le plus dur de sa carrière.

Il me rappellera en 2018 pour Roland-Garros et Wimbledon. J'accepte avec plaisir. Pour son dernier Roland, il passe le premier tour en battant Leonardo Mayer en quatre sets sur le court n° 1, dans une ambiance incroyable. Il sortira au deuxième tour, sous l'ovation du public du Chatrier et de Juan Martin del Potro, son bourreau du jour.

Tout n'a pas été rose durant notre collaboration. J'ai le souvenir d'une engueulade sur le court n° 4 de Roland-Garros lors d'un entraînement avec Nicolas Mahut :

« Tu ne me parles pas comme ça !

— Je te parle comme je veux !

— OK, je me casse. »

Est-ce qu'il s'adressait à son frère ? L'aurait-il fait avec n'importe quel coach ? Cette ambiguïté a marqué notre aventure. Notre complicité nous a aidés à nous rendre la vie plus douce sur le circuit. Elle nous a peut-être freinés quand il fallait vraiment se dire les choses. Ce qui est sûr, c'est qu'elle a rendu plus intense notre aventure.

En plus de deux ans, j'ai vécu ce que je n'avais jamais vécu en tant que joueur : les plus beaux courts du monde, les vestiaires avec les plus grands champions, des grands moments de sport, mais aussi des moins bons.

J'aime cette citation : « Dans un voyage, ce n'est pas la destination qui compte mais toujours le chemin parcouru, et les détours surtout. » Le chemin parcouru et les détours, avec mon frère comme compagnon de route, m'ont permis d'écrire une grande partie de ce livre.

K

Kafelnikov, Ievgueni

Kafelnikov n'a pas toujours été ce joueur de poker bouffi à tête de mafieux russe (qu'il est peut-être).

Dans le temps, quand il fut le premier enfant de l'URSS à remporter un tournoi du Grand Chelem (Roland-Garros 96, en simple ET en double) puis à devenir numéro 1 mondial, il était un joueur racé qui savait balader et éparpiller ses adversaires sur le court.

Personne, ni Sampras à qui il colla un 6/0 en demie à Roland, ni Agassi, ni les Becker, Stich, Kuerten et compagnie, n'était très rassuré à l'idée de l'affronter.

Par tropisme russe, sans doute, il remporta, en plus de deux grands chelems, la médaille d'or aux Jeux olympiques de Sydney en 2000.

Et comme il y a toujours quelque bizarrerie avec les Russes, il détient cet étrange record de cinq finales de Masters 1 000 perdues pour aucune gagnée, à Hambourg, Stuttgart, Montréal et Bercy (deux fois).

Karlovic, Ivo

Au service, le plus fort, c'est lui. Bien sûr, il triche un peu puisqu'il mesure 2 mètres 11. À cette hauteur, vous pouvez vous servir de votre raquette comme d'une poêle à frire ou d'un filet à papillons, de toute façon, ça dégringole. Puissance, angles, la hauteur vous confère tous les avantages, automatiquement.

En 2011, il bat le record de vitesse de Roddick : 251 kilomètres/heure contre 249. Ouille.

Un tel service vous confère également un avantage psychologique : avant même le début du match, l'adversaire est terrifié.

L'ex-coach de Karlovic, Petar Popovic, raconte, après une victoire contre Melzer au premier tour de Melbourne : « L'autre était fou. Il s'était préparé deux mois comme un chien pour ce tournoi, il avait traversé la planète, et il avait tapé dix balles. »

Contrairement à Ivanisevic ou Roddick, Karlovic n'a qu'un seul coup. Il monte au filet mais sa volée n'est pas terrible. Cela ne l'aura pourtant pas empêché d'arborer un tableau de chasse impressionnant : ils ne sont pas nombreux ceux qui, comme lui, peuvent se vanter d'avoir battu à peu près tous les meilleurs, Hewitt, Wawrinka, Del Potro, Federer (7/6 4/6 7/6 à Cincinnati en 2008), Djokovic (Doha 2015), Zverev (Halle 2015). (Il n'a jamais battu Nadal malgré sept tie-breaks disputés en cinq rencontres.)

Il n'y a guère qu'un joueur qui était tranquille face à lui, le seul qui parvenait à retourner régulièrement son service : Andy Murray (7-0). Nalbandian et Davydenko n'étaient pas mal non plus, mais, d'après Popovic, « le top, c'est Murray. Et de loin ».

À chaque poison, son antidote (voir *Retour*).

Kermadec, Gil de

De 1963 à 1976, il est le premier directeur technique national (DTN) de l'histoire de la Fédération française de tennis. Il est aussi pionnier dans l'enregistrement audiovisuel du tennis. Grâce à sa caméra Caméflex 35 mm et son objectif Kinoptik, il a tourné des heures de rushes avec des joueurs en train d'effectuer les mêmes gestes. L'ancêtre des « tutos » tennis sur YouTube, c'est lui.

Il a aussi filmé de manière singulière John McEnroe lors de Roland-Garros 1984. Par chance, Julien Faraut, qui est directeur de l'iconothèque de l'INSEP, est tombé sur ces bobines de film. Il en a fait l'un des plus beaux documentaires sur le tennis que je connaisse. Dans *L'Empire de la perfection*, Julien Faraut restitue les rushes filmés par Kermadec pour nous raconter l'enfer d'*être* McEnroe. Alliance du tennis et du cinéma. « Le cinéma ment, pas le sport... » Quand Gil de Kermadec inspire Jean-Luc Godard.

King, Billie Jean

Outre 129 titres en simple dont 12 du Grand Chelem, et à peu près autant en double, sans compter le double mixte, Billie Jean King est restée dans l'histoire pour avoir battu Bobby Riggs, un vieux qui n'arrêtait pas de dauber sur le tennis féminin, lors d'une exhibition restée célèbre sous le nom de « bataille des sexes » (en 1973, sur le score de 6/4 6/3 6/3, alors qu'il avait tout de même collé 6/2 6/1 à Margaret Court quelques mois plus tôt). Cette victoire accrut la crédibilité du tennis féminin et fut une étape importante pour l'égalité des gains entre hommes et femmes (au moins dans les tournois du Grand Chelem).

Mariée au promoteur d'événements tennistiques et avocat Larry King, mais menacée par sa maîtresse de voir révéler son homosexualité, elle fut la première sportive à effectuer son coming out, en 1981.

Pour ces raisons, la joueuse américaine est considérée comme celle qui aura le plus fait pour populariser le tennis féminin depuis Suzanne Lenglen. C'est pourquoi *L'Équipe* titrera sans doute un jour, quand il s'agira de lui rendre hommage : « Billie Jean, King of Pop ».

Korda, Petr

C'est l'histoire d'un petit Tchèque gaucher à tête d'oiseau que l'on voyait comme un éternel espoir qui tardait à confirmer, et qui finit par gagner l'Australie en 1998 (une finale 100 % gauchers contre Rios) mais qui se fait contrôler positif à la nandrolone six mois plus tard.

Moi, je me souviens du petit ciseau qu'il effectuait quand il gagnait, ses jambes maigrichonnes battant l'air, comme un comédien jouant le rôle d'un athlète burlesque, et je me rends compte que cette chorégraphie étrange, ce moment suspendu, est une image de ma jeunesse.

Kournikova, Anna

> « As Roi, c'est comme Anna Kournikova : c'est beau mais ça gagne pas. »
>
> Proverbe de poker

On sait pourquoi la pauvre Anna Kournikova est passée à la postérité : première de la vague des joueuses russes qui a inondé le circuit, elle est restée le symbole d'une forme de décadence, de décomposition civilisationnelle, inaugurant, à l'aube du XXIe siècle, l'ère des bimbos dont la plastique primerait sur l'activité principale (quand elles en ont une). (C'est vrai qu'on n'avait jamais vu ça auparavant, n'est-ce pas ?) En gros, Kournikova aurait été une Paris Hilton ou une Kardashian avant la lettre : sous prétexte qu'elle n'a jamais gagné de tournoi, les commentateurs féroces lui ont toujours dénié le statut de joueuse de tennis pour la réduire à un phénomène de mode (dans tous les sens du terme), un produit marketing sexy, une top model avec une raquette, et, pire que ça, une *people* (au moment où le concept prenait son essor) dont l'actualité se serait limitée, au fond, à la liste de ses petits amis (un jour, un hockeyeur célèbre, le lendemain, Enrique Iglesias). Une marque : Anna K. Rien d'autre. (C'était même un sujet de blague chez les joueurs de poker : « As-Roi [AK en anglais pour Ace-King], c'est comme Anna Kournikova : c'est beau mais ça gagne pas. »)

Or, si l'on se donne la peine de jeter un œil à son palmarès, on trouve tout de même une finale au tournoi de Miami (ex-Key Biscayne, quand celui-ci était considéré comme le cinquième grand chelem) en 1998. Et si son parcours s'est finalement soldé par une défaite contre Venus Williams (2/6 6/4 6/1, on a connu plus déshonorant), elle aura tout de même auparavant aligné Monica Seles au troisième tour (7/5 6/4), Conchita Martinez en huitième (6/3 6/0), Lindsay Davenport en quart (6/4 2/6 6/2), et Arantxa Sanchez en demie (3/6 6/1 6/3), soit, d'affilée, les têtes de série numéro 5, 9, 2 et 8.

Personne, dans l'histoire du circuit féminin, n'avait jamais battu quatre joueuses du top 10 dans le même tournoi, et je ne suis pas sûr que ce soit arrivé très souvent depuis. Comme quoi, AK, des fois, ça gagnait un peu quand même.

Kozeluh, Karel (1895-1950)

Au *football* attaquant du Sparta Prague, défenseur aussi mais en *hockey sur glace*, Karel Kozeluh était considéré comme le meilleur joueur de *tennis* du monde, amateurs et professionnels confondus, par Bill Tilden en personne. Un joueur assez complet, donc.

Krajicek, Richard

Krajicek est resté dans l'histoire pour avoir été le seul à interrompre le règne de Sampras à Wimbledon (sept victoires de 1993 à 2000 inclus) en remportant l'édition de 1996 (contre MaliVai Washington).

Il a aussi formulé quelques réflexions peu amènes sur le tennis féminin (voir *Misogynie*).

Mais moi, ce n'est pas pour ça que je me souviens de lui.

En 1991, Lendl rencontre ce jeune à peu près inconnu au premier tour de l'US Open, et se prend des gifles pendant quatre heures. Service, coup droit, bam, bam, naissance d'un tueur hollandais en direct. Lendl s'en sort 3/6 2/6 6/4 7/6 6/0. J'avais allumé la télé un peu par hasard. C'est toujours mieux quand on n'est pas prévenus.

Kramer, Jack (1921-2009)

Kramer fut en quelque sorte le *Jack-of-all-trades* du tennis. Doté d'un service et d'un coup droit surpuissants, il fut d'abord l'inventeur du « *power game* » dont on trouve encore les traces dans le tennis actuel : l'idée était de s'ouvrir le terrain avec un gros coup droit de débordement, puis de suivre au filet.

C'est sur cette base technico-tactique qu'il réussit une brillante carrière, tant amateur que professionnelle. Vainqueur de trois grands chelems (un Wimbledon et deux US Championships), il domina par la suite le circuit pro, remportant en 1950 la tournée qui l'opposait au grand Pancho Gonzales (94 matchs à 29) puis celle contre Pancho Segura l'année suivante (64 à 28).

Il œuvra pour l'avènement de l'ère open en 1968 (voir *Open*), et pour l'émergence du « Grand prix », ancêtre du circuit que l'on connaît aujourd'hui, fonda l'ATP en 1972 (voir *ATP*), et fut, à ce titre, l'un des principaux instigateurs du boycott de Wimbledon en 1973 (voir *Boycott*).

Si l'on ajoute qu'il était aussi commentateur vedette à la télévision, on aura à peu près fini de brosser son portrait : l'homme à tout faire du tennis, c'était bien lui.

Krickstein, Aaron

Produit de l'Académie Bollettieri, Krickstein, comme les autres, a laissé le souvenir d'un coup droit monstrueux. Un de plus ? Oui.

Rendons-lui justice, cependant : il est encore aujourd'hui le plus jeune joueur à avoir remporté un tournoi professionnel (Tel-Aviv, 1983, à 16 ans et 2 mois). Sixième mondial en 1985, demi-finaliste à l'US Open en 1989 et à Melbourne en 1995, il aura somme toute fait une carrière très correcte (en dessous, toutefois, des attentes que sa précocité avait suscitées).

Krickstein, sans être une légende, mérite sa petite place dans l'histoire du jeu. Mais ce sont, comme il arrive parfois, deux défaites qui nous reviennent en mémoire, à son propos.

La plus célèbre coïncide avec le fabuleux come-back de Connors à l'US Open en 1991. Redescendu à la 1 000e place, après une opération au poignet, Connors, 39 ans, trouve Krickstein sur la route des demi-finales, qu'il élimine au terme d'un match ébouriffant, 3/6 7/6 1/6 6/3 7/6, non sans avoir été mené 5/2 au cinquième. Après ce match, les deux hommes ne s'adressent plus la parole pendant vingt-quatre ans. De tout le tournoi, on ne se souviendra que du parcours de Connors, et de ce match en particulier, alors que Krickstein, au premier tour, avait tout de même battu… Agassi.

L'autre est plus étrange, ou peut-être, au fond, plus logique, tant elle résume sa carrière en demi-teinte, faite de rendez-vous manqués : au deuxième tour de Roland-Garros 1986, Krickstein torture Wilander, tenant du titre, avec ses énormes coups droits décroisés, qu'il balance comme des missiles Stinger. Wilander s'en sort néanmoins miraculeusement, après avoir été malmené comme il ne l'avait encore jamais été sur terre battue (6/1 3/6 5/7 6/3 6/4). Mais, au tour suivant, le Russe Chesnokov l'élimine 6/2 6/3 6/2, en marchant (voir *Chesnokov*).

Kuerten, Gustavo

Ce fantastique joueur brésilien a remporté trois fois Roland-Garros, mais ce n'est pas pour ça qu'on se souviendra de lui, ni pour les cœurs qu'il traçait avec sa raquette sur la terre battue du Central.

Le palmarès, c'est bien. Le jeu, c'est mieux.

Kuerten, c'était Red Richards : l'homme-élastique. À côté, Djokovic est un bout de bois. Visuellement, c'était incroyable. On n'est pas près de revoir une telle combinaison de souplesse et de relâchement. Je ne déteste pas forcément les clichés faciles : ce mec jouait au tennis comme un danseur de capoeira.

Kvitova, Petra

Vous ne connaissez pas Kvitova, deux fois vainqueur à Wimbledon (2011 et 2014), blessée à la main lors d'une agression au couteau en 2016, deuxième avant (en 2011), et deuxième après (en 2019) ?

Écoutez ce qu'en dit Sharapova, qui n'est pas connue pour être d'une bienveillance excessive envers ses rivales :

« Joueuse tchèque plus jeune que moi de quelques années, Kvitova est toujours dangereuse. Elle est gauchère, tape fort, avec des coups de fond de court dominateurs qui vous promènent de gauche à droite et un service difficile à lire. C'était l'une des meilleures joueuses du monde. » Et elle l'est redevenue : Sharapova est bien placée pour savoir que c'est le plus dur.

Kyrgios, Nick

Il n'est même pas dans les 20 premiers à l'heure où je vous parle et n'a jamais dépassé les quarts en grand chelem. Mais un joueur autant admiré par McEnroe et moi-même a forcément quelque chose de spécial.

Il faut penser au futur. *Qui* viendra nous sauver après la mort de Dieu ?

Dimitrov, c'était beau mais trop fragile. Comme disait Henman : « Les gars sympas ne gagnent jamais rien. » Voilà quelque chose qu'on ne pourra pas reprocher à Kyrgios.

Kyrgios marmonne des insanités sur la copine de Wawrinka (et gagne le match par abandon au troisième set). Kyrgios allume Nadal au filet de toutes ses forces et déclare après le match (perdu après une bataille féroce) : « Je l'ai visé, ouais. Je voulais vraiment le viser en pleine poitrine. Pourquoi je m'excuserais ? Combien il a gagné de grands chelems ? Combien il a d'argent sur son compte ? Je pense qu'il peut prendre une balle dans la poitrine. Je ne vais pas m'excuser auprès de lui. » Kyrgios, quand il balance un match et se fait gronder par les journalistes, leur explique qu'il ne leur doit rien, et qu'ils n'ont qu'à aller sur le court à sa place si ça leur chante. Kyrgios ne se sent pas obligé de dire qu'il adore son sport puisqu'il préfère le basket.

Avec une telle mentalité, lui n'est pas du genre à perdre au tie-break un cinquième set qu'il a mené 5/4 30-0 sur son service, tu vois ce que je veux dire, Grigor ? Il est du genre à battre Gasquet pour son premier Wimbledon en sauvant neuf balles de match, et à enquiller en tapant Nadal au tour suivant. À planter des aces à 200 sur sa deuxième balle. À faire des tweeners dans tous les sens pour pousser Fed au tie-break du troisième à Miami.

Jamais une demie en grand chelem, une seule finale de Masters 1 000 à Cincinnati (bizarrement perdue contre Dimitrov), quelques tournois pour touristes (Acapulco) ramassés ici ou là.

Mais.

En deux rencontres, il n'a jamais perdu contre... Djokovic.

Il talonne Nadal 3-5 en H2H. Mène 4-3 contre Zverev. 3-3 face à Wawrinka. 2-0 contre Tsitsipas.

Contre les meilleurs, le mec ne plaisante pas du tout. Personne ne se réjouit d'avoir Kyrgios dans sa partie de tableau.

Les spectateurs se réjouissent. Le jeu se réjouit.

Outre sa gueule d'aborigène punk, il a tous les coups, *trick shots* compris (comme Dimitrov), et il a ce qui ne s'achète pas même avec dix mille heures d'entraînement : l'arrogance du champion, qui lui fait toujours sortir ses meilleurs matchs contre les gros. Nadal ? Federer ? Djoko ? *Try me*. Dommage que, pour arriver en quart, il faille gagner des premiers tours : pour ça, il faut aussi un peu d'humilité.

L

Lacoste, René (1904-1996)

Si on veut être charitable, on dira que la légende est *surréaliste*, mais cette histoire de crocodile n'a strictement *aucun sens*.

Qu'on en juge : à Boston en 1923, un capitaine de Coupe Davis dont l'identité reste obscure promet au jeune Lacoste, 19 ans, de lui acheter une valise en peau de crocodile s'il remporte son match. Jusque-là, pourquoi pas. Or, déjà, premièrement, Lacoste perd le match. Cependant, le surnom lui reste, admettons. Il devient synonyme de ténacité, puis de joueur de fond de court. C'est bien connu, les crocodiles sont réputés pour renvoyer toutes les balles. Il paraît que c'est parce qu'ils ne lâchent jamais leur proie. À ce compte-là, le tardigrade non plus, mais c'est un ourson d'eau d'un millimètre qu'on dirait sorti du bestiaire de *Star Wars* : je suppose que c'était moins vendeur comme logo sur le polo…

La véritable histoire est pourtant suffisamment légendaire : membre des Mousquetaires, vainqueur de trois Roland-Garros, deux Wimbledon et deux US Championships, Lacoste doit prendre sa retraite à 25 ans pour cause d'insuffisance respiratoire, parce qu'il a respiré du gaz moutarde pendant la guerre.

Industriel avisé tout autant que Géo Trouvetou, il invente, outre le logo sur les fringues : le lance-balles, la pastille antivibration (malin) et surtout la raquette métallique qui fera (sous licence Wilson) la fortune de Connors, annonçant la révolution des nouveaux matériaux qui remplaceront les bonnes vieilles raquettes en bois, pour pouvoir jouer à 200 à l'heure. Sans Lacoste, pas de Boris Becker, peut-être. Héritage paradoxal. Voilà de la bonne légende.

Lancer de balle

Alors, pour le lancer de balle, c'est pas compliqué, il n'y a qu'une chose à savoir et, une fois de plus, c'est Federer qui nous l'enseigne : « *The toss creates the entire movement.* »

Le lancer de balle conditionne tout le geste. Démerdez-vous avec ça et ne l'oubliez jamais.

Pensez-y surtout sur votre deuxième balle à 30-40, en ayant bien à l'esprit que vous lancez la balle *avec votre mauvaise main*. Pas de pression. Bonne chance.

Langage

(Paru dans *L'Équipe*, mai 2016.)

D'après la théorie du linguiste russe Roman Jakobson, le langage fonctionne selon deux axes. L'axe paradigmatique, vertical, concerne l'opération consistant à sélectionner des mots dans une liste donnée (en général, selon leur nature grammaticale et le contexte référentiel). L'axe syntagmatique, horizontal, concerne l'ordre des mots, leur enchaînement (sujet-verbe-complément, ou complément-sujet-verbe, ou verbe-sujet-complément, etc.) en vue de former des phrases. Pour faire court, le langage existe dès l'instant où il se déploie simultanément sur ces deux niveaux : vocabulaire (choix du mot) et syntaxe (ordre des mots). Ainsi Jakobson peut-il affirmer que « le langage obéit à une structure bipolaire ».

Or, le tennis aussi.

Lorsque le joueur doit choisir son coup à jouer (par exemple revers lifté, revers slicé, ou coup droit tourné), c'est l'opération paradigmatique. Le coup joué est l'équivalent du mot. Lorsque les coups s'enchaînent pour former une séquence qu'on appelle (significativement) un échange ou un point (service extérieur, retour de revers, volée basse de coup droit, lob, smash, fin du point), c'est l'opération syntagmatique. Le « point » tennistique (ou l'échange) est l'équivalent de la phrase. Pourquoi une phrase et pas un dialogue, tout simplement ? Il y a quelque chose de l'ordre de la conversation, en effet, dans un échange de tennis, mais aussi quelque chose d'insécable construit de concert par les deux protagonistes qui, au même titre qu'une phrase, lui confère son unité. L'échange est une chaîne continue, pas une suite de répliques séparées entre elles par des tirets.

C'est donc une phrase écrite à deux, mais pas en collaboration. Le cadavre exquis était un jeu inventé par les surréalistes qui consistait à écrire un mot grammaticalement prédéterminé (au même titre que la direction donnée à la balle par votre adversaire – long de ligne ou croisée, courte ou longue – va déterminer en partie votre coup) sans avoir connaissance du mot ou du groupe de mots précédent. Il en résultait des chocs poétiques et comiques tout à fait étonnants (par exemple : « Le cadavre exquis boira le vin nouveau », qui donna son nom au jeu). Ici, ce n'est pas exactement la même chose : chacun des deux joueurs peut essayer d'anticiper le mot employé par son adversaire mais force, direction, hauteur, effet, il n'en prend connaissance qu'à la dernière fraction de seconde. La phrase se construit à deux, en opposition, et c'est justement cette opposition qui lui permet d'exister, de se déployer en une période de longueur variable. Sans opposition, la phrase tennistique se résume à un ace, soit un mot-phrase, comme une interjection. Le paradoxe est d'ailleurs que chacun des interlocuteurs, de part et d'autre du filet, n'a qu'un but, un seul : abréger la phrase par un point final (c'est-à-dire un coup gagnant). C'est la résistance de l'autre qui neutralise cette ambition et qui permet au texte-match d'exister, échange après échange. Le tennis obéit donc à un mode de composition tout à fait original, en cela que le match est produit par deux volontés antagonistes souhaitant à tout prix l'abréger.

Il subsiste une objection, cependant, à l'hypothèse que le tennis est un langage. Le mot est un signe, c'est-à-dire l'interface entre un signifié et un signifiant, entre la chose (ou l'idée) et sa représentation. Mais le coup de tennis, *a priori*, ne signifie rien d'autre que lui-même. Un coup droit est un coup droit, rien de plus. L'objection semble recevable, si ce n'est qu'à la fin, chaque match nous a raconté une histoire. Il faut donc bien qu'il signifie quelque chose.

Laver, Rod

Non pas un, mais deux Grands Chelems. Et quand j'écris Grands Chelems, je ne veux pas dire, par métonymie, « tournois du Grand Chelem » (auquel cas je parle simplement de « grands chelems » sans majuscules).

L'exploit impossible, après lequel tous les meilleurs courent durant toute leur carrière, remporter dans l'année calendaire les quatre majeurs que sont l'Open d'Australie, Roland-Garros, Wimbledon et l'US Open, n'a été réalisé, en simple, que par Donald Budge, Maureen Connolly, Margaret Smith Court et Steffi Graf.

Rod Laver, lui, l'a donc fait *deux fois*.

Le petit gaucher rouquin gagne d'abord les quatre tournois en 1962 (dont trois contre Emerson en finale), puis, estimant sans doute qu'il n'avait plus de challenge à sa dimension chez les amateurs, passe professionnel pour aller rejoindre ses compatriotes Rosewall et Hoad, ce qui lui interdit de jouer Wimbledon & co (voir *Professionnel*).

En matière de nouveau défi, il est servi puisqu'il perd 19 de ses 21 premiers matchs, accréditant la théorie que le niveau chez les pros est très supérieur, mais il finit néanmoins par prendre la mesure de ce nouveau circuit sur lequel il gagne 72 titres, domine Rosewall et parvient même à réaliser ce qu'on appelle le « Grand Chelem Pro » en 1967 (Wembley Pro, French Pro et US Pro).

Fin de l'histoire ? Non, car en 1968, le circuit devient open : ouvert à tout le monde. Laver revient pour jouer Roland-Garros où il perd en finale contre Rosewall, gagne Wimbledon face à Tony Roche mais perd en huitième à Forest Hills, contre Cliff Drysdale, un bon joueur sud-africain qui jouera un rôle clé dans le boycott décrété par l'ATP (alors syndicat des joueurs), à Wimbledon en 1973 (voir *Boycott*).

Après ce petit tour de chauffe, il met tout le monde d'accord l'année suivante en allant battre Gimeno en finale de Melbourne (6/3 6/4 7/5), puis ses compatriotes Rosewall pour la revanche de Roland-Garros (6/4 6/3 6/4), Newcombe à Wimbledon (6/4 5/7 6/4 6/4) et Tony Roche à l'US Open (7/9 6/1 6/2 6/2) – (voir *Australiens*).

Grand Chelem chez les amateurs, Grand Chelem open, une fois ce double exploit accompli, dont sans doute il pressent l'importance et le caractère inégalable, il part en semi-retraite et n'atteint plus qu'un seul quart en majeur (Wimbledon 1971).

Une curiosité pour son dernier US Open, en 1975 : il perd en huitième contre Borg (6/1 6/4 2/6 6/2).

Il détient toujours le record de tournois gagnés, toutes catégories confondues (amateur, pro, open) : 200.

Bref, pour le titre de GOAT, un client sérieux (voir *GOAT*).

Lawn-tennis

Du jeu de paume sont issus de nombreux sports, comme la pelote basque, le squash ou le badminton, mais aussi le real tennis, qui se jouait en salle. Puis un jour, en 1870, on décide d'aller jouer dehors, on dessine un terrain sur du gazon, et c'est la naissance du *lawn-tennis*.

En 1875, un certain major Wingfield loue une prairie à Wimbledon pour pratiquer ce nouveau sport, et fonde, avec le concours d'un club de cricket, le All England Club.

Deux ans plus tard a lieu le premier tournoi de Wimbledon.

Leconte, Henri

Dans *Amadeus*, le film de Milos Forman, Salieri se désole : « Et ça, c'était Mozart ! Ça ! La créature gloussante, le ribaud obscène que je venais de voir. » Pourquoi Dieu avait-il choisi ce personnage trivial, grossier, capricieux, égoïste, pour être le dépositaire de son souffle divin ?

Henri Leconte ne mérite sans doute ni cet excès d'honneur ni cette indignité, mais tout de même, on retrouve chez lui semblable décalage entre Riton, le garçon un peu beauf, un peu plouc, et Leconte, le joueur totalement imprévisible, capable de fulgurances incroyables, et notamment de coller trois sets à Sampras en finale de la Coupe Davis 1991 alors qu'il émargeait à la 161e place mondiale et revenait d'une grave blessure. Capable aussi bien de battre Lendl à Wimbledon en 1985 ou Cash en 1986, que de saborder sa finale de Roland-Garros 1988 contre Wilander (discours inclus), ou de faire montre d'une grâce et d'une finesse toutes relatives dans ses fonctions de consultant-animateur pour Eurosport.

Autant de raisons qui pourraient lui faire dire, à l'instar d'Amadeus : « Je suis vulgaire, c'est vrai, mais mon bras gauche ne l'est jamais. »

Lendl, Ivan

On a peut-être oublié combien Lendl a dominé le circuit de 1985 à 1990, quelle violence il avait dans ses coups, à quel point c'était un destructeur, mais Brad Gilbert, lui, ne risque pas d'oublier, et pour cause : « J'ai joué quinze fois contre Lendl et j'ai perdu chaque fois. La seizième fois, je menais un set à zéro et j'avais deux breaks d'avance, et il m'a quand même battu. Après le match, il est venu me voir dans les vestiaires et il m'a dit : “Même s'il faisait 45 °C et que j'étais sur mon lit de mort, tu n'arriverais pas à me battre.” Un type tout à fait charmant. »

Le plus drôle est que Gilbert affabule : il n'a JAMAIS mené un set à zéro avec deux breaks d'avance contre Lendl. (Le seul match qui ressemble à ce qu'il dit, il l'a perdu 3/6 6/2 6/1, à leur troisième rencontre, en 1984.) Néanmoins, cette hallucination rétrospective résume assez bien le Lendl qu'on a connu : imbattable et pas très sympa. Lui-même, d'ailleurs, le reconnaissait à demi-mot : « Si vous voulez assister à un match avec des crises de colère et des grands moments de rigolade, il vaut mieux éviter de venir me voir jouer. » Mais si vous vouliez voir un joueur démolir son adversaire avec méthode, il était votre homme.

Au niveau du jeu, Lendl est un peu le trait d'union entre Borg et Agassi. Pour ce qui est de la popularité, c'est autre chose. Ses adversaires le détestaient, le public aussi. Lorsqu'on lui demandait ce qu'il comptait faire pour se faire apprécier du public américain, il répondait : « Gagner, et gagner encore. » Ça n'avait évidemment rien à voir (et c'était même l'assurance de s'aliéner la foule à l'US Open, puisque gagner signifiait notamment battre les Américains Connors et McEnroe). Mais je crois qu'il s'en foutait complètement.

Contrairement à ce dont l'accusait McEnroe, et en dépit de ce que pouvait parfois suggérer son jeu en cadence, précis, puissant, et sa propension à faire très peu de fautes, Lendl n'était pas un robot. Il était juste obsédé par une chose et une seule : gagner. Du coup, sa philosophie était assez simple : « Si je ne m'entraîne pas comme je devrais, je ne joue pas comme je sais que je peux le faire. » Son rêve était de gagner un match sans perdre un point. (« Lendl rêve de ça ? », s'étonnait McEnroe.)

On a dit aussi que, au début de sa carrière, il pouvait faire preuve d'une fragilité mentale ou d'une arrogance parfois préjudiciables : craquer sous la pression, s'énerver lorsque son adversaire résistait. Cette théorie se fonde sur un début de carrière à la Murray : de 1981 à 1983, il perd ses quatre premières finales du Grand Chelem. (Il a d'ailleurs souvent perdu contre Noah, qui était nettement moins fort que lui.) Mais elle est tout de même assez difficile à défendre si l'on songe à sa cinquième finale, qui n'est autre que Roland-Garros 84 (voir *84*), le match qui fit trembler l'axe du monde et changea le visage tennistique de toute la décennie. Cela dit, sa première finale donnait déjà les signes du tueur qu'il allait devenir : face à un Borg qui jouait pour remporter son sixième Roland-Garros, il perdait bravement 6/1 4/6 6/2 3/6 6/1. Cinq sets, contre Borg, à 21 ans. Prometteur.

On n'imaginait pas, cependant, qu'il allait enquiller huit finales d'affilée à l'US Open (trois victoires de 1985 à 1987), et jouer au total dix-neuf finales de grands chelems (pour huit victoires, dont la dernière assez chanceuse, par abandon contre Edberg), ni qu'il allait remporter 94 tournois ATP (troisième au nombre de tournois gagnés derrière Connors et Federer mais devant Nadal, Djokovic, McEnroe, Borg, Sampras, Vilas et Agassi. Ça va, quand même).

Bien sûr, il lui manquera toujours une victoire à Wimbledon, dont il avait fait son obsession, au point de faire l'impasse sur Roland-Garros en 1990, un tournoi qu'il savait pouvoir gagner, afin de mieux se préparer au gazon (résultat : défaite en demie contre Edberg en trois sets). Deux finales, tout de même, en 86 et 87 : pas si mal pour un joueur de fond de court dont Ivanisevic disait qu'il ne pouvait pas gagner Wimbledon parce qu'il ne montait au filet que pour serrer la main de son adversaire. D'ailleurs, c'était faux : l'application avec laquelle Lendl s'obligeait à faire service-volée forçait le respect. Simplement, en face, c'était trop fort. À part une défaite en huitième contre l'imprévisible Leconte en 1985, il perd, de 1983 à 1990, contre McEnroe, Connors, Cash, Edberg, et trois fois Becker, uniquement des champions et des joueurs de gazon de première catégorie, et jamais avant les demi-finales. Gagner Wimbledon pendant la période Edberg-Becker : très difficile.

Lendl s'en est remis : le Tchèque naturalisé américain s'est d'abord retiré dans sa grande maison du Connecticut pour jouer avec ses bergers allemands, s'est mis à pratiquer le golf à un niveau semi-professionnel, a collectionné les tableaux d'Alfons Mucha, pour finir par coacher Andy Murray, avec bonheur puisque, après quatre défaites en finale de grands chelems (comme lui), il lui a fait gagner son premier majeur à l'US Open 2012, ainsi que ses deux Wimbledon en 2013 et 2016, accomplissant enfin son vieux rêve par procuration. Visiblement, ils se sont très bien entendus. Au moins un qui l'aura trouvé sympa.

Lenglen, Suzanne (1899-1938)

La première star du tennis est une femme, et c'est Suzanne Lenglen.

81 victoires en simple, 73 en double et 87 en double mixte. Six Roland-Garros et six Wimbledon : un de plus que Borg.

Mais, une fois n'est pas coutume, l'importance de Suzanne Lenglen ne se mesure pas seulement en chiffres.

Dans un livre consacré à la « Belle époque du tennis français » (*La Saga des Mousquetaires*), Fabrice Abgrall et François Thomazeau expliquent que c'est elle qui va « sortir ce divertissement pour plagistes ou pour aristocrates fortunés – à l'époque, c'est la même chose – de son ghetto mondain ».

À l'âge de 14 ans, elle parvient en finale du championnat de France, ancêtre de Roland-Garros. Le magazine *Femina* décrit la jeune prodige : « D'une robe-bébé sort un corps souple de petit faune. Des boucles brunes, qu'un velours bleu empêche de retomber sur les yeux, s'agitent en houle ; la jupe qui s'arrête au-dessus du genou rond et bien attaché découvre des jambes nerveuses à souhait.

Cette enfant semble jouer avec les balles comme une jongleuse : ses services sont fougueux. Ses défenses déconcertantes. » On voit qu'on sort déjà du registre de *Tennis Magazine*. Trois semaines plus tard, elle gagne à Saint-Cloud le « championnat du monde sur terre battue » (*whatever it is*).

La guerre passe. Suzanne Lenglen débarque à Wimbledon en 1919, elle n'a jamais joué sur gazon mais gagne le tournoi en sauvant deux balles de match en finale contre Dorothea Douglass Chambers, 40 ans et sept fois victorieuse de l'épreuve (10/8 4/6 9/7). Au début du troisième set, on l'a vue boire une rasade de cognac d'une fiole que son père lui avait fait passer. La légende est en marche. Un an plus tard, au même endroit, face à la même adversaire, elle gagne 6/3 6/0.

Avec elle, fini les robes longues, les jupons et les corsets. Elle joue en jupe plissée raccourcie, dénude ses bras, se fait faire des tenues sur mesure par de grands couturiers, débarque sur les courts apprêtée et maquillée, des colliers de perles autour du cou.

Lorsqu'elle est malade, son ami Coco Gentien, un joueur mondain réputé, vient à son chevet pour lui faire des imitations de Proust s'essayant au tennis.

C'est elle qui coachera la bande des Mousquetaires pour qu'ils viennent à bout de l'invincible Tilden, qu'elle avait affronté dans une première « bataille des sexes » improvisée à Saint-Cloud. (Tilden, sentant son statut de vedette menacé, s'était employé énergiquement à lui mettre un 6/0.)

En 1926, on organise à Cannes le « match du siècle » : Suzanne Lenglen, au faîte de sa gloire, contre la nouvelle pépite du tennis, Helen Wills (voir *Wills Moody*). Gianni Clerici, journaliste et romancier italien, raconte : « Helen enleva sa fourrure de loutre tandis que Suzanne tardait à se défaire d'un énorme manteau blanc bordé de lynx. » Les deux joueuses sont nerveuses, plus qu'à l'accoutumée. Helen arrose, puis brille au filet, mène 2/1. La mère de Suzanne lui lance, des tribunes : « Comme tu joues mal, ma fille ! » Suzanne lui répond : « Ne m'emmerde pas, maman ! », puis va boire sa première rasade de cognac. Elle remporte le match 6/3 9/7 et fait une crise de nerfs dans les vestiaires, où elle se met à déchirer des billets de banque.

Dans une note liminaire, l'éditeur du livre de Gianni Clerici, *Suzanne Lenglen, la diva du tennis*, écrivait : « Plus admirée que Sarah Bernhardt, plus désirée que Josephine Baker, plus élégante qu'Anna Pavlova, elle fut sans doute, entre 1920 et 1927, le personnage féminin le plus connu d'Europe. » Suzanne Lenglen appartenait à deux mondes seulement, mais deux mondes totalement : celui de la compétition et celui de la gloire.

En juin 1938, elle meurt à 39 ans d'une leucémie foudroyante. Le président du Conseil Édouard Daladier, visiblement pas encore assez occupé par la crise des Sudètes, assiste aux funérailles.

Lift

Voir : *Deleuze*.

Ligne

Qui est *in* ? Qui est *out* ? En deçà de la ligne, tu vis. Au-delà, tu meurs. Il n'y a pas plus simple. L'impact de la balle, sans recourir à des paroles, s'exprime avec une merveilleuse éloquence. Tout ne tient toujours qu'à ce fil de craie blanche. « Si cette balle était tombée sur la ligne, j'aurais trois balles de match contre moi. Au lieu de cela, j'en suis à 15-30. Quelle différence. Quel revirement. » Revirement *indeed*, puisque c'est Agassi qui parle (dans son livre *Open*), et qu'il s'agit de son match contre Clément au deuxième tour de Roland-Garros 1999. 1999, l'année, l'unique année où il remporte le tournoi, ce qui lui permet d'accomplir le Grand Chelem en carrière auquel il tenait temps. « Avec ma raquette, je trace un cercle autour de la marque. Le juge de ligne accourt pour confirmer. Il l'examine avec la précision d'un Hercule Poirot. Il lève la main. Faute ! [...] Il est foutu. »

Ljubicic, Ivan

Grand chauve croate doté d'un revers à une main élégant et délié, Ljubicic était capable de fulgurances qui lui permirent d'atteindre brièvement la 3e place mondiale en 2006. Mais son meilleur coup aura peut-être été cette déclaration :

« Je pourrais sans doute gagner plus de tournois et plus d'argent si Federer n'était pas sur le circuit en ce moment, mais ce que vous devez comprendre, c'est qu'il y a quelque chose que l'argent ne peut pas vous offrir, c'est le fait de pouvoir jouer au tennis avec Federer. Quand je serai vieux, je pourrai dire à mes petits-enfants que j'ai joué contre le meilleur joueur de l'histoire de ce sport. [...] Je me considère comme l'un des cinq meilleurs joueurs de tennis au monde, mais ça ne veut pas dire que je me compare à Federer. »

Ce petit fayotage innocent sera en effet récompensé puisque, en 2016, il devient entraîneur du Suisse.

Lob

Le lob se joue toujours à pile ou face : lorsque la balle s'élève dans les airs pour passer au-dessus de la tête de l'adversaire, dans 95 % des cas, le point est gagné ou perdu dans la seconde qui suit. Soit votre adversaire ne touche pas la balle, et c'est fini pour lui. Soit la balle est à hauteur de smash, et c'est fini pour vous. L'unique alternative est que le volleyeur coure après la balle pour la rattraper, dos au filet (c'est le lob qui a engendré le tweener, ce fameux coup entre les jambes popularisé par Yannick Noah). Il arrive aussi que le volleyeur rate son smash, ou que l'adversaire, resté ou parti du bon côté, parvienne à remettre la balle en jeu, mais on verra ça surtout chez les amateurs.

Le lob est donc un coup décisif (voir *Cash*), mais somme toute assez rare, et qui tend à se raréfier encore davantage, puisque les serveurs-volleyeurs disparaissent et que les cogneurs du fond du court préféreront toujours tenter le passing (voir *Passing-shot*).

Cependant, dès que l'un des joueurs monte, aussitôt l'ombre du lob plane. Le lob est le cauchemar du volleyeur car sa simple *possibilité* empêche celui-ci de coller au filet, comme il devrait le faire pour boucher les angles, au lieu de quoi il est obligé de s'arrêter au milieu du carré de service, pour parer à toute éventualité, et c'est là qu'on se sent le plus exposé aux balles, parce que, en effet, on laisse des trous. C'est la possibilité du lob qui favorise le passing. Pour coller au filet, il faut attendre la frappe de l'adversaire, à la toute dernière seconde, afin de ne pas lui donner *l'idée* du lob : s'avancer d'un mètre sur sa reprise d'appui, à la manière d'un gardien de but au moment précis où le penalty est tiré. (Sachant que, s'il choisit quand même de lober, il vous prendra à contre-pied : le jeu au filet est toujours une partie de poker.)

Ainsi, l'on peut dire que le lob est comme Dieu : il n'a pas besoin d'exister pour qu'on pense à lui. (Mais, à la différence de Dieu, il se montre de temps en temps.)

Loth, Jean-Paul

Avec Hervé Duthu, ils formaient le duo de mon enfance. Leurs voix étaient celles qui commentaient mes héros. « Et pan ! » clamait Loth, quand Sampras déclenchait son coup de fusil en coup droit. « On arrive à ce fameux septième jeu mon cher Hervé, le plus important du set. » C'était son marronnier.

Son analyse court toujours sur les antennes d'Eurosport, à 80 ans.

Love

Si, en anglais, « zéro » se dit *love*, on pense que c'est par une déformation du français « l'œuf » qui annonçait un score nul au jeu de paume (par proximité visuelle entre la forme d'un œuf et le signe mathématique 0).

La morale de cette histoire, un tant soit peu hétéronormée, serait donc que l'amour donne un œuf.

Lukastic, Patricia

Patricia Lukastic est née à Santa Rosa, La Pampa, en Argentine, le 22 mai 1974. C'était l'espoir du tennis féminin argentin des années 90. À 15 ans, elle remporta l'Orange Bowl, l'équivalent des championnats du monde au tennis. Repérée très tôt, elle fit la une du magazine *World Tennis* au côté de la Bulgare Magdalena Maleeva et de l'Américaine Chanda Rubin. L'article s'intitulait « Le monde est entre leurs mains ». Durant l'Open du Canada, David Foster Wallace (1962-2008) écrivit une chronique sur ce prodige argentin, parue dans *Esquire* :

« Luka (son surnom) est sur un court annexe en train de s'entraîner au revers décroisé de fond de court, chaque balle à plat et tendue comme du fil à plomb atterrit pile dans l'angle, à quelques centimètres de la ligne. Elle frappe son revers à une main, comme le faisait Ivan Lendl, et la voir s'entraîner c'est comme voir un immense artiste brosser une esquisse d'un geste fortuit. C'est beau, tout simplement : un hybride délicieux entre l'ange et l'animal que nous, spectateurs moyens et pas beaux, n'arrivons presque jamais à voir en nous-mêmes. »

C'est son père, d'origine polonaise, Elian Lukastic, qui était son entraîneur. Il avait les qualités et les défauts que peut avoir un père-entraîneur : il connaissait parfaitement le jeu et le caractère de sa fille, mais se révéla un peu trop possessif quand sa fille voulut s'émanciper. Elian Lukastic voyait en sa fille un ascenseur social formidable. Son plus grand drame fut qu'il manqua le fait d'armes de Luka, à cause d'une hospitalisation qui l'obligea à regarder sa fille jouer la finale de l'Open d'Australie depuis son lit d'hôpital en Floride.

Patricia Lukastic vécut une histoire amoureuse avec Dennis Finch, joueur de tennis américain de second plan, qui souffrait d'être dans l'ombre des plus forts, en particulier de Sampras et d'Agassi. Ils ne se voyaient quasiment jamais car leur programme de tournois était rarement compatible. Cela convenait à Luka. Elle aimait bien être tranquille lors de ses tournois, d'autant que Dennis parlait beaucoup, surtout pour descendre Sampras : « Sampras ne donne qu'un dollar de pourboire. Tu te rends compte ! Un putain de dollar. Je l'ai vérifié en personne, une fois j'ai demandé à un garçon qui avait garé sa voiture, il y a un an de ça, c'était déjà une superstar, il gagnait des millions. »

Un jour, alors qu'elle se trouvait à Strasbourg, avant de jouer contre Alexia Dechaume, son père lui tendit le journal *USA Today*. À la troisième page de la section sport, elle put lire : « *Tennis player Dennis Finch was found dead at age twenty six.* » C'est comme ça qu'elle apprit que son petit ami s'était apparemment suicidé dans une chambre du Comfort Inn de Rockville, Maryland, par asphyxie.

Malgré ce drame, Luka remporta trois tournois professionnels durant sa carrière dont Key Biscayne. Lors de la soirée qui suivit ce titre, Luka rencontra son idole Madonna.

En 1993, elle atteignit la 12e place mondiale, son meilleur classement. Mais c'est en 1996 qu'elle obtient son meilleur résultat : elle perd en finale de l'Open d'Australie face à Monica Seles.

Patricia Lukastic dut prendre sa retraite à 21 ans à cause de douleurs récurrentes au bas du dos causées par des lésions sévères au niveau des lombaires. Aucun médecin ne réussit à la soigner. Elle était dans la force de l'âge, très bien entraînée, mais son corps ne tenait pas, comme si elle n'était pas faite pour cela. Mais il suffisait de voir son revers pour savoir, sans aucun doute, que le tennis était fait pour elle. Aujourd'hui, elle mène une vie paisible dans une propriété à la campagne près de Castillos, à 250 kilomètres de Montevideo.

Pourtant, malgré ses résultats, l'Argentine ne possède pas de page Wikipédia… Vous, lecteurs, amoureux du tennis, qui suivez ce sport depuis plusieurs décennies, n'avez aucun souvenir de cette joueuse. Et c'est bien normal, puisque cette joueuse est le pur fruit de l'imagination de l'écrivain Manuel Soriano dans son roman *La Perfection du revers* (Actes Sud, 2018). Tout est faux dans ce qui a été écrit un peu plus haut, que ce soit la carrière de cette jeune fille, ou cette chronique apocryphe de David Foster Wallace.

Tout a été magnifiquement inventé. Soriano réussit le pari de rendre cette joueuse réelle, en mêlant des faits qui ont réellement eu lieu à cette pure invention qu'est Patricia Lukastic.

Je n'ai pas souvenir d'avoir déjà lu quelque chose d'aussi proche de la réalité concernant le tennis.

En toute subjectivité, c'est l'un des meilleurs romans que j'ai lus sur mon sport : Soriano est d'une précision remarquable quand il s'agit de décrire les gestes techniques, les ambiances de vestiaire, ou la vie sur le circuit.

Il arrive à me faire regretter que Patricia Lukastic n'ait jamais existé.

M

McCormack, Mark (1930-2003)

Par une sorte de cratylisme prémonitoire, Mark McCormack est bien devenu ce que son nom qui claque le prédestinait à être : moitié requin, moitié maquereau.

Avocat américain, flairant avant tout le monde le filon qu'allait être le mariage du sport et de la télé, il devint agent de joueurs, de golf, d'abord, de tennis ensuite, comptant Borg, Evert, McEnroe, Capriati, les sœurs Williams, Sampras ou Sharapova (à 11 ans) parmi ses clients, puis d'à peu près tout, sa boîte IMG (International Management Group, en toute simplicité) ratissant de plus en plus large.

Son rôle dans le fructueux et langoureux mariage du sport et de la télé, ainsi que dans le développement financier du tennis en général, fut si grand qu'il lui valut son entrée au Hall of Fame du tennis (voir *Hall of Fame*) en 2008 (à titre posthume, toutefois).

En Europe, cependant, on se souviendra surtout de sa cupidité qui, le poussant à réclamer des droits de retransmission exorbitants, nous priva du Super Saturday de l'US Open 84, peut-être la plus grande journée de tennis de l'histoire du jeu, avec deux demi-finales homme (Lendl-Cash et McEnroe-Connors) et une finale dame (Navratilova-Evert) qui atteignirent, mises bout à bout (13 sets et 135 jeux), un niveau et une intensité jamais vus (c'est le cas de le dire).

McEnroe, John

Non, John, t'es pas tout seul. Unique, ça oui. Trop gâté, trop doué, trop rongé par la colère. Le bruit et la fureur de New York, le deuil de Borg (celui de Vitas plus tard), l'altitude irrespirable des sommets, l'empire de la perfection et sa tyrannie, les démons de l'ego, les montées au filet comme un oiseau blessé, je sais tout ça, et les autres aussi.

Londres, 1977 : *The Clash*. Bien sûr !

« Même les paranoïaques ont des ennemis. » Sans doute. Respire. Regarde le soleil se coucher dans le Pacifique. Les couleurs sont incroyables. Ouvre une bière, assieds-toi dans le sable. Petit gamin du Queen's sur les plages de Malibu avec ta raquette en bois.

Oublie ces lobs de Lendl qui tournoient au-dessus de ta tête.

Tu es toujours *le plus grand* du tennis. Simplement, tu n'es plus *le meilleur*.

Ta vue, ta vitesse, tes réflexes ont baissé. Ta volée, et la mienne, ne brillent plus du même éclat.

Mais tu restes ce que tu as toujours été : un serveur-volleyeur. Un gaucher.

Le sale gosse est mort depuis longtemps, le champion aussi, tant pis.

Disqualifié avec ton ami Peter Fleming parce que vous étiez coincés dans les embouteillages : « Ça semblait la preuve ultime que le monde entier s'était ligué contre moi. » Évidemment.

« John McEnroe sert comme s'il avait à contourner un immeuble imaginaire », écrivait un journaliste de *The Observer*. « Égyptien », disait Deleuze (voir *Deleuze*). Le tennis est un langage, et toi, tu es un hiéroglyphe. Tu es la pyramide. (Pas le sphinx, on est d'accord.) Tu es la formule perdue du tennis.

Federer, oui, très bien. J'ai cité Federer 116 fois dans ce dictionnaire, plus qu'aucun autre de tes collègues. Mais j'ai religieusement tapé 123 fois les lettres sacrées qui composent le nom de McEnroe. Federer est la perfection (voir *Perfection*). Mais toi, tu es plus que cela.

Je découvrais vraiment le tennis devant la finale de Roland-Garros 84, et j'étais vaguement pour Lendl parce que ma maman n'aimait pas les voyous. Mais ce que j'ai vu ce jour-là, ce jeu, ces volées, ce ballet sur la terre sale, je n'avais jamais rien vu de semblable, et je ne le reverrai jamais plus.

J'ai passé les années suivantes à jouer au tennis contre le mur de ma chambre *sans laisser la balle rebondir*. (Il n'y avait pas assez de place.) J'ai passé des années à volleyer, *comme toi*.

« *Rebel with a cause* », disait la pub Nike qui te faisait déambuler dans les rues de Manhattan, mais non. Rebelle sans cause. Instrument immature de la beauté et de la grâce. Tu ne savais pas pourquoi tu te battais. Et le monde non plus, sans doute, mais ils avaient reniflé quelque chose : « Toute cette curée médiatique avait pris une vie autonome. » Borg et toi, vous étiez des rock stars et, avec Vitas, vous en meniez la vie. Combien de grands chelems auraient Nadal et Federer s'ils avaient bu, fumé, sniffé et veillé moitié autant que vous ? (Mais qui peut se figurer Nadal et Federer faisant la bringue au Studio 54 ?)

Tu as pris la place de Borg, et ensuite Lendl t'a pris ta place. C'est le grand cycle de la vie. On n'échappe pas à l'ordre des choses, même toi. Même en voulant t'entraîner sérieusement, ce que tu n'avais jamais fait auparavant, et d'ailleurs, tu auras passé toute ta carrière sans entraîneur, ou presque. « Il n'est pas possible d'être bien préparé lorsque l'avenir prend le pas sur le passé. » L'avenir, c'était Becker, et le passé, c'était toi. Ce que tu lisais dans le regard de Chang, qui te martyrisait avec les mêmes lobs liftés que Lendl naguère (oui, Lendl appartenait déjà au passé, comme toi), c'était le goût du sang, mêlé, peut-être, d'un peu de pitié : « Il a baissé d'un cran. Il ne peut plus reculer assez vite. » Ton sentiment d'impuissance était horrible. Mais au fond, John, était-il pire que celui du vide quand tu étais numéro 1, orphelin de Borg ?

La colère était le prix à payer pour ton génie, cette colère permanente qui t'enflammait l'âme, et qui était l'autre face de ta mélancolie.

« Ne fais pas ton cirque habituel », pensais-tu, chaque fois. Mais, chaque fois, la même rengaine : « *Warning, Mister McEnroe.* »

Toute ascension contient en elle son crépuscule.

Tes deux plus grands matchs, ceux pour lesquels tu es entré dans l'histoire bien avant d'avoir poussé les portes du Hall of Fame (voir *Hall of Fame*) sont deux défaites : Wimbledon 80 contre Borg (1/6 7/5 6/3 6/7 [16-18] 8/6) et Roland-Garros 84 (3/6 2/6 6/4 7/5 7/5). Mais même avec cette défaite horrible contre Lendl, personne n'a pu égaler ton année 1984 : seulement 3 défaites pour 84 victoires. Ni Federer en 2005 (81 victoires, 4 défaites) ni Djokovic en 2011 (83 victoires, 6 défaites).

Ne t'inquiète pas pour ta place dans l'histoire. Les autres sont des monstres, des machines. Toi, tu es un rêve, qui as vécu le temps des rêves.

« Pendant dix ans, entre le milieu des années 70 et le milieu des années 80, le tennis professionnel a connu un boom qu'il n'avait jamais connu, et qu'il ne connaîtra jamais plus. »

Et c'était mon enfance.

J'ai eu l'honneur de partager le court avec lui, en double. Nous participions tous les deux au challenger de Granby, qui se situe à une heure de Montréal. Arnaud Clément était là aussi. Nico m'avait gentiment proposé de jouer le double avec lui. Je n'aurais jamais osé lui demander. Il l'a fait par tendresse pour mon frère, avec qui il est ami depuis leurs 13 ans, je pense (peut-être un peu par tendresse pour moi aussi).

Il est le plus grand joueur de double de l'histoire du tennis français. Le gros de son œuvre, il l'a fait avec Pierre-Hugues Herbert. Ils ont remporté les quatre tournois du Grand Chelem et le Masters. Nicolas a même atteint la place de numéro 1 mondial dans cette discipline. L'ironie est que ce sera peut-être son partenaire qui lui enlèvera ce titre.

Il sera dans l'histoire du tennis à tout jamais grâce à sa défaite contre John Isner au premier tour de Wimbledon en 2010 ; un match qui se déroule sur trois jours, d'une durée de onze heures et cinq minutes, et qu'il perd sur le score de 6/4 3/6 6/7 7/6 70/68. Le cinquième set a duré huit heures onze à lui seul. Le *Guinness des records* a homologué douze records pour ce match. Il existe même une page Wikipédia spécialement dédiée à cette rencontre. Si vous marchez dans les magnifiques allées du stade, vous tomberez sur une plaque commémorative de ce match gravé à jamais dans les murs du temple du tennis.

J'ai réalisé un documentaire avec Nico à l'intérieur de Wimbledon. Nous sommes retournés sur ce court. Très vite, j'ai senti son esprit partir, comme s'il se revoyait en action. « J'ai des frissons chaque fois », m'a-t-il dit. Ce n'est pas un souvenir forcément délicieux. Il se souvient de bribes, de détails, comme la haie d'honneur du public qui a escorté les deux joueurs du vestiaire jusqu'au court n° 18 le dernier jour. Il n'est pas forcément ravi non plus que la direction du tournoi ait organisé une cérémonie tout de suite après la fin du match. Il ne savait plus où il habitait, sonné par l'exploit sportif qu'il venait d'accomplir, malgré la défaite. De retour au vestiaire, il avait le sentiment d'avoir déçu les personnes autour de lui, alors que Boris Vallejo, son entraîneur de l'époque, n'éprouvait que de la reconnaissance.

Aujourd'hui, à 38 ans, Nicolas joue toujours simple et double. Son classement en simple baisse, pointant aujourd'hui autour de la 200e place mondiale (il a atteint son meilleur classement en 2014, 37e). Mais il y croit toujours, comme le montre son magnifique troisième tour à Roland-Garros en 2019, auquel il s'est hissé en battant Cecchinato et Kohlschreiber. Il lui reste un objectif ultime, une médaille aux Jeux olympiques à Tokyo (voir *Olympique*), avec Herbert. Mahut ne pense qu'à ça. Il a bien raison.

J'ai une intime conviction : s'ils ne gagnent pas de médaille en double avec Herbert en 2021, il est capable de continuer jusqu'en 2024, pour essayer de la décrocher chez lui, à Paris. Il aurait alors 42 ans. Ce serait un autre record. Ça tombe bien, il aime ça.

Mai 68

Dans la première année de l'ère open, Roland-Garros connaissait des difficultés financières, devant verser des primes pour la première fois aux joueurs devenus professionnels.

Quatre jours avant le début du tournoi, les pavés volent à Paris et les grèves paralysent le pays. Dans ce chaos, les gens se changent les idées en se ruant Porte d'Auteuil. Résultat, plus gros succès historique de fréquentation : 120 000 spectateurs, 900 000 francs de bénéfices. Aujourd'hui, le tournoi en dégage 260 millions d'euros. Merci qui ? Merci Dany.

Mandlikova, Hana

Si la guerre est une dialectique, alors, dans celle qui opposa Evert et Navratilova pendant plus de dix ans, la troisième pointe du triangle s'appelle Mandlikova.

Elles ne furent pas nombreuses, en effet, celles qui perturbèrent ce règne à deux têtes : Tracy Austin, certes, mais qui passa comme un éclair.

Mandlikova, c'était Navratilova en plus jeune : serveuse-volleyeuse tchécoslovaque, comme elle, un peu moins forte sans doute (quatre grands chelems contre dix-huit), mais la seule qui pouvait lui barrer la route des finales où l'attendait Evert. (Je suppose qu'à l'époque c'était à peu près le seul enjeu des tirages de tableau : dans quelle moitié se trouvait Mandlikova, pour savoir qui, de Navratilova ou d'Evert, risquait de la rencontrer.)

En 1984, année où la domination de Navratilova est si écrasante qu'elle éclipse même Evert, Mandlikova est l'une des deux seules joueuses à la battre, avec Helena Sukova.

En fait, le problème de Mandlikova préfigurait celui de Murray ou de Wawrinka : elle se savait capable de couper une tête de l'aigle, mais les deux ? Difficile, très difficile. Décourageant ? Vingt fois sur le métier remets ton ouvrage, et enfin, en 1985, à l'US Open, après avoir éliminé ladite Sukova en quart, elle enchaîne deux combats inouïs pour battre Evert 6/4 2/6 6/3 puis Navratilova 7/6 1/6 7/6.

Fort, très fort.

Margot la Hennuyère (v. 1397- ?)

Joueuse de jeu de paume originaire du Hainaut (dans l'actuelle région de Wallonie), née vers 1397, dont le niveau était si fort, à une époque où l'engouement pour ce jeu était à son paroxysme en France, que tous les hommes redoutaient de l'affronter, selon le témoignage du *Journal d'un bourgeois de Paris* (1405-1449), ce qui fait plus ou moins d'elle la première star de l'histoire du tennis.

Maroc

Dans les années 1990-2000, trois joueurs marocains nous ont régalés par leur talent et leur personnalité : Karim Alami, Younès El Aynaoui et Hicham Arazi.

En 1993, Karim Alami est 205e joueur mondial. Il joue le tournoi de Doha et sort des qualifications. Au premier tour, il tombe contre le numéro 1 mondial Pete Sampras. Il entre sur le terrain alors qu'il a déjà réservé son vol de départ, Doha-Djakarta, où il devait disputer un autre tournoi. Il a dû repousser son vol. Alami gagne 3/6 6/2 6/4, sous le regard de son pote Younès El Aynaoui.

El Aynaoui a probablement joué l'un des plus grands matchs de l'histoire de l'Open d'Australie. En 2003, il rencontre Andy Roddick en quart de finale. Au bout de cinq heures de match, Roddick finit par l'emporter 4/6 7/6 4/6 6/4 21/19. Quand Roddick croyait prendre le dessus, Younès sortait toujours un coup droit gagnant, sur une jambe (il crampait) ou une amortie, grâce à sa main magique. Jim Courier a dit de cette rencontre : « C'est le genre de match qui ne badine pas avec l'amour. »

Pour ma part, je n'en avais pas raté une miette. J'avais adoré le fair-play d'El Aynaoui, malgré la défaite. Six mois plus tard, je faisais un footing dans le bois de Boulogne, juste avant de jouer Roland-Garros junior. Soudain, je croise mon héros de cette nuit-là, en train de se balader à la coule. Je n'en croyais pas mes yeux.

J'ai 11 ans et je passe la journée à Roland-Garros pour les huitièmes de finale. Je suis en colère contre mon père car nos places ne sont « que » sur le Suzanne-Lenglen. Je voulais le Central. Je m'assieds quand même dans les gradins. Entrent sur le court deux gars d'un peu plus de 1 mètre 70, l'un marocain, l'autre chilien : deux artistes. Rios, queue-de-cheval impeccablement coiffée, regard délavé. Arazi, bandana noir et anneau fixé à l'oreille gauche. Deux pirates du tennis.

Les échanges commençaient toujours de la même façon : les deux joueurs se neutralisaient dans leur diagonale revers. Celui d'Arazi était lâché à une main, celui de Rios était tenu à deux. C'était de la poésie. À un moment, l'un ou l'autre changeait la donne : une amortie glissée le long de ligne, un changement de direction, ou un décalage coup droit. Ils ont tout fait, tout essayé. Et c'est Arazi qui est sorti vainqueur de ce combat en quatre sets 6/2 6/1 5/7 7/6. Christian Losson écrira dans *Libération*, au sujet d'Arazi, après ce match : « Ce bras gauche-là, qui fouette l'air et se moque des angoisses. »

Marques

Il ne faut pas se tromper d'histoire : ce n'est pas Nike *vs* Adidas. La véritable opposition, c'est Nike et Adidas *vs* Fila et Tacchini. Et, bien sûr, c'est Fila et Tacchini qui gagnent, parce que leurs coupes, leurs couleurs et leurs motifs vintage sont associés pour toujours à l'âge d'or du tennis, le glorieux apogée qui s'ouvre avec l'irruption de McEnroe à Wimbledon en 1977 et se referme avec l'arrivée d'Agassi et son short en jean à Roland-Garros 1988.

Marteau

Si vous savez planter un clou, vous savez jouer au tennis (voir *Prise*).

Masters

Le bateau vient vous prendre au pied de London Eye, la grande roue qui fait face à Big Ben. L'hôtel, un Marriott, qui est hébergé dans le County Hall, abrite tous les meilleurs joueurs du monde, sauf Djokovic et Federer. La péniche flotte sur l'eau marron de la Tamise, se remplit et vogue trente minutes durant pour rejoindre l'O2 Arena, l'une des plus belles salles de concert du monde. Dans les coursives des coulisses, vous pouvez voir les photos des plus grands qui sont passés par là : Prince, Led Zeppelin,

Coldplay, Beyoncé, etc. Michael Jackson devait y donner 50 concerts pour faire son grand retour.

Les joueurs sont eux aussi traités comme des rock stars. Les loges sont transformées en vestiaires privatisés. La photo de chacun est placardée sur la porte. Ils entrent sur le court, musique à fond, dans un nuage de fumée, sous la clameur du public anglais, probablement l'un des meilleurs du monde. La salle est pleine de jour comme de nuit.

Les joueurs de double sont logés à la même enseigne. J'ai eu la chance de vivre de l'intérieur la semaine victorieuse de la paire française Herbert-Mahut, car je réalisais en coulisses un documentaire sur eux. Le duo connaissait un renouveau, après la minicrise qui avait suivi leur titre en début d'année à l'Open d'Australie : Herbert avait décidé de faire une pause en double pour se consacrer au simple, mais avait fait une entorse en acceptant la proposition d'Andy Murray de jouer le double avec lui à Wimbledon. Mahut l'a mal pris. Après une bonne discussion, ils décident de repartir ensemble sur la fin de saison avec pour objectif une victoire au Masters, l'un des seuls gros tournois qui manquent à leur immense palmarès. Il faut rappeler ici qu'ils ont déjà remporté les quatre grands chelems, et qu'il ne leur manque que Madrid et Shanghai en Masters 1 000. Leur objectif ultime reste de remporter une médaille olympique aux prochains Jeux olympiques de Tokyo.

C'est ce que j'aime dans le sport de haut niveau : tout n'est pas rose, il peut y avoir des frictions, des malentendus, qui doivent être mis de côté pour atteindre un objectif commun. Malgré leur différend, Herbert et Mahut ont marché sur leurs adversaires toute la semaine et n'ont pas perdu le moindre set. Ils sont devenus « maîtres » et, par la même occasion, la plus grande équipe de double française de l'ère open.

Match, Jour de

La veille, il y pense. L'adversaire, ses derniers résultats, sa personnalité, le classement, l'argent. Le pressentiment que ça peut mal se passer. Il rêve que la douleur ressentie à la jointure de l'avant-bras (l'épicondyle) le laissera tranquille à 30-40 pour sauver son jeu de service. Il pense qu'il fera les bons choix aux bons moments. Il s'endort avec toutes ces espérances, incertain, mais certain qu'il est impossible qu'elles soient toutes assouvies.

Le réveil est dur, il a mal dormi. Il n'a pas envie de parler, il se renferme. Mais sa routine le rassure. Elle est faite pour ça. S'il coche toutes les cases, il sera performant.

Sur le chemin du stade, il regarde à travers la fenêtre de la voiture. Son esprit vagabonde. Une fois arrivé, il connaît son programme par cœur : déposer ses affaires dans le vestiaire, prendre un café et se diriger vers la salle de kiné pour se faire manipuler. Puis vient le temps de l'échauffement physique, en mode automatique. Il marche vers un court d'entraînement, pour taper quelques balles afin de réveiller son œil, son pied, ses coups, qu'il répète depuis maintenant vingt-cinq ans. Il ne sait faire que ça. Il est payé pour ça, et plutôt bien. Il peut se prendre la tête sur un coup, les matins de grand doute ou de grand match : cela va parfois de pair. Il peut se faire un nœud dans la tête, tout seul. Il va falloir qu'il le dénoue, tout seul.

Car oui, il sera seul, très seul. Cette solitude peut rendre momentanément fou. Parfois, elle pousse même une joueuse ou un joueur à se parler à soi-même, à s'énerver, à pleurer, à crier, à saigner, à abandonner… Il est prêt à ça.

Il se douche, sort ses habits de combat de son sac qu'il a minutieusement préparé la veille et les enfile, toujours dans le même ordre. Et puis arrive le moment de l'attente.

Il s'occupe comme il peut en regardant les matchs qui précèdent le sien. La pression monte.

Il entend son nom qui transperce le haut-parleur du vestiaire. Il se lève, prend son sac, jette un dernier regard à son coach et s'engouffre dans le couloir qui va le mener jusqu'au court. Il attend religieusement que son adversaire fasse son entrée pour pouvoir faire la sienne. Le jeu de rôles a déjà commencé depuis longtemps, depuis le vestiaire. Il faut projeter de la confiance, de la sécurité, car un match se joue aussi en dehors du court.

Il marche seul jusqu'à son banc. Enfin, seul, façon de parler. Des milliers de témoins sont prêts à scruter le moindre de ses gestes comme si les jeux du cirque existaient toujours. Au lieu de saluer César, les deux protagonistes se retrouvent pour la première fois de la journée au filet. L'arbitre est là, garant des règles du duel qui va avoir lieu sous ses yeux. Dans un cérémonial bien rodé, il leur dicte leurs droits. Les trois acteurs pactisent.

Durant les cinq minutes d'échauffement, il commence à sentir la balle de son adversaire dans sa raquette. Il ressent son corps, ses coups, tout.

Le match commence. Ses inquiétudes se confirment. Il se sent acculé, agressé sans cesse, dans un mal-être permanent. Son adversaire connaît le moindre de ses points faibles, et les utilise, en plus, le chien ! Malgré tout, il trouve du plaisir dans cet inconfort, un côté masochiste qu'il faut avoir si l'on veut exercer ce sport. Il doit prendre plusieurs décisions par seconde : choix de coup, choix de cible, options de jeu, intensité de la frappe, etc. Ses choix ne marchent pas forcément. L'adversaire trouve la parade chaque fois. Il est pourtant convaincu qu'il fait les bons, que ce sont ceux-là, à la fin, qui le feront plier. Il est convaincu, mais il doute quand même grandement.

Les moments de bonheur sont rares. Ils n'existent que dans l'instant qui suit la fin du dernier point d'un match, en cas de victoire : un shoot d'endorphine, un pic de fièvre, un orgasme, un soulagement, un état d'extrasensibilité.

Et puis tout oublier. Demain, il faudra tout recommencer.

Mathieu, Paul-Henri

Un point commun avec McEnroe : deux défaites mémorables (voir *80* et *84*).

L'une magnifique, contre Nadal en 2006. Une défaite en quatre sets qui reste à ce jour l'une des plus grandes performances d'un joueur de tennis français sur terre battue.

Et puis l'autre, la cruelle, en 2002 en finale de la Coupe Davis contre la Russie, lors du match décisif, perdu en cinq sets, après avoir mené deux sets zéro et être passé à deux points du match. Certains disent qu'il n'aurait pas eu la même carrière s'il avait remporté ce match.

Douzième mondial, quatre titres, huitième de finale en grand chelem. Plus qu'honorable.

Est-ce qu'une carrière peut se résumer en deux matchs ? Et en deux points ?

Mathieu, Simonne

Roland-Garros 2019 est marqué par l'inauguration du plus beau court du stade. Il s'appelle Simonne-Mathieu.

Après avoir gagné Roland-Garros en 1938 et en 1939, Simonne Mathieu rejoint de Gaulle à Londres en 40 où elle crée et organise le Corps des volontaires françaises, auprès de la France libre.

Il y a peu, une marque de lingerie organisait sur ce terrain un défilé censé célébrer « tous les corps des femmes ». On ne sait pas si c'est tout à fait exact mais, au moins, le nom de Simonne Mathieu célèbre les femmes françaises, volontaires et libres : c'est déjà ça.

Mauresmo, Amélie

Elle est bien sûr la plus grande joueuse de l'histoire du tennis français, hommes et femmes confondus, de l'ère open. Elle a été numéro 1 mondiale pendant trente-neuf semaines, a remporté deux titres du Grand Chelem (Open d'Australie et Wimbledon), le Masters, une médaille d'argent olympique, ainsi que la Fed Cup.

Elle dit qu'elle a joué au tennis grâce à Yannick Noah, en le voyant soulever le trophée de Roland-Garros en 83. De fait, on observe entre eux des similitudes dans les valeurs qu'ils véhiculent. Une filiation, peut-être. Noah a d'ailleurs conseillé plusieurs fois Mauresmo.

À 19 ans, elle fait son coming out. Elle n'avait pas prévu de le faire. Un journaliste du *Figaro* lui pose juste une question sur son changement de structure d'entraînement, et elle répond qu'elle va suivre sa compagne. Elle se retrouve prise dans un tsunami médiatique.

Open d'Australie 1999. La presse australienne ne parle que de ses muscles. Après avoir perdu la demi-finale contre Amélie, Davenport confie : « Parfois, j'avais vraiment l'impression de jouer contre un garçon. Elle frappe si fort, si dur, elle a l'air si costaud, elle a de telles épaules, mais elle joue très bien. » Au tour de Martina Hingis de s'exprimer sur son adversaire de la finale à venir : « Je sais qu'elle est venue ici avec sa petite amie. En fait, elle est moitié homme. » La bêtise de sa phrase n'a pas empêché Hingis de l'emporter au bout de la septième balle de match sur le score de 6/2 6/3. Mauresmo, soit en faisant preuve d'un fair-play immense, soit parce qu'elle n'avait pas eu vent de ses propos, lui serre la main assez chaleureusement à la fin de la finale. En effet, elle jouait fort et vite, comme Davenport, d'ailleurs. C'était aussi une femme qui avait un magnifique revers à une main, capable de variations, de slices, d'ouverture d'angles, et de montées au filet.

Plus tard, « Les Guignols de l'info » en ont fait une marionnette. Ils la représentaient très musclée avec une voix très grave. Elle a confié à Léa Salamé dans le podcast « Les femmes puissantes » que ça lui avait fait beaucoup de mal. Mais elle le dit sans haine, sans rancœur. Elle fait juste état de quelque chose. J'aime cette douceur, ce calme, qui dégagent énormément de force. Au théâtre, c'est quand les comédiens murmurent qu'on les écoute le plus.

2006 est sa plus grande année, où elle remporte ses deux titres du Grand Chelem, deux fois face à Justine Henin (voir *Henin*). À l'Open d'Australie, elle bénéficie de l'abandon de la Belge en finale mais aussi de celui de Clijsters en demi-finale. Certaines mauvaises langues parlent de chance. Elle les fera taire six mois plus tard en battant une nouvelle fois Henin en finale de grand chelem, à Wimbledon, et cette fois-ci « à la régulière », sur le score de 2/6 6/3 6/4.

À la retraite, elle continue de faire bouger les lignes, comme si elle ne savait faire que ça. Elle ne le recherche pas spécialement, mais les choix qu'elle a faits lui amènent naturellement de nouveaux défis. En 2014, Andy Murray fait appel à elle pour devenir sa coach. Aujourd'hui, elle s'occupe de Lucas Pouille et est donc la seule femme à entraîner un homme dans le top 100. 1 %.

Mayotte, Tim

Voir : *Demi-volée*.

Mecir, Miloslav

Tout homme qui possède au moins deux surnoms est *de facto* une légende, et c'est le cas de Miloslav Mecir, *aka* « le chat » (ou « le gros chat », selon les pays), mais aussi « le tueur de Suédois » (voir *Face-à-face*).

Comme pour toute légende qui se respecte, un tas d'histoires et d'anecdotes circulent sur lui.

Et d'abord, la fin : il arrête à 26 ans, comme Borg (parce qu'il a mal au dos).

C'est le dernier joueur à avoir atteint une finale de grand chelem avec une raquette en bois (US Open 1986).

Wilander prétend qu'il était si fort en retour qu'il s'en foutait de se faire breaker, ce qui expliquerait pourquoi son service était si lent (Wilander semble toujours persuadé qu'il ne se *donnait pas la peine* de le frapper).

Mais, à vrai dire, tout son jeu était lent, ou donnait cette impression, et c'est là que réside le cœur de sa légende : sans forcer, sans vraiment accélérer, mais sans prévenir, il vous mettait à 4 mètres de la balle sur un coup totalement inattendu. Ce sont ces coups de patte, combinés à ses déplacements (il avait l'air lent aussi dans ses courses, mais il était toujours sur la balle) qui lui valurent son premier surnom, donné par les Italiens (« *il gattone* », « le gros matou »).

C'est lui, justement, qui empêche Wilander de faire le Grand Chelem en 1988, en l'écrasant 6/3 6/1 6/3 en quart à Wimbledon. Il mène deux sets à zéro en demie contre Edberg (Edberg, à Wimbledon !) mais perd.

Wilander disait que, chaque fois qu'il entrait sur le court pour jouer Mecir, son sentiment d'impuissance était complet et immédiat. Il avait l'impression que, même en le jouant pendant des journées entières, il ne le battrait jamais (3-7 malgré tout dans leurs face-à-face).

On raconte qu'un jour il enchaîna trois contre-pieds consécutifs sur le revers de son adversaire (je ne comprends même pas ce que ça peut bien vouloir dire).

Il possède un palmarès des plus baroques : zéro grand chelem (malgré deux finales, les deux fois écrasé par Lendl, son compatriote tchécoslovaque) mais médaille d'or aux JO de 1988, vainqueur en 1987 de la défunte finale WCT à Dallas contre McEnroe (6/0 3/6 6/2 6/2) et du tournoi de Key Biscayne (qu'on appelait alors le cinquième grand chelem), pour la seule fois où il parviendra à battre Lendl (et même à lui prendre un set), 7/5 6/2 7/5 en finale. Pas de Coupe Davis mais vainqueur de la World Team Cup en 1987 et de la Hopman Cup en 1989.

En 1987, il est le premier joueur depuis trois ans et McEnroe à remporter un tournoi sur quatre surfaces différentes. (On n'a pas dû revoir ça très souvent depuis, et pour cause, puisque la moquette a disparu.)

Pour une raison quelconque, le fait qu'il s'adonne à la pêche semble avoir fasciné tous les journalistes, qui n'ont jamais manqué une occasion de le mentionner dans les articles et comptes rendus qu'ils lui consacraient.

Il eut un fils tutélaire, Karol Kucera, qu'on surnomma « le petit chat » car il était slovaque comme lui et doté d'un jeu similaire, dont il fut l'entraîneur mais dont la carrière n'eut pas le même éclat (6e en 1998 tout de même).

Toutes ces histoires ne justifient pas la place que Mecir a laissée dans l'imaginaire et le cœur de gens, totalement disproportionnée par rapport à son palmarès. Qu'est-ce qui a tant fasciné les spectateurs chez Mecir, au point qu'aujourd'hui encore, trente ans après, il est régulièrement cité parmi les joueurs préférés des amateurs de tennis ? C'est quelque chose dans son jeu, bien sûr, mais quoi précisément ? Il faut aller sur YouTube pour le voir bouger, comprendre quel fantasme il accomplissait sous nos yeux. L'image du chat : le contraire de l'*underdog*. Pas besoin de se battre comme un chien. Tout est facile, presque paisible. Le temps s'étire. La vie est un jeu. On peut gagner au coin du feu, en ronronnant.

Medvedev, Danil

Lorsqu'il est arrivé avec sa tête de Grand Duduche, sa coupe de douanier soviétique et son air d'employé aux écritures dans une compagnie d'assurances tchécoslovaque, on ne peut pas dire qu'il crevait l'écran.

Lorsqu'il a excité les huées du public à l'US Open (au troisième tour contre Feliciano Lopez), assurant au micro, en agitant les bras, qu'il se repaissait des cris de haine de la foule (« Je veux que vous sachiez, quand vous vous coucherez, que si j'ai gagné aujourd'hui, c'est uniquement grâce à vous ! »), il a certes révélé un caractère plus singulier que son physique ordinaire le laissait supposer, mais on s'est dit : « Toi, mon gars, si tu fais ton Benoît Paire, tu n'iras pas très loin. »

Et puis est arrivée la finale contre Nadal, qu'il perd en cinq heures au terme d'un match dément (7/5 6/3 5/7 4/6 6/4), et là, on a compris : ce type va gagner, beaucoup, et longtemps.

Après Shanghai 2019, remporté tranquillement 6/4 6/1 contre Zverev, pour sa sixième finale d'affilée, il déclare : « Aux moments cruciaux, je sais ce que je dois faire, où je dois jouer, comment je dois jouer. »

C'est sûr, ça aide.

Mental

À quoi pensent les champions ? Eux seuls le savent. Une chose est sûre : leur mental n'est pas fait du même métal. Nous, pauvres mortels, en sommes réduits à subodorer des hypothèses.

Je me souviens d'un supervilain, quand j'étais petit, qui s'appelait Blizzard (il pouvait produire du froid et de la glace à volonté, à peu près comme l'Iceberg des X-Men). Un jour qu'il affrontait Daredevil, le superhéros aveugle écoute son rythme cardiaque avec sa superouïe, et s'étonne : non seulement celui-ci est anormalement bas, mais, au fur et à mesure que l'affrontement physique entre les deux hommes devient plus intense, il descend encore.

Il y a du Blizzard chez les meilleurs : plus les points coûtent cher, plus ils sont calmes. Le *money time* est leur royaume. Sous la pression, ils jouent mieux (voir *Break, Balle de* ; *Pression* et *Connors*).

Mais il y a autre chose, qui a à voir avec la vie même.

Wilander, commentant l'incroyable sauvetage de Federer contre Millman à l'Open d'Australie 2020 (six points d'affilée alors qu'il était mené 8-4 dans le super tie-break du cinquième), analysait (comme le champion qu'il avait lui-même été) : « Dans sa tête, ce n'était plus un troisième tour, c'était une finale. Ce n'était plus une question de gagner ou de perdre, c'était la volonté de trouver une solution au problème qui se présentait à lui. » Et d'ajouter : « C'est ce qu'il aime le plus. »

La force du champion, c'est ça : une capacité extraordinaire à vivre le présent pur, en faisant abstraction de tout enjeu, à jouir du jeu comme un enfant, c'est-à-dire à *jouer* vraiment.

Mérite

« Mériter, ça suffit pas » (Stan Wawrinka).

Mirnyi, Max

Joueur biélorusse principalement dédié au double (numéro 1 en 2003), il n'aura tout de même pas démérité en simple, notamment en 2001, où il compte trois victoires contre le numéro 1 en activité : deux fois Safin et une fois Kuerten.

Son surnom, *the Beast*, sa taille (1 mètre 96), son air de Vinnie Jones postsoviétique et sa spécialité (le double) en disent assez sur son style de jeu : il avait un très gros service, qu'il suivait systématiquement au filet. Wikipédia précise cruellement : « Comme pour la plupart de ces joueurs, son jeu de fond de court est faible, notamment en revers chez lui. » Peut-être, mais tout le monde n'a pas eu droit à un surnom. Entre ici, Max Mirnyi.

Misogynie

« Le tennis féminin, c'est deux sets d'ennui le plus total mais qui, fort heureusement, durent rarement plus d'une demi-heure » : Pat Cash, qui, au cas où l'on n'aurait pas bien compris sa pensée, a su synthétiser de la façon la plus limpide : « Le tennis féminin, c'est de la merde. »

« Avec un second service aussi lent, je vais bientôt pouvoir m'inscrire sur le circuit féminin » : Goran Ivanisevic, à propos de ses problèmes à l'épaule.

« Je ne suis pas comme Venus Williams, encore moins comme Serena. Je suis féminine, je ne veux surtout pas leur ressembler » : Anna Kournikova. (Les hommes n'ont pas le monopole de la misogynie.)

Richard Krajicek à Wimbledon en 1992 : « 80 % des meilleures joueuses du monde sont des truies. Elles ne devraient pas avoir accès au Court central. »

« Je n'ai pas déclaré le vol de ma carte bancaire à la police. La personne qui me l'a prise ne pourra jamais dépenser autant que ma femme » : Ilie Nastase.

John McEnroe en pleine forme : « Il y a le tennis féminin et le tennis masculin. Ce sont deux sports différents. » Ou encore, après un match : « Aujourd'hui, j'ai tellement mal joué que je n'aurais même pas gagné le simple dames. » Une autre : « Je ne connais aucune femme qui comprenne le jeu masculin, les matchs d'hommes devraient être commentés par des spécialistes du jeu masculin et non par des gens qui sont là pour faire de l'audience et vendre du Perrier. »

Plus récemment, Djokovic, sur la parité des *prize money* : « Le montant des primes de victoires doit être calculé en fonction de qui est le plus populaire et qui vend le plus de billets », avant d'ajouter : « Les femmes doivent faire avec leurs hormones et d'autres choses comme ça dont les hommes n'ont pas à se soucier. » Il s'était excusé sur sa page Facebook.

US Open 2017, Fognini a perdu au premier tour en simple. Il est au troisième tour du double qu'il joue avec Simone Bolelli. Mais il ne jouera pas ce match. Lors de son premier tour, il avait qualifié l'arbitre suédoise Louise Engzell de « truie ». Le *board* du tournoi s'est alors réuni et a décidé de suspendre Fognini avec effet immédiat, le disqualifiant automatiquement du tournoi.

Série en cours.

Mladenovic, Kristina

J'ai vraiment découvert Kiki et sa famille lors du tournoi de 's-Hertogenbosch, qu'on appelle aussi Bois-le-Duc, une ville hollandaise où se déroule l'un des tournois préparatoires à Wimbledon. Il a lieu tout juste après

Roland-Garros, et il fait bon de se retrouver dans le calme de la campagne après la frénésie parisienne.

C'est la « *players' party* » et, comme souvent à l'étranger, les rangs français se resserrent. Nous nous retrouvons à la même table et nous commençons à discuter. Dragan, le père, me raconte le parcours familial : lui, le gardien de la sélection yougoslave de handball avec laquelle il est devenu champion olympique en 1984 à Los Angeles puis champion du monde en 86. Il rencontre sa femme Dzenita, elle-même joueuse internationale yougoslave de volley. En 1992, le couple déménage à Dunkerque, où Dragan va jouer douze saisons. C'est dans le Nord que Kristina va naître un an après, avec quelques prédispositions pour le sport de haut niveau.

Un mental comme celui de Kristina, forcément, vient d'une éducation. S'il y avait une qualité à souligner chez elle, ce serait sa confiance. Elle est toujours persuadée qu'elle peut le faire. Le doute ne transparaît jamais. Est-ce parfois du bluff ? Je ne sais pas. De l'autopersuasion ? Peut-être, mais il faut dire que ça marche.

Elle a atteint la 10e place mondiale en 2017, les quarts de finale à Roland-Garros et à l'US Open, a gagné quatre grands chelems en double, et vient de remporter la Fed Cup avec l'équipe de France (voir *Fed Cup*).

Février 2019, premier tour de Fed Cup : retour de Caroline Garcia en équipe de France après deux ans d'absence. Les deux femmes ne se parlent plus depuis deux ans. Dans cette rencontre, Kristina ne jouera pas un match. Forcément, ça bout en elle. Elle ne dit rien, mais ça se voit. C'est normal, elle a répondu présent à chaque rencontre d'équipe de France, et là elle se retrouve sur le banc : inacceptable. Elle va tenir et ravaler sa fierté.

En demi-finale, elle doit jouer avec Caroline Garcia pour gagner le double décisif face à la Roumanie. Au moment d'entrer dans l'arène, les deux joueuses se regardent et se tapent dans la main. Tout n'est pas rose, mais l'intérêt national prime. Elles gagnent.

En finale, elle arrive en numéro 1 française, gonflée à bloc après une semaine victorieuse en double au Masters. Elle est en mission. Elle remporte ses trois points en battant au passage la numéro 1 mondiale Ashley Barty chez elle, en Australie. Elle passe de remplaçante à héroïne nationale en neuf mois.

Dzenita et Dragan peuvent être fiers : ils y sont peut-être pour quelque chose.

Monfils, Gaël

Si Richard Gasquet est le petit Mozart du tennis, Gaël en est le Léonard de Vinci. Il invente des coups : le coup droit sauté, le smash 360, le smash renversé précédé par un passement de jambe au-dessus de la balle, coup derrière le dos sauté, passing gagnant tapé entre les jambes, demi-volée de revers en tournant le dos au terrain, etc. Il est tellement inventif qu'il est dur de les décrire.

Il accomplit tout cela grâce à un corps qui me fait penser à celui des danseurs : la peau sur les muscles, une puissance et une souplesse extraordinaires. Le tennis a son *Homme de Vitruve.*

Il a mis son art et son corps au service d'une carrière déjà bien remplie : demi-finale à Roland-Garros et l'US Open, quart de finale à Melbourne, 6e mondial, et 10 titres. Pas mal. Seulement huitième de finale à Wimbledon, il n'a jamais aimé le gazon.

J'ai vécu son ascension des juniors au grand circuit. Nous avions 16 ans, Gaël gagnait déjà les plus gros tournois du monde avec deux ans d'avance. Il explose vraiment à Bercy à 18 ans. Après être sorti des qualifs, il bat Thomas Enqvist au premier tour. Cette année-là, il gagne trois des quatre grands chelems en junior. L'année d'après, il remporte son premier titre ATP.

Santoro a dit de lui dans *L'Équipe* : « Gaël est le meilleur joueur qu'on ait eu en France. » Meilleur joueur de tennis que Noah ? Peut-être. On dit de lui qu'il a tout le potentiel pour aller chercher un grand chelem : frappe de balle, dimension physique et grain de folie. Depuis quand la folie est nécessaire pour gagner un grand chelem à l'ère des GOAT ? Cilic, Wawrinka et Murray n'ont pas eu à y recourir.

Il est le seul à espérer encore ouvertement pouvoir le faire. Cela peut paraître difficile à imaginer car il n'a jamais réussi à battre l'un des trois monstres dans un tournoi majeur. Il faudrait commencer par là. Richard Gasquet a confié à des journalistes : « De nous quatre, s'il y en a un qui doit avoir un regret de ne pas l'avoir fait, c'est lui. » Si Mozart le dit.

Montaigne, capitaine Saint-Martin de (frère de Michel)

Au XVIe siècle, tout le monde jouait au jeu de paume, et certains joueurs peu scrupuleux fourraient la balle (« l'éteuf ») avec des pierres, si bien qu'il advenait des accidents, parfois mortels : c'est ainsi que le frère de Montaigne, alors âgé de 23 ans, reçut une balle, « un peu au-dessus de l'oreille droite », nous dit Montaigne, sans qu'il s'en ressente sur le coup (« il ne s'en assit ni reposa »), mais six heures après, il était mort.

Monte-Carlo

Rien de tel que de se trouver dans le lieu sur lequel on est en train d'écrire. Nous sommes le 31 janvier 2020, il fait 15 °C et je viens de déjeuner sur la terrasse du Monte-Carlo Country Club. Plus bas, les trois terrains en terre battue surplombent la Méditerranée. Pendant le tournoi, deux de ces courts sont recouverts par les gradins pour former le Court central.

Cet endroit porte l'histoire du tennis mondial. Sur les murs du club, des palmarès de compétitions qui n'existent plus sont gravés. Qui se souvient de la Macomber Gold Cup remportée par Budge Patty ou Robert Haillet (voir cette entrée) dans les années 50 ? De la Coupe Hussein-Pacha dominée par Manuel Orantes de 67 à 70 ? Ou de la Trade Development Bank Cup, gagnée par Agenor, Kent Carlsson et Becker ?

Chez les femmes, ces plaques gravées m'apprennent que Gabriela Sabatini gagnait la Coupe du Club allemand de Monaco en 1984. Certains palmarès remontent jusque dans les années 20-30, où je peux lire les noms de Suzanne Lenglen et Simonne Mathieu.

Il règne au Monte-Carlo Country Club le même esprit qu'à Newport au International Tennis Hall of Fame (voir *Hall of Fame*) ou au Racing Club de France (voir *Racing*) à l'époque : le tennis a fasciné des générations, et il a fallu créer des enceintes sportives à la hauteur de cette fascination.

Morale

(Texte écrit en juin 2020 pour la rubrique « Lettre d'intérieur » de France Inter, finalement non diffusé)

À Dominic Thiem, finaliste de Roland-Garros 2019

Cher Dominic,

Dans ce monde ultralibéral qui est le nôtre, là où le capitalisme dérégulé n'incite pas excessivement à la redistribution, tu as complètement le droit de garder tout ton fric. D'une certaine manière, c'est peut-être même plus honnête.

Quand Djokovic, soutenu par Nadal et Federer, propose la création d'un fonds de solidarité pour venir en aide aux joueurs classés au-delà de la 250e place, laissés sans ressource par la crise sanitaire et l'arrêt des tournois qui en a résulté, le plan consiste royalement à demander aux cinq premiers mondiaux un don de 30 000 dollars chacun. Eh bien, 30 000, c'est déjà trop pour Thiem, 26 ans, numéro 3, dont les gains en tournoi s'élèvent tout de même déjà à 24 millions, mais qui répond : « Je ne vois pas pourquoi je devrais leur donner de l'argent. »

En effet, Dominic, tu as parfaitement raison : rien ne t'y oblige.

Il est cependant regrettable que le joueur autrichien n'ait pas fait valoir un autre de ses droits inaliénables : celui de ne pas se justifier. Ainsi Dominic a-t-il cru bon de préciser : « Aucun de ces joueurs mal classés ne lutte pour survivre. Toute l'année, j'en vois beaucoup qui ne donnent pas tout au tennis. Beaucoup ne sont pas très professionnels. »

Il est toujours risqué de se prévaloir de raisons morales pour légitimer sa situation de privilégié, mais on en connaît peu qui résistent à cette tentation. Or, tous ceux qui prétendent qu'on a ce qu'on mérite (d'autant plus volontiers qu'ils sont parvenus tout en haut de la pyramide) finissent toujours par subir le même sort : quelqu'un leur explique. Cette fois-ci, c'est une jeune joueuse algérienne, Ines Ibbou, 620e mondiale, qui s'y est collée : peut-être que Thiem, dont les parents étaient profs de tennis, n'a pas eu, comme elle, à grandir dans un environnement peu propice à l'apprentissage du sport – manque de terrains, de matériel, de cours, d'entraîneurs...

À partir de là, c'est l'engrenage : Thiem répond que lorsqu'on choisit la carrière de sportif professionnel, c'est déjà un luxe, et qu'il préfère donner à d'autres qui en ont plus besoin. Oui, Dominic, je suis sûr que tu as donné les 30 000 dollars à l'enfant chinois qui a cousu tes fringues et assemblé tes pompes. Après tout, lui au moins, on peut dire qu'à sa façon, il a beaucoup donné au tennis. Bref,

Thiem décrète que le sport de haut niveau n'est pas pour les pouilleux du tiers-monde.

Mais la catastrophe rhétorique ne s'arrête pas là. Croyant bien faire, un journaliste est allé lui tendre la perche : « Vos parents ont dû vendre leur logement pour financer votre carrière, c'est ça ? » Et là, c'est l'accident, la balle dans le pied : « Oui, ils ont vendu un appartement. » UN appartement. Magie de l'article indéfini. On ne se méfie jamais assez de la grammaire.

J'ignore si Roland-Garros pourra finalement avoir lieu en septembre, mais si c'est le cas, Dominic, je te souhaite d'être éliminé au premier tour. Comme ça, ça te laissera quinze jours pour lire un peu de Bourdieu.

Morrison, Jim

Voir : *Goven, Georges*.

Mort

On connaît la célèbre phrase de l'ancien entraîneur de Liverpool, Bill Shankly : « Le football n'est pas une question de vie ou de mort, c'est beaucoup plus que cela. »

Lui fait écho ce commentaire de Lendl : « Après une défaite, je me suis souvent dit qu'il fallait que j'arrête le tennis. Mais ça, c'était seulement dans les bons jours. Parfois, j'avais juste envie de me suicider. »

Lorsqu'il perd contre Peter Doohan au 2e tour de Wimbledon en 1987, alors qu'il est double tenant du titre, Becker a toutefois la force de dédramatiser : « Personne n'est mort sur le court. »

Trente ans plus tard, le 22 juillet 2017, son adversaire décède de la maladie de Charcot (une semaine avant Jérôme Golmard, de la même maladie). Becker tweetera alors une photo montrant Doohan lui tapant sur l'épaule à la fin de leur match de 87, avec cette légende : « *RIP mate ! You were the better player... #PeterDoohan* ».

Il n'est pas inutile, même pour des champions enragés dont le moteur principal est une haine de la défaite obsessionnelle, irrationnelle et pour tout dire délirante (« Je suis brisé au fond de mon âme, comme si on m'avait tiré dans le ventre », écrit Agassi à propos d'un match perdu contre Becker à Wimbledon), de remettre les choses à leur place de temps en temps.

Mouratoglou, Patrick

On a parfois l'impression qu'il est à la fois le coach de Serena Williams, Stefanos Tsitsipas et Coco Gauff. C'est vrai pour la première, et faux pour les deux autres : Tsitsipas est entraîné par son père, et Gauff par Jean-Christophe Faurel. Il serait tout bonnement impossible de coacher ces trois champions en même temps.

Enfant, il avait un rêve : devenir champion de tennis. Pour son père Pâris, président fondateur d'EDF Énergies Nouvelles, ce n'était pas assez sûr, comme carrière, alors il n'a pas essayé. Mais il a continué de rêver, et a finalement accompli son rêve en aidant d'autres à l'atteindre. Pour cela, il a créé une académie, d'abord à Montreuil. Cette structure a ensuite migré à Thiverval-Grignon. Je conseille d'ailleurs grandement le visionnage d'un documentaire tourné en partie là-bas, qui a pour titre *Jeu décisif* (disponible sur YouTube). On y voit par exemple Renzo Olivo à l'âge de 12 ans, loin de sa famille restée en Argentine. Il a atteint pour l'instant la 78e place mondiale.

L'académie a ensuite déménagé dans le Sud, à Sophia Antipolis. Mouratoglou y a créé un centre d'entraînement de référence pour l'élite mondiale du tennis.

Au sein de son académie, il a aussi créé une fondation qui sert à développer des espoirs du tennis mondial grâce à laquelle il a pu financer les carrières naissantes de Stefanos Tsitsipas et Cori Gauff.

L'une des forces de Mouratoglou vient de ses convictions très tranchées. Ainsi, sur le coaching pendant les matchs :

« Le coaching a toujours été ma vie, mon travail et ma passion. Mon seul but a été d'aider des joueuses et des joueurs à gagner plus, monter au classement et progresser. Je suis un grand défenseur du coaching sur le court car je crois que c'est bon pour le show et que ça va aider les gens derrière leur téléviseur à comprendre notre sport et connaître encore mieux les personnalités des joueurs. J'aime et respecte la tradition du tennis, mais je veux aussi que le tennis entre dans l'ère de la modernité comme beaucoup d'autres grands sports. Le tennis est l'un des seuls sports qui n'encouragent pas le coaching. C'est l'heure de la modernité. En 2009, la WTA a créé le coaching sur le court qui a prouvé que c'était un succès. À Dubaï en 2020, la WTA a autorisé le coaching depuis les tribunes (qui se déroulait déjà même s'il n'était pas autorisé). C'est une deuxième étape dans la reconnaissance de notre profession. »

Je rejoins partiellement sa position, mais avec une nuance. C'est « bon pour le show » quand, déjà, nous comprenons ce qui est dit. Il arrive parfois que nous assistions à une discussion en russe, qui, très égoïstement, ne nous apporte pas grand-chose à nous francophones. Ensuite, nous pouvons voir des moments très gênants, comme une dispute ou une incompréhension (voir *Garcia*), et je ne suis pas sûr que nous soyons censés voir cela. Parfois, c'est vrai, arrive un moment de grâce comme le coaching de Philippe Dehaes (voir cette entrée) prodigué à sa joueuse Daria Kasatkina en 2018, mais d'un point de vue plus philosophique, je trouve que ça va à l'encontre de l'essence de notre sport, qui est de trouver des solutions par soi-même face à un adversaire dans une situation donnée. De plus, cela peut créer un sport à deux vitesses : la joueuse ou le joueur qui peut se payer un meilleur coach sera avantagé. (Certains n'en ont pas, faute de moyens.)

Nous ne sommes peut-être pas d'accord là-dessus, mais Patrick Mouratoglou a un mérite : il met sa passion du jeu au service de notre sport. Grâce à la force de son rêve d'enfant, il a réussi à convaincre de grands champions qu'il peut les aider à atteindre leurs objectifs. Le prochain est grand : permettre à Serena de battre le record de Margaret Court, avec ses 24 titres du Grand Chelem, pour devenir la plus grande joueuse de tous les temps.

Mousquetaires

Comme chez Dumas, ils sont trois (champions en simple) qui font quatre (avec le spécialiste du double). Un crocodile, un Toto, un collabo et celui qui a privé Tilden d'une huitième victoire aux US Championships en 1926 (voir *Lacoste, Brugnon, Borotra, Cochet*).

À eux quatre, ils cumulent 18 grands chelems en simple (7 pour Cochet et Lacoste, 4 pour Borotra), 28 en double (10 pour Brugnon), 11 en double mixte (avec Suzanne Lenglen), mais surtout 6 Coupes Davis d'affilée de 1927 à 1932.

D'eux, Bill Tilden disait : « Jouer les Mousquetaires demande des qualités psychologiques qui ne sont pas à la portée du premier venu. Ils sont toujours prêts à se soutenir, à s'encourager. Lorsque vous jouez contre l'un d'eux, vous êtes opposé non pas à un seul adversaire, mais à une combinaison d'intérêts. »

Mousquetaires (Nouveaux)

C'est Canal + le coupable. L'excellente émission « Intérieur sport » a décidé de désigner par ce titre à la fois Richard Gasquet, Jo-Wilfried Tsonga, Gilles Simon et

Gaël Monfils, et la série documentaire qui suit les quatre joueurs pendant plusieurs saisons sur le circuit ATP. Aucun ne pouvait plus échapper aux autres. Leurs destins étaient désormais liés.

Les Mousquetaires (les vrais) ont tout gagné : six fois la Coupe Davis dans les années 20 et 30, ainsi que dix-huit grands chelems en simple durant cette période. Le problème, du coup, avec ce sobriquet de Nouveaux Mousquetaires, outre le fait que ça leur ôtait toute individualité, c'est que ça créait de l'attente auprès du grand public.

Cela les a agacés de se voir attribuer ce nom, ils me l'ont confié. Ils se sont rendu compte que la déception du fan de tennis s'est cristallisée autour de ce patronyme. Je n'ai pas souvenir que les gens étaient aussi durs avec la génération d'avant, les Boetsch, Pioline, Grosjean, Clément, Escudé. Peut-être parce qu'ils n'avaient aucun nom de groupe ? Alors, certes, ils ont gagné la Coupe Davis. En revanche, aucun grand chelem alors que la concurrence était moins forte : nous pouvons admettre que l'hégémonie Sampras-Agassi était moindre comparée à celle de Federer-Nadal-Djokovic.

Alors pourquoi plus d'exigence ? Pourquoi tant d'attentes ? Parce que ce sont les « Mousquetaires » ? Pas que. Tsonga et Monfils clament régulièrement qu'ils veulent gagner un grand chelem. Dire qu'on le veut revient à dire que l'on s'en sent capable. Or, quand ça n'arrive pas, cela fait naître de la déception. Ils ont entraîné dans leur chute Gasquet et Simon qui, eux, pourtant, s'étaient tus. C'était plus sage.

Gagner la Coupe Davis n'a même pas permis d'apaiser le public. Nous nous sommes fait une raison. Dans un sport aussi solitaire que le tennis, il n'était pas judicieux de les mettre dans le même panier : ça ne donnait pas quatre fois plus de chances. Ça ne nous ferait pas non plus retourner trente-six ans en arrière. Et le compteur tourne.

Moya, Carlos

Becker a remporté six tournois du Grand Chelem avec une raquette Estusa, mais les fans ne se sont pas rués pour autant dans les magasins (aujourd'hui cette marque n'existe plus). En revanche, un pauvre titre majeur a suffi à Moya pour démocratiser Babolat.

Le natif de Palma de Majorque a même fait plus. Sur son île, il inspire et conseille un jeune espoir prénommé Rafael. En 1998, je croise sa route pour la première fois dans un tournoi international à Auray. Nous n'avions que douze ans et il utilisait la même raquette (le modèle Pure Drive) que son mentor. Moya remporte Roland-Garros la même année et atteint la première place mondiale en 1999. Il le restera deux semaines.

Cela fait maintenant plus de vingt ans que Nadal joue avec la marque aux deux bandes. Aujourd'hui, Babolat vend une raquette toutes les vingt secondes dans le monde. « Faire surgir l'objet, voilà qui est plus important que le faire signifier », écrivait Jean Baudrillard. Et donc sans Carlos, pas de Babolat.

Muguruza, Garbine

L'Hispano-Vénézuelienne Muguruza fait partie de ces joueurs et joueuses qui sont sur courant alternatif : un jour numéro 1, un jour 34e, le suivant elle gagne Wimbledon. Puis un trou noir d'un an, et de nouveau elle fait péter un grand chelem, sans qu'on sache trop pourquoi. (Peut-être tout simplement *parce que c'est dur* ?)

Dans cette catégorie des *alternative players*, on trouve de tout, d'Agassi à Dimitrov, en passant par Sharapova,

Serena et Venus, Kyrgios, Cash et Leconte en leur temps, Stosur, Hantuchova, ou même Wawrinka, tous, dans des genres différents et à des degrés divers, ayant connu des hauts et des bas spectaculaires (hors blessures).

Ces joueurs et joueuses sont particulièrement excitants à suivre, puisque, avec eux, on ne sait jamais ce qui va se passer.

L'incertitude : n'est-ce pas là tout ce qu'on attend du sport de compétition ? (voir *Serena*.)

Murray, Andy (1)

En 2013, Murray devient le premier *Britannique* à remporter le tournoi de Wimbledon depuis Fred Perry en... 1936.

Autant dire que les Anglais attendaient ça depuis un bon moment.

Wait. Les Anglais ?

On nous a rabâché que les Anglais et les Écossais se détestaient depuis toujours, ou du moins depuis Robert Bruce et Édouard Ier lors de la première guerre d'Indépendance écossaise commencée à la fin du XIIIe siècle.

Et pourtant, je leur ai posé la question : de la victoire de Murray, les Anglais étaient contents. Et, je crois, même un peu fiers.

Au temps pour la pseudo-rivalité anglo-écossaise donc.

Certes, on peut douter que, en 1936, les Écossais aient été contents et fiers de la victoire de Fred Perry.

Mais enfin, ils jouaient de la cornemuse dans la Somme en 14-18. Ils étaient sur les plages du débarquement. James Bond, fidèle serviteur de Sa Majesté, est d'origine écossaise. *For Queen and Country*, ils n'ont jamais rechigné (contrairement aux Irlandais qui ont eu la tentation de copiner avec Hitler).

Il est vrai que lors du référendum sur l'indépendance de l'Écosse, Murray s'était prononcé *in extremis* pour le oui, dans un tweet à l'enthousiasme tardif, qui lui avait tout de même valu beaucoup de critiques de la part de la presse anglaise. Mais le *non* avait gagné (assez largement).

Un an plus tôt, on le voyait poser, radieux, enveloppé dans le drapeau anglais (c'est-à-dire, plus exactement, dans l'*Union Jack*), après la première de ses deux victoires aux Jeux olympiques, pour le compte du *Royaume-Uni*. Et tout ça n'avait dérangé personne.

À l'aéroport d'Édimbourg, son autobiographie, intitulée *Seventy-Seven*, en référence aux soixante-dix-sept ans qui séparent sa victoire à Wimbledon de celle de l'Anglais Fred Perry, est toujours en vente, six ans après.

S'il y a une conscience nationale en Écosse, on dirait bien qu'elle est *britannique*.

Un jour que j'étais à Barcelone, mon éditeur catalan me disait, à propos de son fils en bas âge : « L'idée qu'il n'aura jamais vu jouer Messi en vrai me rend triste. » C'est assez dire s'il aimait le foot. Et pourtant, lorsque je lui faisais remarquer que l'indépendance de la Catalogne les priverait à tout jamais, lui et son fils, des *Clásicos* Real-Barça, il me répondait : « Tant pis. » Les victoires de l'équipe d'Espagne au Mondial ou à l'Euro l'avaient laissé indifférent. Voilà ce que j'appelle un vrai désir de divorce.

Mais les Anglais et les Écossais ? *Sorry mates, but you're just one people, after all*, et la preuve, c'est Andy Murray.

Murray, Andy (2)

Le 11 janvier 2019, le monde entier du tennis s'est ému de la conférence de presse d'Andy Murray, donnée juste avant le début de l'Australian Open et annonçant que 2019 serait sa dernière année et qu'il espérait pouvoir finir sa carrière à Wimbledon. Réaction normale, le tennis perdait un de ses joueurs les plus doués, parfois détestable sur le terrain, toujours aimable en dehors.

C'était le début de la fin du *Big Four*. Il en a clairement été le maillon faible. C'est mathématique. Avec « seulement » trois titres en grands chelems, il s'est même fait rattraper par Stan Wawrinka.

On se souviendra de ses attitudes insupportables envers son staff, de son regard noir vers son coach quand il manquait un coup, comme s'il le tenait pour responsable de son erreur. Quand Amélie Mauresmo travaillait avec lui, elle n'assistait même plus aux matchs au même endroit que le reste du staff. Même si ça le desservait sans doute, son palmarès reste impressionnant : dix demi-finales, huit finales, deux titres chez lui à Wimbledon, un US Open, ainsi que deux médailles d'or olympiques et un Masters.

Murray, c'est aussi une famille. « Mama » Murray, comme l'appelait mon coach d'université, est la source de l'excellence familiale. Quand on fait deux fils numéro 1 mondial (l'un en simple, l'autre en double), ce n'est pas un concours de circonstances, ce n'est pas de la chance, ce n'est pas inné, ce n'est pas dans les gènes, ce n'est pas dû à l'éducation ou à la formation, mais c'est dû à tout cela en même temps.

J'ai connu son frère aîné vers l'âge de 10 ans (nous sommes de la même année) quand Jamie dominait les catégories des très jeunes sur le plan européen. (Gasquet jouait déjà avec les joueurs nés en 85 voire en 84, et nous ne connaissions pas Nadal à l'époque.) Je me souviens d'avoir été, déjà, impressionné par son professionnalisme. Moi, j'étais juste content d'être là, de faire partie de l'aventure ; ce que je faisais dans le tournoi n'était qu'un bonus.

Nous sommes le 10 janvier 2020, et finalement, il joue toujours. Il est revenu, grâce au double, à la moitié de la saison 2019, durant laquelle il a même remporté le tournoi d'Anvers en battant Stan Wawrinka en finale. Il ne jouera pas l'Open d'Australie cette année car il s'estime trop juste. Mais il reviendra, repoussant sa retraite de toutes ses forces. Il n'abdiquera pas. *Fuck Off.*

Muster, Thomas

Entre tous, devant Vilas, devant Nadal, devant les Argentins survitaminés aux bras comme des troncs d'arbre, Muster reste le plus grand forçat du tennis, et pas seulement parce qu'il était capable, comme les deux autres, d'enchaîner des séries de victoires invraisemblables sur terre battue, ni parce qu'il ahanait et liftait comme le gros bûcheron autrichien qu'il était.

Ce qu'il nous reste de Muster, c'est l'image du joueur cloué sur un banc conçu spécialement pour s'entraîner assis, la jambe dans le plâtre, enchaînant des coups droits comme le damné de la terre qu'il était alors, après s'être fait broyer le genou dans un stupide accident.

Nous sommes en 1989, à Miami. Le gaucher de Leibnitz s'est qualifié pour la finale de Key Biscayne, après cinq sets contre Noah, et s'apprête à affronter Lendl. Alors qu'il est en train de charger ses sacs dans le coffre de sa voiture, il se fait percuter par un conducteur ivre. On croit que sa carrière est terminée.

Quelques semaines plus tard, des photos circulent de Muster sur son banc. Il devient l'homme qui s'entraîne la jambe dans le plâtre. En plus, il a l'air de souffrir comme un chien. Six mois plus tard, il est de retour. Six ans plus tard, il gagne Roland-Garros. 1995 est sa grosse année : il gagne douze tournois. Curiosité : il est le seul joueur à avoir été numéro 1 mondial sans jamais avoir gagné un match à Wimbledon.

N

Nadal, Rafael (1)

« C'est une brute, une aberration, une force de la nature, une alliance de puissance et de grâce digne d'un danseur, que j'ai rarement vue ailleurs. »

À part l'adverbe, Agassi avait déjà tout compris, dès 2006.

Depuis, Wilander a complété le portrait : « C'est un *winner*-né. Même s'il se mettait à perdre, Nadal resterait un *winner.* »

Rien que de le *regarder* jouer m'a toujours épuisé. Alors, écrire sur lui... Et pour quoi faire ?

On a tout dit du taureau de Manacor. Borg n'était qu'une machine. Nadal aussi, bien sûr : en quinze ans, je ne me souviens que d'une seule faute directe sur un point important, contre Pouille à l'US Open, au tie-break du cinquième set, un coup droit à mi-court dans le filet. Sinon, de tous les coins du court, dans toutes les positions, quel que soit le score, ça gicle, et ça rentre. S'il est bien, vous êtes foutu. S'il est mal, c'est encore pire. Une machine et une bête, sauf qu'aucune bête, si féroce soit-elle, n'ignore la pitié, tandis que lui... Il rue mais ne rate pas. Il ne s'agit pas simplement de renvoyer la balle une fois de plus. Il ne s'agit pas non plus de vous subjuguer en deux coups, comme le Bâlois. Le plan est simple, c'est toujours le même : vous sauter à la gorge dès la première seconde. Vous casser la gueule, méthodiquement mais furieusement. Vous démonter. Vous démanteler. Vous étouffer ET vous exploser. Vous priver de toute espérance. Dès le vestiaire : vous le voyez faire ses sauts de kangourou, vous êtes déjà mort. En fait, vous n'avez jamais existé.

Terreur. Boucherie. Mort violente. Et pourtant.

Étrange destin : celui qui est sans doute le plus fort de tous les temps aura passé toute sa carrière à courir derrière un autre. L'avenir proche dira si sa place est au sommet, tout seul, mais le fait est qu'il aura vécu ces quinze ans à l'ombre de son grand rival. Menaçant, mais derrière. Le meilleur des deux, peut-être, mais le meilleur tout court, c'est l'autre.

S'il le dépasse *in fine*, la presse sportive modifiera ses infographies, sa place changera dans les livres d'histoire, mais l'histoire n'est pas la vie.

On peut parler de Federer sans Nadal. Mais l'inverse ?

Pas encore. Toujours pas.

Quand il l'aura dépassé, *s'il le dépasse*...

Ma conviction est qu'ils finiront *ex aequo*. 20, 21, ou 22 chacun.

On ergotera sans fin sur le Masters, les JO, les face-à-face, la Coupe Davis, la terre battue, la différence d'âge, les blessures, etc.

De toute façon, Djokovic ne compte pas (voir *Djokovic*). C'est entre eux, et eux seuls.

Le dénouement approche, le rideau va bientôt se baisser. Au fond de soi, depuis longtemps, chacun sait comment tout ça va se terminer.

Ils finiront ensemble, comme les amants de Pompéi pris dans la cendre.

Nadal, Rafael (2)

« Plus qu'un. »

Nastase, Ilie

Quand j'étais jeune, j'avais un copain qui était né le même jour que McEnroe (16 février). J'étais super jaloux. Moi je suis né le même jour qu'Ilie Nastase (19 juillet). C'est mieux que rien (ou que Lendl), et j'ai appris à m'en contenter.

Je n'ai jamais connu Nastase que dans ses années de déclin, pendant lesquelles il écumait tous les premiers tours du circuit, pour s'amuser et amuser le public avec ses facéties. Je le voyais un peu comme une sorte de Garcimore, le magicien des « Visiteurs du mercredi », l'émission pour enfants. Il paraît qu'il avait un toucher de balle exceptionnel et qu'il excellait aux amorties. Il passait pour avoir été râleur et roublard, un voyou à la

Connors, avec qui il jouait en double dans les années 70, moitié bad boy, moitié rigolo.

J'avais aussi ses chaussures : Adidas essayait de refaire le coup des Stan Smith, mais ça n'a pas aussi bien pris.

Nastase fut tout de même le premier numéro 1 mondial à la création du classement ATP, en 1973 ; il compte deux grands chelems à son actif, deux finales à Wimbledon et pas moins de quatre Masters (en 1975, il y écrase Borg en finale, 6/2 6/2 6/1), preuve que derrière le pitre, il y avait un joueur.

Navratilova, Martina

Son nom ressemble à un tapis qu'on déroule, et ce tapis, c'est évidemment le gazon de Wimbledon, sur lequel elle glissait pour aller volleyer, le poignet ferme, les genoux pliés, fendue comme une escrimeuse, parfaitement balancée, son bras droit faisant contrepoids, un genou presque à terre, les veines saillantes, les muscles bandés : l'image du mouvement d'une statue grecque.

Navratilova, et non Chris Evert, avait la grâce. Elle l'a gardée. L'une des premières, bien avant Mauresmo ou Serena, elle aura subi l'insulte d'être comparée à un homme (d'être *qualifiée* d'homme), à cause de son physique d'athlète. Un homme, peut-être, mais alors l'Apollon du Belvédère (avec des lunettes).

Et, d'ailleurs, Navratilova est plus qu'un homme : 18 titres du grand chelem en jouant service-volée. Qui peut en dire autant ? Personne. Sampras s'est arrêté à 14. 9 Wimbledon à 7 (8 pour Federer, qui de toute façon n'en a remporté qu'un seul au filet.)

La personnalité de Navratilova ne s'est pas limitée à son jeu d'attaquante. Deux fois soixante-huitarde : tchécoslovaque post-Printemps de Prague, activiste lesbienne post-San Francisco, elle arbore fièrement sur son compte twitter d'Américaine naturalisée ce double slogan (Navratilova est sans doute la plus grande joueuse de double de tous les temps) : « *Stand up, speak up, fight back* » et « *Make America Greta again* ». Offensive et engagée, comme elle l'a toujours été, elle enrage à longueur de journée contre Trump et ses affidés. Je rêverais d'une rencontre avec Bret Easton Ellis qui lui poserait sa fameuse question – désormais la seule valable à ses yeux pour la gauche américaine : « Que faire contre quelqu'un qui n'en a strictement rien à foutre ? » Elle pourrait lui répondre ce qu'elle déclarait à propos du cancer du sein qu'elle a surmonté il y a bientôt dix ans : « J'ai toujours été forte pour faire face à la réalité, sans me soucier de trop de possibilités. Juste considérer ce qui est à l'instant T. C'est ce à quoi le tennis vous prépare : vous devez décider quoi faire, la balle est là, maintenant, et vous ne pensez à rien d'autre. » Voilà qui ferait une excellente profession de foi pour une candidate à la Maison-Blanche. Martina Navratilova présidente ? Puisqu'on cherche un peu partout des alternatives au *white male privilege*, en voici une intéressante : la lesbienne tchécoslovaque serveuse-volleyeuse.

Newcombe, John

Plus jeune et moins capé que ses deux compatriotes Laver et Rosewall, Newcombe a néanmoins toute sa place dans la geste des Australiens qui s'étend sur un quart de siècle de 1950 au milieu des années 70, puisqu'il a tout de même gagné sept tournois du Grand Chelem, dont trois Wimbledon, et dix-sept grands chelems en double, record masculin seulement battu par Mike Bryan (son frère jumeau Bob étant resté à seize).

À l'époque, de toute façon, les joueurs n'étaient pas tous des obsédés du palmarès. En 1972, Newcombe renonce à défendre son titre à Wimbledon… parce qu'il avait pris un engagement sur un circuit concurrent. Aujourd'hui, on a un peu de mal à comprendre : « Hmm, ça tombe pendant Wimbledon, dites-vous ? Aucune importance, j'arrive. »

Par ailleurs, Newcombe est un peu le trait d'union entre l'Antiquité et la période moderne, si l'on considère qu'à Melbourne, en 1975, il battait le tenant du titre Jimmy Connors, à la surprise générale. (Il est toujours amusant de remonter la chaîne : Newcombe a joué contre Connors qui a joué contre Becker qui a joué contre Sampras qui a joué contre Federer. Seulement trois générations séparent Nadal, Federer et Djokovic de Laver, Rosewall et Newcombe.)

Nishikori, Kei

De toute cette génération perdue de joueurs sacrifiés sur l'autel de la domination du *Big Four*, les Dimitrov, Dolgopolov, Fognini, Raonic..., le joueur japonais est peut-être celui qui aurait le plus mérité de gagner un grand chelem, mais en même temps, lorsque l'occasion s'est présentée à l'US Open 2014, contre Cilic en finale, il l'a laissée passer.

Nishikori pensait avoir fait le plus dur en éliminant Djokovic en demie, mais Cilic n'était pas en reste puisque, de son côté, il avait mis trois sets à Federer. Manque de chance pour le Japonais, le Croate vit la semaine de sa vie : Nishikori se prend trois fois 6/3. Dommage pour lui car on sait que, dans certains cas, l'histoire ne repasse pas les plats.

Voir : *Créativité*.

Noah, Yannick

La première fois que je l'ai vu, j'avais 9 ans et lui 35. Il n'était plus joueur de tennis mais toujours sur un terrain, comme si c'était plus fort que lui. C'était au Grand Prix de tennis de Lyon, le tournoi de son copain de pensionnat, Gilles Moretton. Il avait été invité pour faire son show. Cinq ans après l'un des plus grands exploits du tennis et du sport français, dont il était responsable, sur le même court, il était venu faire une parodie de match de tennis contre Greg Rusedski. C'était en 1996.

Je me souviens que les gens étaient contents. Le speaker de l'époque lui avait fait rechanter un bout de « Saga

Africa ». Je sentais qu'il ne voulait pas, qu'il se forçait, qu'il faisait le job, quoi. Je n'ai pas été touché par la magie Noah ce jour-là.

En revanche, la deuxième fois que je l'ai vu, je l'ai vraiment rencontré. C'était vingt ans plus tard, dans un restaurant à Strasbourg, où je rejoignais un copain qui dînait avec lui et ses potes. Là j'ai compris : le magnétisme, le charisme, ce je-ne-sais-quoi qu'il a en plus.

Ce soir-là, il a commencé à raconter ses histoires. Il en a un stock considérable, comme la fois où il a côtoyé la légende de la médecine sportive allemande, le docteur Hans-Wilhelm Müller-Wohlfahrt. Nous sommes en 1988. Noah enchaîne les blessures et en a assez. On lui recommande d'aller voir ce médecin dont tout le monde parle, qui travaille pour la Mannschaft et le Bayern de Munich. Noah est alors en Allemagne pour soigner une blessure à une jambe. Comme à cette époque l'Allemagne gagne tout, Noah demande au médecin s'il a un secret. Le médecin lui répond : « Yannick, c'est simple, quand je sens que mes gars sont tendus avant un gros match, je leur donne un café et après un shot de cognac. Le café les excite, le cognac les apaise. » Yannick repart de Munich avec la recette d'un breuvage miracle, café-cognac !

Le tournoi suivant se déroule à Milan. Noah gagne son premier tour. Il joue Pat Cash en quart de finale. Juste avant d'entrer sur le court, il essaie la formule magique de Müller-Wohlfahrt : café, cognac ! Yannick gagne assez facilement 6/4 6/1. Il évoque un état de légèreté et de bien-être jamais ressenti.

Le tour d'après, Becker est sur sa route. Yannick s'est toujours considéré comme moins fort que son adversaire, avec l'impression que Becker fait tout mieux que lui. Au premier set, Noah se sent bien, relâché, et gagne assez facilement 6/4. Becker gagne la deuxième manche 6/4. Les deux joueurs se retrouvent à 6/5 au troisième set. À Noah de servir. Il sent qu'il fatigue, que ça va être dur de gagner son jeu de service et encore plus le tie-break. Il sort de son sac sa fiole de cognac et boit une petite rasade. Becker se lève pour reprendre le jeu et croise Yannick près du filet au changement de côté. À ce moment-là, Yannick se tourne vers le visage de l'Allemand et lui souffle son haleine de cognac. Yannick gagne son jeu de service et bat Becker 7/6 au troisième set. Au moment de la poignée de main au filet, Becker lui a demandé : « *Yannick, did you drink ?* » Après cet épisode, ils sont devenus bons amis ; Becker a même appelé son premier fils Noah.

En finale, Noah bat Connors 4/4 par abandon. Mais c'est ce qui s'est passé avant qui est intéressant. Il continue son rituel, café-cognac, mais en plus s'offre le luxe de s'allumer une cigarette devant Connors juste avant d'entrer sur le court. Noah a toujours détesté Connors. Il veut le lui montrer.

Après ce récit arrosé dans une brasserie de Strasbourg, nous sommes sortis au Barco Latino, une péniche à quai dans le centre-ville. C'était une chaude nuit d'été. Je pense que cent personnes sont venues voir Yannick dans la soirée pour prendre une photo ou lui parler. Il a toujours eu un mot gentil pour chacune de ces personnes. Je lui ai demandé comment il faisait pour avoir cette énergie :

« Un jour, quelques mois après avoir gagné Roland, je suis en terrasse à Saint-Germain-des-Prés avec mon père, on boit un verre. Il y a un gamin qui vient me demander un autographe. Je le signe, et puis je dis à mon père : “Tu sais papa, je commence à en avoir marre de tout ça. Je vais me barrer.” Et là mon père me répond : “Ah, ne me fais pas chier avec ces conneries, si tu ne voulais pas ça tu n'avais qu'à pas gagner la finale à Roland-Garros.” »

De sa finale de Roland-Garros 83, il dit : « Tout est important, sauf le match. Le match on s'en fout. Ce qui est important, c'est le sourire des gens dans le public, ce qui est important, c'est ce qu'il se passe après. La tactique pour battre Mats Wilander, on s'en fout. D'ailleurs, ça ne jouait pas bien. »

Quand j'ai enregistré mon émission avec lui, j'avais très peur. Je doutais de mes capacités à le cadrer, l'orienter et l'amener où je voulais. Je me suis vite rendu compte que mes craintes étaient fondées car Yannick fait ce qu'il veut, va où il veut. Mais il m'a tout donné, il transpirait, intense dans la moindre de ses réponses. Puis il est resté une heure de plus sur le trottoir du studio d'enregistrement, à fumer des clopes et à raconter des histoires comme celle du café-cognac. Des gens en voiture klaxonnaient parce qu'ils l'avaient reconnu. Une telle allure, un tel physique, ça se voit de loin. « Oh, monsieur Noah, vous avez été mon héros », lui dit un monsieur de 60 ans qui marchait sur ce même trottoir. La magie Noah opère toujours. Il a toutefois conscience qu'il ne s'est pas fait que des amis avec certaines de ses prises de position, comme : « Si Sarko passe, je me barre de France. »

En janvier 2017, je m'entraînais avec Julien au CNE, porte Molitor, quand nous avions croisé Nicolas Sarkozy, qui était venu nous saluer (après avoir appelé mon frère Paul-Henri). Sous prétexte de parler des élections à venir à la FFT, il avait abordé le sujet qui manifestement l'intéressait : Noah.

« Non mais, franchement, à l'heure de la professionnalisation à outrance, de l'expertise médicale, de la spécification de chaque domaine, il pense gagner avec “l'âme” et l'état d'esprit ? » Nous avons ri nerveusement, à la fois surpris et gênés.

« Et puis, il est allé jouer à la Guadeloupe ! C'est bien, ça ! Comme ça, il s'est acheté un vélo et est allé tous les jours en vélo au stade. Non mais, franchement, soyons sérieux deux minutes. Il est toujours contre la pauvreté, contre la souffrance des gens ? Pour le bien, contre le mal ?... » (Allusion au coût important qu'avait représenté l'organisation de ce match en Guadeloupe pour les collectivités locales de l'État) – tout ça dit avec le sourire.

Dans mon interview, j'ai abordé cette question avec Yannick, ce côté grande gueule et donneur de leçons, et il m'a répondu : « C'est pas grave. J'essaie de faire les choses le mieux que je peux. Je ne réussis pas tout. Mais je suis encore là. Alors que d'autres ont disparu. » Je me trompe peut-être, mais je crois bien que Yannick pensait à l'ex-président.

Aujourd'hui, le tennis comme technicien, c'est fini pour lui. Il est revenu en tant que capitaine de Coupe Davis pendant trois ans : demi-finale, finale, victoire. Certes, le niveau des équipes rencontrées n'était pas relevé l'année de la victoire, mais il l'a quand même fait. Comme pour « la chatte à Deschamps » au foot, dans le milieu tennis, on parle de « la chatte de Yannick ». Leur point commun : savoir gagner, peu importe comment, peu importe contre qui.

Novotna, Jana (1968-2017)

Si Hana Mandlikova était en quelque sorte la petite sœur de Navratilova, alors Novotna était sa nièce, puisqu'elle était la fille putative de Mandlikova. Serveuse-volleyeuse tchécoslovaque comme ses deux aînées, entraînée par Mandlikova, elle fit une très belle carrière en simple (meilleur classement : 2e, vainqueur à Wimbledon en 1998 contre Nathalie Tauziat) comme en double (meilleur classement : 1re).

En 2017, elle décédait d'un cancer à l'âge de 49 ans, emportant avec elle nos derniers souvenirs d'un monde doublement révolu – voir *Service-volée* ; *Tchécoslovaquie*.

Nuages

« Demain, les nuages s'en iront », Boris Becker, après sa défaite contre l'Australien Peter Doohan au deuxième tour de Wimbledon 1987, alors qu'il était double tenant du titre.

L'année suivante, il retournait en finale. Deux ans plus tard, il regagnait le tournoi.

0

Objectif

15/2.

Obsolescence programmée

J'ai tremblé pendant cet Open d'Australie. (Antoine, quant à lui, était d'une folle insouciance : il ne semblait pas mesurer le danger.) Si Nadal avait gagné, il revenait à égalité de grands chelems avec Federer. Et si Nadal égalait Federer, un bon quart de nos entrées était à réécrire. (Merci, Dominic.)

« Bien sûr, ce sera peut-être le cas dès ce Roland-Garros 2020 », écrivais-je naïvement avant que l'édition 2020 soit reportée et peut-être annulée. C'est la dure loi de la chronique sportive de se périmer au gré des records battus. Mais au moins, à sa sortie, ce dictionnaire aura été d'actualité.

Par la suite, il se transformera simplement en livre d'histoire.

Okker, Tom

Comme tous ses compatriotes se distinguant dans un sport quelconque, Tom Okker était surnommé « le Hollandais volant ».

Olympique

Quand j'étais joueur, je tenais une chronique sur un blog hébergé par le site de L'Équipe qui s'appelait « L'autre circuit par l'autre Bennet ». Le titre était un peu long je le concède, mais ça me permettait de partager mon expérience sur le circuit secondaire. Je m'y demandais notamment, question que beaucoup se posent, si le tennis a sa place aux Jeux olympiques.

London (re)calling

Les Jeux olympiques de Sotchi se finissent. Une quinzaine de médailles glanées par les Français, mais deux ont particulièrement retenu mon attention. Steve Missillier et Alexis Pinturault finissent deuxième et troisième du slalom géant olympique. Sur le podium, ils entourent l'Américain Ted Ligety. Cette image me rappelle quelque chose...

Je suis en transit entre deux tournois : j'arrive d'Irlande et je dois jouer dans la banlieue de Londres la semaine d'après. Tout est facile, je rejoins la délégation française dans Wimbledon Village. La Fédération y loue deux maisons pendant la compétition car le village olympique est trop loin de Wimbledon. J'entre dans l'une d'entre elles et je tombe sur Jean-Jacques Poupon, le cordeur de l'équipe de France, qui m'accueille. Jo est là, assis dans un fauteuil en train de regarder Teddy Riner devenir champion olympique. Il a l'air serein. Plus tard dans la journée, il jouera une médaille olympique associé à Mika Llodra contre la paire Lopez-Ferrer. Il me voit et me sourit tout de suite. Avec Jo, notre année à Poitiers en sport-études revient dès que nous nous voyons. On avait 14 ans.

Mon frère m'a laissé une veste de survêt et deux polos de l'équipe de France olympique, pour me faire sentir le bienvenu. Lui est déjà au stade en train de s'échauffer avec Richard Gasquet. Eux aussi jouent une médaille aujourd'hui, contre les Bryan... Après un café et une discussion avec Jean-Jacques et Jo, je me dirige vers le stade à pied. Je suis excité comme une puce pouvant battre le record de Bubka. Je suis Lavillenie. Les bâches mauves ornées des anneaux olympiques qui entourent le stade ne font qu'augmenter ce sentiment. J'arrive trente minutes avant le début du match, le temps de m'imprégner de ce lieu sacré. Que c'est bon.

La demi-finale est à sens unique. La machine jumelée est rodée et leur victoire est nette. Julien et Richard perdent 6/4 6/4 contre Mike et Bob Bryan. Je rejoins un ami vivant à Londres pour le déjeuner. Je suis triste pour mon frère mais il a encore le match pour le bronze demain. Contre qui ? Je m'en vais sur le court n° 1 pour le découvrir... Je rejoins le clan français. Ils sont tous tendus, du kiné au cordeur en passant par les entraîneurs. Les observant, je ressens qu'ils sont tous dans le même bateau. Le match est une vraie bagarre. Personne ne veut que Jo et Mika perdent. Déjà pour avoir une chance de gagner l'or. Mais, surtout, parce que personne ne veut que les deux équipes françaises s'affrontent pour le bronze. Heureusement, Jo et Mika s'en sortent 16/14 au troisième. Ouf !

Le soir, je vais dîner dans Londres avec mon ami et sa fiancée. Au bar d'un hôtel donnant sur la Tamise, je croise le frère du nageur Ryan Lochte. J'étais à l'université de Floride avec eux. Son frère a déjà plusieurs médailles d'or.

Une banalité pour lui. Je vais me coucher heureux mais surtout nerveux pour mon frère. Demain, peut-être le plus grand jour de sa carrière, ou l'un des pires. Je dors peu.

Le matin, je prends le Tube pour me rendre à Wimbledon. Café et muffin sont rapidement engloutis au Starbucks de Wimbledon Station. Arrivé au stade, je me rends sur le court n° 1 où Azarenka et Kirilenko se disputent le bronze. Mon cœur penche pour la Russe pour des raisons purement plastiques, je l'avoue. Ma favorite perd.

Place au MATCH. Je tremble. Le premier set est accroché. Deux fois, Richie et Jul se retrouvent à 0-30 sur leur jeu de service. Ils s'en sortent. Ils vont jusqu'au tie-break. Richard décide de montrer qu'il est le meilleur joueur sur le terrain. Bon timing… Il termine sur un passing de revers sauté gagnant, suivi d'un sprint de célébration et de joie un peu gauche, un peu grotesque, mais très humain ! Les Espagnols courbent l'échine.

Le deuxième set est mieux parti. On ne les laisse pas sortir la tête de l'eau. Oui, je dis « on ». J'ai un peu le droit, non ? « On » a gagné la coupe de monde de foot, et « on » est en train de gagner une médaille olympique. OK, c'est mon frère aussi… D'ailleurs, il sert pour le match… 40-30, balle de breloque en bronze. Deuxième balle, Ferrer au retour, je ne fais pas le malin. Julien non plus… Ferrer emplâtre le retour, j'embrasse Lionel Roux (entraîneur de l'équipe de France). Les néobronzés font des roulés-boulés sur le gazon.

Je pars du court, larmes aux yeux. Je déambule dans le stade, la bouche allant d'une oreille à l'autre. Je croise Jean Gachassin, président de la Fédération de tennis à l'époque. Il me donne une claque amicale, m'embrasse, puis me présente à Mme la ministre des Sports Valérie Fourneyron. Elle me félicite alors que je n'ai rien fait. On discute deux minutes : « Jo et Mika doivent gagner maintenant. Ce serait beau “La Marseillaise” sur le Center Court. »

Les Bryan sont trop forts. Ils surclassent la paire française. Tout ne peut pas être parfait. Puis l'hymne américain est un hymne olympique à lui tout seul. Ce sera quand même beau.

Ça l'est. On ne peut imaginer plus bel écrin que le Center Court de Wim'. On a enlevé le filet, et mis un podium au centre du terrain. Les trois équipes entrent sur la bande originale des *Chariots de feu*. Je repleure. Les équipes sont appelées une par une sur le podium. L'hymne peut commencer. Pendant que « The Star-Spangled Banner » résonne dans le stade et dans mon bide, le drapeau américain monte dans le ciel londonien, entouré de deux drapeaux français. Je suis fier d'être français et fier d'être frère à ce moment-là. Qui ne le serait pas ?

On part du stade tous les deux, avec mon frère. On marche jusqu'à la maison, on parle. De tout, de rien, de la soirée qui s'annonce. On est bien.

Je vous passe les détails de la soirée. Pour ma part, elle s'est finie à 6 heures du matin avec Jo, autour d'un dernier verre sur la terrasse. Le jour commence à se lever, et Julien dort déjà avec sa médaille autour du cou.

On me demande souvent si avoir un frère qui a réussi dans le domaine dans lequel je veux réussir moi aussi est un handicap. Comment oserais-je répondre oui à cette question après ce que je viens de vous raconter ?

Au-delà de la satisfaction personnelle et du bonheur que j'ai ressenti pour mon frère ce jour-là, il y avait quelque chose en plus dans l'air de Wimbledon. Un endroit si exceptionnel qui le devient encore plus grâce aux Jeux olympiques. Des joueuses et des joueurs de tennis qui, une fois tous les quatre ans, se battent afin d'essayer de ramener une médaille pour leur pays, sans souci de points, de classement ou de *prize money*. Le tennis qui, le temps des Jeux olympiques, sort de son égoïsme institutionnel.

Open

J'ai longtemps cru que 1968, qui marque le début de l'ère open (quand on décide enfin d'autoriser les joueurs professionnels à participer au circuit et aux tournois du Grand Chelem), était en quelque sorte l'an zéro du tennis. Je pensais que tout ce qui se situait avant était de la préhistoire.

Et puis, pour les besoins de ce dictionnaire, j'ai commencé à remonter le temps. J'ai découvert qu'il y avait eu des mondes avant Borg. Le tennis n'est pas né avec Bill Bowrey, Ken Rosewall, Rod Laver et Arthur Ashe (les quatre vainqueurs des tournois du Grand Chelem de 1968). Nastase n'a pas été le premier numéro 1 de l'histoire en 1973. Avant son Grand Chelem de 1969, Laver avait fait celui de 1962. Rosewall, qui a battu Tony Trabert, Lew Hoad, Pancho Gonzales, Rod Laver et Jimmy Connors, est peut-être le plus grand joueur de tous les temps. Drobny fut successivement tchécoslovaque, allemand, suisse, égyptien et britannique. Karel Kozeluh était aussi un joueur de foot et de hockey sur glace. Fred Perry était aussi un champion de ping-pong. Suzanne Lenglen a été la femme la plus célèbre d'Europe. Avant elle, Dorothea Douglas Chambers (1878-1960) avait remporté sept finales de Wimbledon (seul grand chelem qu'elle ait jamais joué) sur les onze d'affilée qu'elle avait disputées. Après elle est venu un petit génie qui a tout balayé, Helen Wills Moody. Les Mousquetaires se sont mis à quatre pour abattre l'invincible Bill Tilden. Shakespeare parle de tennis, de set et de raquettes dans *Henry V*. À Paris, au XVe siècle, Margot la Hennuyère passait pour imbattable au jeu de paume.

Ce n'est pas qu'il y avait une vie dans le tennis d'avant 1968, c'est beaucoup plus que cela : les empires se sont faits et défaits au fil de chaque décennie dans un tourbillon d'épopées qui se chevauchaient autour de rivalités légendaires. Et plus j'accroissais ma connaissance de ces temps oubliés, plus je me rapprochais de mon opinion actuelle : ces champions valaient bien les nôtres.

Open est aussi le titre de l'autobiographie d'Agassi : celui-là, il était plus malin qu'il en avait l'air.

Osaka, Naomi

Mi-japonaise mi-haïtienne, Naomi Osaka marie la pugnacité de Nishikori et la coolitude caraïbéenne de Dustin Brown.

Résultat : elle enchaîne victoire à l'US Open 2018 contre Serena (6/2 6/4) et victoire à Melbourne 2019 contre Kvitova (7/6 5/7 6/4), remportant deux grands chelems consécutifs, faisant déjà nettement mieux, à 21 ans, que Nishikori et Dustin Brown sur l'ensemble de leur carrière...

Ouverture

Le jeu a changé. Il n'y a plus d'un côté les volleyeurs et de l'autre les joueurs de fond de court. Aujourd'hui, tous les meilleurs sont comme le lait sur le feu : ils guettent le bon moment pour *déborder*.

Agassi rendait hommage à son entraîneur Gilbert en ces termes : « La recherche de la moindre ouverture, c'était la raison de vivre de Brad. » Désormais, le phénomène s'est complètement généralisé : les joueurs bastonnent en attendant que leur adversaire cède, c'est-à-dire raccourcisse sa balle, rien qu'une fois.

La balle courte, c'est l'ouverture.

Ensuite, tout va très vite : coup de débordement, montée au filet. En général, le coup de débordement est si bon et si fort que la volée n'est pas nécessaire. Mais il est rare, chez les meilleurs, que l'attaque ne soit pas suivie au filet. Il est fini, ou presque, le temps où l'on voyait des Mary Pierce s'avancer dans le court pour reprendre une balle courte puis reculer précipitamment sur sa ligne de fond. Le tennis s'est *échiquéifié* : jouer en avançant vise à conquérir l'avantage positionnel qui va permettre de remporter le point. Le but est d'occuper le centre en sortant l'adversaire du terrain. Vous ne verrez jamais Federer, Nadal ou Djokovic *ne pas* suivre un coup de débordement. (Et d'ailleurs, Nadal est étonnamment adroit à la volée.)

Attendre l'ouverture ne veut pas dire que le jeu est devenu plus attentiste, au contraire (voir *Attentisme*). Chaque point se joue désormais dans cette tension permanente : engagement total sur toutes les frappes, à peine entrecoupées de quelques slices tactiques, les deux joueurs sachant que le moindre coup neutre leur sera fatal. (Naturellement, on met de côté l'amortie du fond du court qui est une balle courte intentionnelle – voir *Amortie*.)

Concrètement, le jeu moderne se résume donc à cet enchaînement : rallyes de fond de court – balle courte – coup de débordement – montée au filet – passing en bout de course ou lob, si l'adversaire parvient à toucher la balle – volée gagnante ou smash (facultatif). Ou bien, si l'on veut réduire la formule à sa plus simple expression, balle courte = mort instantanée.

P

Paratennis

Voir : *Fauteuil*.

Parents

Vous, père ou mère de tennisman en herbe qui lisez ces lignes, je dois vous prévenir, l'affaire n'est pas simple. Autant que ma modeste expérience de fils de parents qui ont eu un fils qui a voulu devenir champion serve à quelqu'un. Voici quelques conseils.

Cela commence assez tôt. À peine cinq ans après sa naissance, il faut bien lui faire faire de l'exercice, à ce rejeton. Dans la famille, il y a une inclination pour le tennis. Il ou elle commencera par un cours par semaine dans un club. Très vite, votre progéniture reviendra d'un de ces cours et vous dira qu'elle a adoré. Le professeur de tennis aura le malheur ou le bonheur, c'est vous qui voyez, de vous dire que votre enfant a des facilités. Une passion naissante associée à un talent certain : vous devrez ajouter un cours particulier supplémentaire dans sa semaine, c'est-à-dire un aller-retour en voiture en plus. Rassurez-vous, cela ne fait que commencer.

Il progresse. Normal ! C'est un enfant, il grandit, il apprivoise de mieux en mieux son corps, s'entend bien avec son éducateur et se fait beaucoup d'amis au club. Il arrive même qu'il y passe des heures, à taper la balle contre le mur, à se dépenser et s'amuser avec ses copains. Il ne parle plus que de ça à la maison, et commence à vous demander de lui acheter la dernière tenue de Pete Sampras, avant qu'une autre idole lui dicte ses choix vestimentaires, puis une autre.

Un jour, son entraîneur vous prendra à part pour vous dire que ce serait bien qu'il se mette à faire des tournois. Alors, dans la voiture du retour :

« Ça te dirait, toi, de faire des tournois ?

— Oh oui, papa, j'adorerais !

— Eh bien, on va en faire, mon chéri. »

Cette conversation signera l'arrêt de mort de vos week-ends de repos, le début de beaucoup de route, de stress, de déceptions, de tristesse, mais aussi et surtout d'immenses fiertés.

Le premier tournoi aura lieu à Bellegarde, ou une autre ville équivalente, à quarante minutes de voiture de votre domicile. Votre enfant perdra son premier match sèchement, parce qu'il n'a pas l'habitude, parce qu'il découvre ce feu intérieur de la compétition, et qu'il n'arrive pas à le gérer. Vous attraperez la grippe dans l'humidité si bien gardée par la toiture en tôle qui recouvre le terrain. Sur le chemin du retour, il pleurera pour la première fois de sa vie à cause du tennis, et ce ne sera pas la dernière.

Ne vous inquiétez pas, il apprivoisera cet esprit de compétition. Ce sera même son moteur. Et puis il connaîtra sa première victoire, et ce ressenti de la gagne, ce *fix* pur de joie, ne le quittera jamais de sa vie. Ça y est, il est mordu.

Il veut en faire plus, il gagne beaucoup, assez facilement jusqu'aux championnats départementaux.

Sans trop forcer, il se qualifiera pour les championnats régionaux. La « ligue » ! C'est le début des rivalités… Eh oui, qu'est-ce que vous croyez ? Que votre enfant est le seul bon joueur de la région ? Que vous êtes les seuls parents assez motivés pour soutenir et emmener votre enfant partout ? Il se trouve que le rival de votre enfant triche un peu. Vous aurez le sentiment que c'est vous qui vous faites avoir. Donc, vous jugerez bon de glisser à ses parents ce que vous pensez de leur descendance, découvrant par la même occasion qu'ils ont un point de vue à peu près similaire sur la vôtre.

Vous vous prendrez au jeu, rien de plus normal, votre enfant est bon et il adore ça. Vous aurez honte de vous aussi, vous perdrez le contrôle, parce qu'il est un prolongement de vous-même. Vous vous reverrez enfant, en train de vous faire bizuter par plus fort ou plus malin que vous. Vos injustices du passé ressurgiront. En revanche, le gamin d'en face n'a rien demandé à personne. Il n'est pas responsable de votre mal-être. Il faudra trouver la bonne distance, ce subtil équilibre : être concerné mais pas trop, au risque de devenir complètement fou. Il y en a qui le deviennent.

Vous vous surprendrez à livrer des analyses technico-tactiques d'après-match dans la voiture. Sans formation d'entraîneur, vous commencerez à vous prendre pour un expert. Vous l'engueulerez après un match qui ne vous aura pas plu. Votre enfant vous décevra parfois. Et lui vous détestera de lui avoir gueulé dessus. Une fois arrivé à la maison, il courra s'enfermer dans sa chambre, hurler toutes les larmes de son corps, la tête enfouie dans son oreiller.

À 10 ans, ça y est, c'est le meilleur de la ligue. Son rival le bat encore de temps en temps, mais ça devient de plus en plus rare. Un jour arrivera dans votre boîte aux lettres un courrier, à l'en-tête de la Fédération française de tennis :

Madame, Monsieur,

Cela fait maintenant un an que nous suivons avec attention les résultats de votre fils Antoine. Dans le cadre de notre programme de détection, nous aimerions convoquer Antoine et son formateur pour un stage de quatre jours au stade Roland-Garros. Le stage se déroulera du 10 au 14 février. Nous vous laissons le soin de prendre les dispositions nécessaires auprès de son école pour rendre disponible votre fils.

Merci de renvoyer le formulaire de participation rempli avant le 15 janvier.

Sportivement.

« Tu as envie d'y aller ?

— Quelle question. »

À l'issue d'âpres négociations avec M. Bourquin, directeur de l'école Charles-Jarrin, vous vous demanderez : « Ai-je raison de faire ça ? Ne suis-je pas en train de mettre en péril son futur ? Il est si important, ce rassemblement ? Il est si bon que ça, mon fils ? Suis-je une bonne mère [ou un bon père] ? » Puis vous laisserez partir votre enfant pour Paris, et, pour la première fois, il ira sans vous. Cela se passe bien. Après la semaine passée à Roland-Garros, son entraîneur de club, à qui vous avez confié votre enfant et son sort sportif jusqu'à maintenant, peut vous donner une estimation vertigineuse : il semblerait qu'il se situe dans les dix premiers Français.

Cela se confirme lors des championnats de France par équipes où, avec sa ligue, il atteint les demi-finales. Une demi-finale de championnat de France, ce n'est pas rien.

Vous vous dites que c'est important pour lui que vous y soyez. Sauf que c'est à l'autre bout de la France ; alors vous démarrerez votre voiture dans la nuit, ferez les six-sept heures de route qui vous séparent de votre progéniture, et arriverez à 11 heures, pile pour le début des matchs.

Il vous voit arriver, il est content même s'il ne le montre pas forcément devant ses copains. Sur le moment il ne se rend pas compte de ce que vous venez de faire. Ce n'est pas sa faute, il ne sait pas ce que c'est de parcourir 700 kilomètres en bagnole. *A fortiori* pour voir perdre son enfant (contre un très bon joueur). Néanmoins, les entraîneurs nationaux présents autour du court défileront pour vous dire que votre enfant est spécial et que la Fédération pense sérieusement à l'intégrer dans un de ses centres d'entraînement. On verra bien.

Vers l'âge de 13 ans, cela prend une tout autre tournure. L'intérêt de la Fédération n'a cessé d'augmenter. Vous recevrez un énième courrier de la FFT. Depuis le premier, vous avez appris à les reconnaître. Celui-ci vous propose de laisser partir votre enfant en « pôle France ». Cela veut dire que vous ne le verrez qu'une fois par mois. Quand il est né, vous vous êtes dit que vous l'auriez au moins jusqu'à ses 18 ans à la maison. Changement de programme. Il part, le salaud, et loin. Il vous abandonne. Et puis avec le sourire, en plus ! Il n'hésitera pas une seconde quand vous lui annoncerez la nouvelle.

Le voilà parti. Il vous manque. Il revient un week-end par mois. À son retour, il a évolué, mué, orné sa lèvre supérieure d'un duvet grotesque ; il est bourré de nouvelles expressions, et porté par un nouveau corps. Il vous appellera en larmes de temps en temps. Parce qu'il aura perdu un match, ou parce qu'il se sera fait un peu bousculer par un de ses camarades en avance sur la puberté. C'est la vie d'internat. Vous serez partagé entre le défendre et penser secrètement que ça l'endurcit, que ça lui apprend la vie. Parfois, c'est vous qui aurez aussi envie de l'appeler en larmes, parce qu'il vous manque. Il y aura même des mois où il ne rentrera pas, parce qu'il sera en tournoi ou parce qu'il préférera passer le week-end avec un copain, ou une copine.

Si tout se passe bien, il continuera à être dans les meilleurs de la nation (dans sa tranche d'âge). Les années passant, il commencera à se frotter au monde entier. C'est encore plus dur. Avertissement : ça ne s'arrêtera jamais, ça deviendra même de plus en plus dur.

Jusqu'au jour où, peut-être, vous serez assis dans le fauteuil d'une tribune, vers la fin du mois de mai quand les bourgeons des arbres et le soleil seront enfin de la partie, vous entendrez le prénom de votre enfant et le nom de votre famille retentir dans un stade entier, et vous le verrez sortir d'un petit tunnel pour entrer sur LE court, acclamé par des inconnus. Vous fermerez les yeux un instant, et vous reviendront tous ces moments, toutes ces souffrances, tous ces kilomètres parcourus, tous ces kilomètres qui vous ont séparés, tout ce stress, tous ces doutes, toutes ces blessures, toutes ces défaites, toutes ces victoires, toutes ces engueulades, tous ces moments de joie, bref, tout cet amour. Vous vous direz que, quand même, vous pouvez être fier.

Ce sera un peu votre victoire, ce jour-là. Avant que le match commence, VOUS aurez gagné. C'est vous qui entrerez sur le court Philippe-Chatrier. Vous laisserez peut-être une larme couler. Le premier match de la carrière de votre enfant à Roland-Garros vaudra bien cela. Mais le vrai bonheur dans tout ça, c'est que si, par miracle, après cet immense chemin de croix, votre enfant en arrive là, alors, tout ça ne fera que commencer.

Depuis que le sport existe, la tricherie se cache dans son ombre. L'analyse d'un ancien papyrus vient en effet de révéler la plus ancienne trace de match truqué : il s'est tenu en 267 de notre ère, sur les bords du Nil, dans la ville d'Antinoé, et opposait deux lutteurs. Avec les sites Internet de paris, un phénomène a pris de l'ampleur : l'incitation à perdre.

J'écris ces lignes le 19 janvier 2019. Hier, ce sont deux joueurs classés autour de la 500e place mondiale, Mick Lescure et Jules Okala, qui ont fait la une de *L'Équipe*. On les voit sortir tous deux d'un commissariat. Une qualité de photo à la *Closer*, un grand titre en blanc sur fond noir bien alarmant : rien ne manque. Terrible photo de deux jeunes qui n'ont rien à faire là, ni sur la une de *L'Équipe* ni en photo à la sortie d'un commissariat de police, encore moins les deux en même temps. Leurs performances ne devraient pas leur permettre de figurer en une du journal, et les faits commis ne devraient pas alimenter le sensationnalisme dans lequel se sont vautrés les journalistes.

Que ce soit clair, mon propos n'est pas qu'ils ne doivent pas être entendus par la police ; les faits qui leur sont reprochés justifient leur garde à vue. Mais je ne peux m'empêcher d'imaginer la machinerie cruelle qui s'est mise en place, le policier qui écrit au journaliste : « Ça y est, on les a coffrés. Mick Lescure a avoué avoir truqué entre 20 et 30 matchs, pour 30 000 balles de gains ! Ils vont sortir dans quelques heures du commissariat par la porte de derrière. Tu peux prévenir ton photographe… »

Cela commence par une approche en douceur. Ma première fois – il y a des premières fois plus mémorables que d'autres – eut lieu à Ixtapa sur la côte Pacifique du Mexique, près de Zihuatanejo (c'est là que Morgan

Freeman rejoint Tim Robbins à la fin du film *Les Évadés*). Mon partenaire de double de l'époque, que bien sûr je ne citerai pas, vient me voir en me disant qu'il a été approché sur Facebook par quelqu'un d'origine russe.

Nous devions perdre un quart de finale de double en « Future » (troisième division du tennis) dans lequel nous étions grandement favoris. Gagner nous rapportait 50 dollars. Perdre 1 500. Accepter veut dire mettre le doigt dans un engrenage dont personne ne peut sortir indemne. Une fois le premier match truqué, la première somme d'argent encaissée, et la culpabilité qui va avec envolée, pourquoi ne pas reproduire l'opération ? D'autant que, en cas de refus, les menaces pleuvraient.

J'aimais bien le gars qui m'avait proposé qu'on se couche. C'était un partenaire de galère comme il s'en fait beaucoup sur ce circuit de malheur. Il n'attendait que mon feu vert pour envoyer le « go » à son contact. Je n'étais là-bas que pour le simple, et le double me fatiguait plus qu'autre chose. Il faisait chaud, humide, et après les bagarres que pouvaient être ces matchs entre galériens du circuit tertiaire, je me serais bien passé d'un double pour rien. L'argent devait arriver le lendemain matin à l'hôtel en cash. Certains pourraient penser qu'il était stupide de refuser. La somme aurait payé l'intégralité de la tournée, et m'aurait permis de mettre de l'argent de côté. Pendant ce temps-là, mon compte affichait un déficit de 500 euros.

Pendant que mes deux anciens collègues sortent de garde à vue, j'assiste à la première de Me Éric Dupond-Moretti au théâtre de la Madeleine. Il y raconte son roman de vie de fort belle manière, nous livre son point de vue sur certains sujets de société, et évoque ici et là les affaires qu'il a plaidées et qui l'ont marqué. Il parle aussi du concept de « transpercence ». Selon lui, notre société veut plus que de la transparence : des images un peu sombres, une dramaturgie, les mots exacts qui sont échangés, savoir si celui qui est interrogé regrette, s'il pleure en garde à vue, on veut imaginer le désarroi sur son visage, etc., à cause du fameux « selon plusieurs sources judiciaires », le secret de l'instruction se retrouve complètement violé. Il est peut-être légal de diffuser ces images, mais est-ce moral ? Ce jour-là, avec cette une, le journal transperce les vies de ces deux joueurs lambda.

Certains joueurs ont puisé leur rage d'y arriver dans une certaine pauvreté. D'autres ont échoué parce qu'ils avaient trop d'argent de famille et qu'ils n'avaient pas cet instinct de survie qui pousse un joueur dans le besoin à sauver une balle de break, ou à s'astreindre à une discipline quotidienne. Certains trouvent des systèmes pour se faire aider, font des emprunts et se battent comme des chiens pour le rembourser. D'autres échouent, tout simplement. Le tennis vous prévient et ne vous prend pas par surprise : les joueurs savent que les chances de réussir sont infimes. Le tennis est honnête.

Une hypocrisie persiste quand même : les joueurs et joueuses pris la main dans le sac prétextent que l'argent gagné était réinvesti dans leur projet. Or, l'argument de « la fin justifie les moyens » n'est pas recevable. Ces trucages permettent à des joueurs de végéter sur le circuit tertiaire qui doit juste servir de tremplin. Tous ceux qui ont réussi sont passés par là. La différence est qu'ils n'y sont pas restés longtemps. Souvent, ceux qui se laissent corrompre sont des joueurs qui malheureusement n'ont pas les capacités pour atteindre le plus haut niveau. Je sais de quoi je parle, j'en faisais partie.

D'un point de vue métaphysique, il m'est difficile de concevoir qu'un joueur qui gagne de l'argent pour perdre puisse se mettre de nouveau à se battre pour s'en sortir et gagner des matchs. Le premier « oui » à cette pratique signe un renoncement qui me paraît irréversible.

Pour être juste, faisons la distinction entre ceux qui jouent des matchs truqués pour survivre et ceux qui le font pour s'enrichir encore plus. Par exemple, Potito Starace et Daniele Bracciali ont gagné respectivement 3,8 et 1,8 millions de dollars en carrière sur le circuit ATP. Ce sont, pour le moment, les deux seuls joueurs ayant fait partie du top 50 durant leur carrière à avoir été bannis par leur fédération pour *match-fixing*. Ils pouvaient difficilement invoquer l'argument financier pour justifier ce choix. La justice les acquitte en janvier 2018, mais la Fédération italienne les condamne en novembre de la même année. En France, la loi dite du 1er février 2012 considère le fait de truquer un match comme un délit pénal qui est passible de 15 000 euros d'amende et de trois mois de prison ferme.

Afin d'alerter l'opinion publique, certains observateurs du tennis aiment à dire que ce problème est pire que le dopage. Je pense quant à moi que ce sont deux fléaux différents qu'il faut également combattre. Il n'y a pas de priorité dans la lutte.

La beauté du sport réside dans cette vérité : il y a un gagnant et un perdant. À partir du moment où le perdant fait exprès de perdre, il vole au gagnant son statut de gagnant. Il lui arrache ses heures de travail, de sueur, ses sacrifices et son mérite. C'est précisément là que le diable se nourrit. Chaque fois qu'un joueur accepte de vendre un de ses matchs, c'est le tennis qui perd.

Passing-shot

Le passing-shot (littéralement « tir passant », plus connu sous sa forme abrégée de passing) consiste, comme son nom l'indique, à passer l'adversaire monté au filet. Il peut être croisé, croisé court, ou long de ligne. Si l'on estime qu'il est particulièrement rapide et violent, on dit qu'il *troue* l'adversaire. S'il passe au-dessus de la tête du joueur, c'est un lob (voir *Lob*).

Hana Mandlikova était une volleyeuse hors pair mais, selon elle, le coup le plus jouissif du monde était le passing de revers long de ligne en bout de course. Ceux qui ont un revers à une main savent. (Ceux à deux mains aussi, me dit Antoine.)

Perdre

« Je déteste perdre. J'imagine que chaque joueur ressent la même chose » (Sharapova).

Voilà, merci, question suivante.

Perfection

PeRFection.

Pernfors, Mikael

Pernfors est un sympathique petit zébulon suédois au short trop grand, avec les jambes en X et une coupe en brosse, qui atteint la finale de Roland-Garros en 1986, où il se fait rétamer en trois sets par Lendl, mais non sans avoir délivré quelques coups fantaisistes qui ont ravi les spectateurs.

Il est aussi connu pour avoir participé, à son corps défendant, à l'une des remontées les plus spectaculaires de Connors, contre qui il menait 6/1 6/1 4/1 à Wimbledon en 1987 (voir *Connors* et *Remontée*).

Le pauvre Pernfors n'en était pas à son coup d'essai puisque, en finale de la Coupe Davis 86, il perdait un match homérique contre Cash 2/6 4/6 6/4 6/3 6/4.

C'est contre lui, enfin, que McEnroe se fait disqualifier pour la première fois de sa carrière, en huitième de finale de Melbourne 90, alors que Pernfors était bien parti pour revenir à deux sets partout.

Perry, Fred (1909-1995)

Fred Perry est célèbre pour avoir été (et pour demeurer, à ce jour) le dernier joueur de tennis *anglais* à avoir remporté le tournoi de Wimbledon (trois fois de 1934 à 1936, auxquelles s'ajoutent trois US Open – alors US Championships –, un Roland-Garros et un Melbourne – alors à Sydney).

Son nom est également connu pour sa ligne de vêtements, comme René Lacoste (voir *Lacoste*).

On sait moins qu'il a été champion du monde de tennis *de table* en 1929, ce qui répond à la question que l'on s'est tous posée certains jours de barbecue dans le jardin, à savoir : la pratique du tennis de table n'est-elle pas déconseillée au joueur de tennis ? (Kyrgios, en postant des vidéos de lui en train de jouer au ping-pong la veille de ses matchs au tournoi de Washington 2019, a également donné des éléments de réponse, dans la mesure où il a gagné le tournoi.)

Petit Chelem

Faire le Petit Chelem, c'est-à-dire remporter trois tournois du Grand Chelem sur quatre, la même année, ça n'arrive pas très souvent, mais tout de même : depuis l'ère dite « moderne », trois fois Federer l'a fait, deux fois Djokovic, une fois Nadal, Wilander et Connors chez les hommes. Et chez les femmes, Margaret Smith Court trois fois aussi (auxquelles il convient d'ajouter son Grand Chelem de 1970), Billie Jean King, Steffi Graf quatre fois (plus le Grand Chelem de 1988), Monica Seles deux fois, Martina Hingis une fois, Serena Williams deux fois.

De toute cette liste, c'est Connors qui peut avoir le plus de regrets : en 1974, on lui interdit de participer à Roland-Garros parce qu'il avait pris part à un championnat « intervilles » américain qui entrait en concurrence avec le circuit officiel. Bien sûr, on ne saura jamais ce qu'il aurait fait à Paris, sur sa moins bonne surface, dans un tournoi qu'il ne parviendra jamais à gagner par la suite. Mais tout de même : avec un ratio de 95,7 % de victoires (record seulement battu par McEnroe en 1984 avec 96,5 %) et un titre à Indianapolis, seul tournoi sur terre qu'il jouera en battant au passage Borg et Orantes, force est de constater que, cette année-là, il était en forme.

Peur

Quand on parle de peur, on pense toujours à celle que l'on ressent, mais il faut peut-être envisager le problème dans l'autre sens : « C'est le truc avec les champions, dit Sharapova, ils s'appuient en partie sur la peur qu'ils inspirent. C'est une bulle qui les protège. Quand elle éclate, tout devient possible. »

Joli programme sur le papier, mais dans la réalité, la première fois qu'elle s'est retrouvée face à Serena, tout ce qu'elle a pu se dire était : « Quel est le plan de jeu, là ? » La confiance de l'une est la panique de l'autre. C'est une splendide *win-lose situation* fondée sur la pente de la peur.

Et comme si ce n'était pas déjà assez compliqué, le propre coach de Sharapova, Robert Lansdorp, lui a très vite fait remarquer : « Plus on vieillit, plus la peur s'insinue dans le jeu. »

Heureusement, chaque poison a son remède. Mais il n'est pas donné à tout le monde (voir *Agressivité*).

Philippoussis, Mark

Membre du gang des serveurs monstrueux, finaliste de l'US Open 1998 et de Wimbledon 2003, d'origine grecque comme Sampras, Philippoussis n'aurait peut-être pas gagné sa place ici sans ce commentaire d'Agassi, qui pourra lui servir d'épitaphe : « Un gamin australien doté d'un talent fou, mais qui est réputé pour le gâcher. »

Pierce, Mary

On est en 2006. Un agent m'appelle et me demande si je veux être le *sparring-partner* de Mary Pierce pour l'Open d'Australie. L'agent avait fait un très bon travail et m'avait convaincu de « l'immense opportunité que cela représentait pour [m]oi ». J'ai un peu réfléchi, demandé conseil dans mon entourage puis accepté de le faire gratuitement quinze minutes plus tard. Il fallait se décider vite, je prenais l'avion le surlendemain.

Je ne savais pas du tout à quoi m'attendre. C'était la première fois que j'allais en Australie. Mary était plutôt sur la fin de sa carrière, mais sortait d'une grande saison 2005, qui l'avait vue atteindre la finale de l'US Open ainsi que celle du Masters. Elle avait une réputation un peu floue due à ses convictions religieuses et était coachée par son frère David.

Nous nous sommes entraînés pendant quatre jours. J'ai pu observer pour la première fois de l'intérieur le fonctionnement d'une immense championne. Aucun détail n'était laissé au hasard : elle modifiait sa tension chaque jour pour trouver l'optimale, encaissait de grosses séances, et, pour être honnête, j'avais parfois du mal à tenir la cadence. J'ai le souvenir de frappes d'une violence extrême. Je côtoyais une grande professionnelle.

J'ai aussi vu ce qu'était une star. Onze ans auparavant, elle avait remporté l'Open d'Australie face à Arantxa Sanchez. C'était comme si sa victoire datait de l'année précédente, tant les gens de l'organisation la respectaient et prenaient soin d'elle. Le public l'arrêtait tout le temps. Elle avait sa photo parmi les vainqueurs du tournoi sur les murs qui longent les espaces joueurs.

La veille du début du tournoi, Mary est allée dans une église dans le centre de Melbourne, et j'ai pensé : « Comment quelqu'un qui contrôle tout ce qu'elle fait, qui vérifie tout elle-même, et qui est donc très pragmatique, peut remettre ses résultats entre les mains de Dieu ? » C'était son rituel, avant chaque grand chelem.

D'un naturel très doux, mais dégageant une force immense, elle est de ces personnes qui n'ont pas besoin de hausser le ton pour faire preuve d'autorité. Il fallait être dans le rythme de ses journées. Il n'y avait pas de place pour la médiocrité.

Elle a remporté son premier tour très facilement face à Nicole Pratt. Le matin de son deuxième tour, elle a senti une douleur à l'épaule. Elle a perdu contre Iveta Benesova, en deux sets. C'était très frustrant, car pendant la semaine de préparation, j'avais vraiment l'impression qu'on était là pour gagner. Je dis « on », parce que c'est ce qu'avait réussi à créer Mary en très peu de temps. Je faisais partie de quelque chose de plus grand que moi. Son ambition avait transpiré sur moi, le temps d'une quinzaine, avant que je retourne à ma réalité du circuit secondaire.

Pioline, Cédric

Il est l'un des héros de mon enfance, car il avait la bonne idée de perdre chaque fois contre Sampras, mon idole : neuf défaites, dont deux en finale de grand chelem (US Open 93 et Wimbledon 97). Le reste du temps, j'étais pour lui.

Grand Prix de Lyon 93 : les deux joueurs se rencontrent en finale pour la deuxième année consécutive, j'assiste à la rencontre, Pioline perd 7/6 1/6 7/5, à un souffle de remporter son premier titre, qu'il arrachera finalement après neuf finales perdues. (Dans ma famille, on connaît ce problème de la dernière marche.)

J'aimais son style, la Prince blanche en métal de ses débuts, son polo Nike glissé dans le short, sa démarche bien à lui. Flegmatique, il était cependant capable de se transformer pour haranguer la foule après un point génial et battre Arazi en quart de Roland-Garros 98 (6/3 au cinquième).

Élégant dans le jeu, il pouvait tout faire avec son revers à une main, varier les trajectoires, lifter, slicer, frapper fort long de ligne. (Il y avait du Tsitsipas dans ce revers.) C'était un joueur athlétique, grand et puissant, mais rapide vers l'avant et doté d'une très bonne volée.

Sans sa raquette, il faisait parfois preuve d'un peu moins d'élégance, comme lorsque, après sa victoire contre Rios en huitième à Roland-Garros 96, il déclara sobrement : « Je crois tout simplement que je l'ai fait voler en éclats, et j'ai explosé son jeu. Je crois qu'il n'y a pas plus de commentaire à faire. » Du Kyrgios avant l'heure. Je me souviens aussi de son bras d'honneur à Bercy (il venait de perdre contre Kafelnikov un match qu'il avait dominé, gêné par une poignée de spectateurs turbulents).

Il passait pour être très individualiste – à vrai dire, je n'ai jamais rencontré un joueur qui ne l'était pas –, mais il a montré qu'il était capable de mettre son ego de côté pour l'intérêt national. Janvier 2001, petit déjeuner à Melbourne, Forget, capitaine de l'équipe de Coupe Davis, lui explique le plan : « On peut gagner cette année, mais à une condition : que tu joues en double avec Fabrice. » Problème, les deux joueurs ne se parlent plus. Ils gagneront trois des quatre doubles disputés pour l'équipe de France, dont celui de la finale en battant Hewitt et Rafter, chez eux, en quatre sets.

Piqué, Gerard

Footballeur catalan souhaitant utiliser l'argent de sa femme pour diversifier ses activités, inventeur d'une nouvelle formule éphémère de la Coupe Davis.

Placé, Jean-Vincent

La politique peut perturber le déroulement d'un match. Nous sommes en 2016 lors du Masters 1 000 de Bercy. Le match oppose Stan Wawrinka à Jan-Lennard Struff, et je vois le Suisse se retourner vers Jean-Vincent Placé, alors secrétaire d'État, qui était visiblement resté un peu trop longtemps à table avec le président de la FFT de l'époque, Jean Gachassin – un fait divers ultérieur confirmera que M. Placé aime bien lever le coude.

« Oh, ça te dérange pas qu'on joue un match ?... Non mais, sérieux, il est minuit, t'as pas envie de voir, tu rentres », lance *the Man* furieux en direction du ministre qui faisait trop de bruit. Il avait gagné le premier set, était mené 5/4 dans le second set (sans break). Il a fini par perdre en trois sets 3/6 7/6 7/6.

Avant le match, il y a toujours quelqu'un (nous-mêmes, parfois) pour nous rappeler : « N'oublie pas de prendre du plaisir. »

Après le match (perdu), on essaie de se consoler : « Ce n'est qu'un jeu. »

Bien, bien, sauf que, non. Ça ne marche pas comme ça.

En 1998, Agassi sort d'une sévère dépression et tente de trouver du sens à sa vie en créant une école pour aider les enfants défavorisés. Il se remotive pour retrouver les sommets (il avait plongé au-delà de la 100e place) et brûle d'un feu nouveau, une joie inédite pour celui qui rappelle sans cesse combien, depuis tout petit, il détestait jouer au tennis. Il affirme que, pour la première fois de sa vie, il se sent bien sur le court.

Au deuxième tour de Wimbledon, il affronte Tommy Haas qui lui prend un set sur une grossière faute d'arbitrage.

Lorsqu'il avait 8 ans, le petit Jeff Tarango lui avait volé un match sur une énorme tricherie. Il en avait pleuré des heures durant et conçu une haine inextinguible pour Tarango. Mais ce jour-là, contre Haas, il en rigole. Résultat : il perd en quatre sets.

Moralité (dont je crains qu'elle soit valable pour tout le monde) : « Je ne sais visiblement pas jouer correctement en étant content. »

Longtemps, je n'ai pas compris ce que voulait dire McEnroe lorsque, à propos de sa défaite à Roland-Garros en 1984 contre Lendl, qu'il considère comme le pire souvenir de sa vie, il déclarait : « Je sais que si j'avais gagné, ma vie aurait été radicalement différente. »

Pire souvenir, OK, j'ai vu le match (c'est même le premier match dont je me souvienne), je peux comprendre (voir *84*). Mais en quoi une victoire aurait changé sa vie, voilà qui m'échappait : 7 ou 8 titres du Grand Chelem, quelle importance, au fond ?

Un journaliste lui a récemment demandé des éclaircissements, et voici ce qu'il a répondu : ce n'est pas que sa vie aurait changé, mais sa place dans l'histoire du jeu. Et McEnroe d'expliquer qu'il espérait être encore dans la liste des dix joueurs les plus importants de l'histoire, mais que, d'année en année, sa place reculait. Et c'était manifestement une source d'angoisse puisqu'il précisait que chaque fois qu'il revenait à Paris il avait mal au ventre pendant deux jours. Son raisonnement était que, en triomphant à Paris, il aurait prouvé qu'il était un joueur plus complet, capable de triompher sur toutes les surfaces, ce qu'aucun serveur-volleyeur n'a fait depuis Rod Laver, le combo Roland-Garros-Wimbledon en carrière étant réservé chez les hommes à une superélite (Borg, Agassi, Federer, Nadal, Djokovic) d'où sont par exemple exclus Sampras, Lendl, Connors, Becker et Edberg (qui lui aussi passa très près contre Chang cinq ans plus tard).

À vrai dire, la question de la postérité les mine tous. Lorsque Nadal dit qu'il n'est pas obsédé par le record de grands chelems, il a beau tourner ça de toutes les manières (« Vous ne pouvez pas être constamment frustré parce que le voisin a une plus grosse maison que vous ou une plus grosse télé ou un plus grand jardin… »), il ment, évidemment, et ça se sent. « Si, d'ici la fin de ma carrière, ajoute-t-il, je peux encore gagner quelques grands chelems de plus et me rapprocher de Roger, ce sera incroyable. Si ce n'est pas le cas ? Eh bien, ça restera incroyable. » Oui, oui. Mais non. Lui, comme les deux autres, ne pense qu'à ça : la place de numéro 1, non pas à l'ATP, mais dans l'histoire.

Au fond, ils font tous la même erreur. Lendl, à qui l'on demandait ce qu'il devait faire pour se faire enfin aimer du public, avait cette réponse naïve : « Gagner et gagner encore. » En 1989, il gagne Melbourne par abandon sur blessure alors qu'il est mené un set un break contre Edberg. Cette victoire lui permet de dépasser McEnroe et d'égaler Connors au nombre de grands chelems (8) tandis qu'elle empêche Edberg de parvenir à sa hauteur et à celle de Wilander (7). Mais pour ceux qui se souviennent des joueurs, qui s'en soucie ? Et pour ceux qu'on a oubliés, à quoi sert d'être juste une ligne dans un classement ? Qui se souvient d'Emerson (douze grands chelems) ?

Qui a gagné le plus de Tours de France ? Les Fausto Coppi (2), Bahamontes (1), Pantani (1) ? Ou les Indurain (5) et les Froome (4) ? Et pourtant, qui sont les légendes ?

Tu peux dormir tranquille, John, ta place est assurée dans l'Olympe, quand Lendl ne sera bientôt plus qu'une ligne dans de vieux classements. Et non seulement ta défaite de 84 contre lui ne t'enlève rien, mais c'est même elle (avec une autre défaite, tu sais laquelle) qui t'élève tout en haut des cieux du tennis, pour les siècles des siècles.

Pouille, Lucas

Il est de ces rencontres où vous savez tout de suite. Celle-là en fait partie. Très vite, j'ai aimé ce calme, ce froid du Nord qui se dégage de lui. Il n'y a pas d'emphase avec Lucas. Ça passe ou ça ne passe pas. Quand j'apprends à le connaître, j'ai 24 ans, et lui 18. Il est un jeune espoir avec beaucoup de potentiel. Ça se sent, et ça se sait dans toute la Fédération.

Nous sommes à l'aéroport de Moscou en transit pour Tachkent, la capitale ouzbèke. Après quatre heures de vol, nous arrivons à la douane pour le contrôle des passeports. Problème, il n'y a personne. Il y a quelques restes d'ex-URSS en Ouzbékistan. Une heure plus tard, nous trouvons un taxi qui accepte de faire les six heures trente de route qui séparent Tachkent de Karchi, lieu de notre tournoi.

Nous partons au milieu de la nuit à travers un pays que nous ne connaissons absolument pas, où il nous est quasi impossible de communiquer sinon par gestes, dans une voiture douteuse conduite par un parfait inconnu. Après avoir croisé 300 moutons et deux voitures, nous arrivons miraculeusement à bon port.

Là, surprise : pas de valise. C'est un détail, mais cela signifiait que j'allais devoir jouer mon premier tour en Nike, équipementier de Lucas à l'époque.

Son coach d'alors, Manu Planque, nous a rejoints deux jours plus tard. Manu est un personnage bien connu dans le tennis français : loué pour ses talents de formateur et d'entraîneur, il est un homme de convictions et il peut lui arriver de déranger. Il m'a tout de suite proposé d'intégrer leur groupe pendant leur tournée. J'avais d'autant plus apprécié sa proposition que, sans elle, je me serais vraiment senti très seul.

Je n'ai pas gagné beaucoup de matchs et donc, pendant deux semaines, nous nous sommes entraînés dur, très dur. J'ai compris qu'à l'âge de Lucas, je ne m'entraînais pas comme ça, pas à cette intensité. Je me suis rendu compte que peu le faisaient. En plus d'avoir plus de facilité tennistique que moi, il avait aussi plus travaillé que moi, tout simplement. C'est peut-être même ça qui lui donnait cette confiance naturelle. C'est peut-être là aussi que j'ai pris conscience que je n'y arriverais pas. En tennis, on ne rattrape jamais le temps perdu.

J'ai senti une immense confiance de Lucas en Manu, et de Manu en Lucas. C'était la force de leur duo. Selon Lucas, cette connexion est née dans l'avion du retour d'une longue tournée en Amérique du Sud. Manu a dit à Lucas qu'il avait tout pour être très fort, qu'il fallait qu'il travaille dur, et surtout qu'il allait tout faire pour l'aider à atteindre cet objectif. C'était la première personne qui lui disait ça. Dans un sport où la solitude est un fléau quotidien, avoir une personne compétente qui se met dans le même bateau que vous, cela vous donne une grande force. Bien sûr, il faut aimer son entraîneur, et l'entraîneur doit aimer son joueur. Il n'y a pas de succès sans un investissement émotionnel total. C'était leur cas, comme le dit Lucas : « Quitter quelqu'un qu'on aime c'est dur. »

Leur collaboration a duré six ans. Pendant cette période, Lucas a atteint la 10e place mondiale, fait demi finale en Masters 1 000, fait deux fois quart de finale en grand chelem, à Wimbledon et l'US Open, en battant Rafael Nadal en cinq sets sur le plus grand court du monde. Il a gagné la Coupe Davis et a remporté des tournois sur toutes les surfaces.

Le mercredi 30 octobre 2019, je fais l'aller-retour à Biarritz dans la journée pour enregistrer mon émission avec lui. Il est en convalescence suite à une blessure au coude qui l'a contraint à mettre un terme à sa saison, le privant du Masters 1 000 de Bercy ainsi que de la Coupe Davis nouvelle version. Je m'attendais à trouver un champion avec le moral en berne. Je suis tombé sur quelqu'un qui s'était déjà remis au travail, à raison de deux entraînements physiques par jour, et qui prenait le temps de se projeter sur la saison à venir en analysant les erreurs du passé. Il remettait en cause ce qui n'avait pas marché tout en consolidant le positif.

Il a été foudroyé par une très forte grippe juste après sa demi-finale à l'Open d'Australie, tombant sous la barre des 79 kilos. La dernière fois qu'il avait fait ce poids, c'était à 15 ans. Selon lui, sa première erreur est d'avoir repris trop tôt, grisé par l'envie de revenir le plus vite possible, et ne prenant pas assez de temps pour se refaire une bonne condition physique. Il est de ces joueurs qui sont impactés par les événements qui se passent hors du court, or il m'a fait comprendre qu'il avait été affecté dans sa vie personnelle. Il est difficile d'être heureux sur le court quand on ne l'est pas en dehors.

Il sait qu'il n'a que 25 ans et que sa carrière sera encore longue. Les carrières de Federer ou Nadal l'inspirent par leur durée. Je le trouve moins pressé, plus réfléchi qu'auparavant. Peut-être qu'il fallait passer par un peu de précipitation pour faire les bons choix plus tard. En tout cas, il donne le sentiment d'avoir appris et de savoir ce qu'il veut : « J'ai un rêve depuis toujours, c'est gagner un grand chelem. Aujourd'hui, mon rêve est devenu un objectif. »

Première fois

Roger Federer a donné une interview à Mouloud Achour pour Clique Sport peu avant Roland-Garros 2019. Dans cet entretien, il dit que le match le plus important de sa carrière, c'est sa victoire contre Pete Sampras en huitième de finale à Wimbledon en 2001. Richard Gasquet, dans mon émission « Échange », m'a confié que son meilleur souvenir est sa victoire contre Squillari à Monte-Carlo alors qu'il n'a que 15 ans et qu'il va ensuite jouer contre Safin. Federer ne parle pas de son premier titre à Wimbledon ou de son seul titre à Roland-Garros. Gasquet ne mentionne pas une de ses demi-finales en grand chelem.

Leurs plus beaux souvenirs sont les matchs qui les ont fait devenir le joueur qu'ils avaient rêvé d'être quand ils étaient plus jeunes. Alors bien sûr, à chacun son rêve. Quand Federer bat son idole Pete Sampras sur le Center Court de Wimbledon, il se prouve pour la première fois qu'il est de la trempe de ceux qui font l'histoire de ce jeu. Pour Gasquet, c'est la première fois qu'il a ressenti « qu'il en faisait partie », meilleur sentiment qui soit.

S'il est commun de se rappeler ses premières fois, elles sont rarement nos meilleurs souvenirs. Il semble qu'il en aille différemment au tennis finalement.

Première raquette

Au début, j'ai commencé avec ce que je trouvais, de vieilles raquettes disponibles au club. Jusqu'au jour où mes parents m'ont offert la plus belle chose de ma courte vie : la Wilson Pro Staff Tour Classic, junior édition.

Elle était bleu roi, avec le drapeau américain sur le cadre. Ma première raquette à moi pour de vrai. Je dormais avec.

Elle était ma meilleure copine. J'errais dans le Tennis Club de Bourg-en-Bresse en la traînant derrière moi, passant d'une leçon avec mon prof au mur d'entraînement, mon autre meilleur ami de l'époque. J'en ai imaginé, des matchs, contre Sampras, Agassi ou Courier. Je les gagnais tous, même si le mur, lui, ne ratait jamais. Il ratait tellement peu qu'il m'arrivait de me sentir frustré. Jusqu'au jour où j'ai commis l'irréparable : j'ai cassé ma meilleure amie.

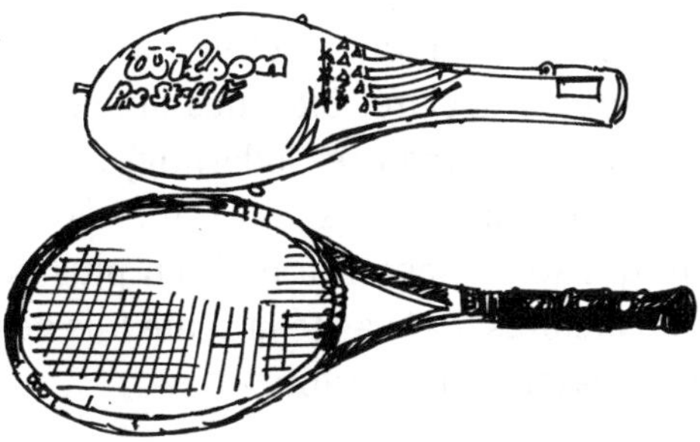

Comment en suis-je arrivé là ? Je joue alors un match très serré contre Agassi (je suis évidemment Sampras), il arrive à me prendre la quatrième manche et me pousse au cinquième set au bout d'un tie-break exceptionnel. Je n'ai pas accepté. J'ai pris ma raquette et l'ai jetée sur ma housse de toutes mes forces. Je croyais avoir assuré le coup, j'avais vu un de mes potes faire ça à l'entraînement. En revanche, je n'avais pas vu le tube de balles Dunlop Fort en métal qui se cachait sous la couture. J'ai tout de suite compris, au « crac » qu'a fait ma raquette.

Au début, j'ai voulu faire croire à une erreur de fabrication à mes parents. Ils ont montré ma raquette au cordeur du club et le résultat de l'autopsie était sans appel : c'était bel et bien moi le coupable.

La sentence fut lourde : un sermon moralisateur sur mon comportement d'enfant gâté ainsi que sur combien c'est mal de mentir. Je me retrouvais à devoir jouer avec une ancienne raquette que mon frère n'utilisait plus.

L'imbécile, je m'étais privé de la chose la plus importante au monde.

Pression

À propos de son unique victoire à Roland-Garros, en 2009, Federer a déclaré, bien des années plus tard : « La défaite de Nadal [contre Söderling] a eu des effets conséquents sur moi. J'avais alors en tête l'immense opportunité qui se présentait à moi, en plus de mon jeu et de mes adversaires. Cela a été la seule fois de ma vie où j'ai vraiment ressenti la pression. »

La.

Seule.

Fois.

Moi, c'était encore la semaine dernière, au deuxième tour du tournoi du Raincy, contre un 15/2 de 15 ans : je menais 6/4 3/0 balle de 4/0. J'ai mis une volée haute de coup droit dans la bande du filet. J'ai perdu 4/6 6/4 6/3.

À ma décharge, je n'avais encore jamais battu de 15/2 et j'avais absolument besoin de cette victoire pour rester 15/3.

L'enjeu n'était donc pas exactement le même.

Prise

Si vous voulez tout savoir sur les prises, marteau, continentale, western, semi-western, eastern, lisez Bill Tilden, il explique tout ça très bien dans son livre *Match Play and the Spin of the Ball* (voir *Tilden*).

Cela dit, tout ce que vous avez besoin de savoir, au fond, c'est que, pour lifter ou recouvrir, il faut fermer. En revanche, au service ou à la volée, surtout pas, sinon vous aurez l'air d'un crapaud arthritique.

Et encore, peut-être n'avez-vous même pas besoin de cette précision : McEnroe a fait toute sa carrière avec une seule prise marteau, et il ne s'en est pas trop mal sorti.

Professionnel

C'est comme une dimension parallèle. Jusqu'en 1968 et la naissance de l'air open (l'ouverture de tous les tournois aux professionnels), il y avait le circuit amateur, celui que l'on connaît, avec ses Wimbledon, ses Roland-Garros, ses Coupes Davis, son palmarès centenaire, le Grand Chelem de Budge en 1938 et celui de Laver en 1962. Et puis l'autre, le maudit, le paria, le circuit des bannis : dès l'instant que vous passiez professionnel, c'était fini. Adieu Wimbledon et Roland-Garros, adieu Forest Hills, adieu la Coupe Davis…

Si vous êtes un champion d'avant 1968, votre place dans les livres d'histoire du tennis dépend de la date à laquelle vous êtes devenu professionnel. Suzanne Lenglen a pris le temps de gagner douze grands chelems avant de passer pro et de partir en tournée. Tilden dix. Tous les champions finissaient par y passer : ils aimaient la gloire, bien sûr, mais l'argent aussi, comment leur en vouloir ?

Lewis Hoad : quatre grands chelems en deux ans (1956-1957) avant de faire le saut. Pancho Gonzales : un. Pancho Segura : zéro. À lui tout seul, Jim Courier compte donc autant de victoires en grand chelem que ces trois gars, *qui font pourtant partie des plus grands champions de l'histoire du jeu.*

Comment est-ce possible ? En fait, le palmarès de ces joueurs sur le circuit pro est infini. Mais il n'est même pas mentionné sur Wikipédia (sauf pour Gonzales). Qui se souvient que, en marge des tournois du Grand Chelem, il y avait un Roland-Garros *Pro*, un Wembley *Pro* (équivalent *indoor* de Wimbledon), un US *Pro*, etc. ? Il y avait des tournées organisées comme des matchs de boxe à répétition, entre deux ou quelques joueurs, qui s'affrontaient pendant des mois, voire des années, en face-à-face.

Par exemple :

1949-1950 : Jack Kramer *vs* Pancho Segura, 96-27 (!).

1955-1956 : Pancho Gonzales *vs* Tony Trabert, 74-27.

1958 : Gonzales *vs* Hoad, 51-36.

1963 : Rosewall *vs* Laver (pour sa première année en pro), 38-13.

« Deux sets que les mots ne peuvent décrire... Chaque point fut gagné et aucun ne fut perdu. Hoad et Gonzales s'installèrent dans la perfection, si elle est de ce monde... Nous étions soulevés d'une passion intense mais purement esthétique pour ce combat. » De quel match peut bien parler cet article de *Tennis de France*, signé du jeune journaliste Philippe Chatrier (voir *Chatrier*) ? De la demi-finale du tournoi pro de Roland-Garros 1958.

Tous ces moments se sont perdus dans l'oubli, et pourtant ils ont été, en leur temps, vécus avec passion. N'est-il pas étrange que les légendes meurent aussi ?

Psy

« Pourquoi payer 300 dollars pour écouter les conneries d'un psy quand vous pouvez dépenser la même somme et finir avec une magnifique paire de chaussures que vous pourrez porter tous les jours ? »

Journal intime de Maria Sharapova,
cité dans son autobiographie *Unstoppable*.

Q

80

Les années 80 ne pouvaient pas mieux commencer. La finale mythique de Wimbledon inaugure la décennie dorée du tennis. Logique.

Serge Daney, faisant preuve d'une prescience qui n'avait d'égale que la sobriété de son style, écrivait dans *Libération* : « Finale épique, inoubliable. Match important. »

Euh, oui.

L'avantage de Daney, c'est qu'il a vu le match, en entier, et pas juste les *highlights* sur YouTube.

Qui se souvient, qui a jamais su, que les deux premiers sets n'étaient pas terribles ?

« La durée d'un match dépend de la capacité des joueurs à créer ce temps en plus dont ils ont besoin pour gagner, à le faire surgir au détour d'une phase de jeu. »

Ce qui nous amène au quatrième set.

« Chose rare, surtout en finale, d'assister à un match où les moments de plus grande tension sont aussi ceux du plus beau tennis. Coïncidence miraculeuse. » Nous y sommes. McEnroe a déjà sauvé deux balles de match. Tie-break.

Toujours clairvoyant, quoique sans excès d'enthousiasme, Daney nous livre son analyse : « Ce tie-break est, je crois, l'un des grands moments du tennis depuis très longtemps. »

34 points plus tard, McEnroe l'arrache sur le score délirant de 18-16, à sa septième balle de set, en ayant sauvé cinq balles de match de plus.

Puis le cinquième set commence et Serge Daney s'emballe enfin, « chaque échange se gravant aussitôt dans la mémoire du spectateur comme un hiéroglyphe ou une figure parfaite qu'on a envie de mimer, de dessiner, de raconter ». Pas de tie-break au cinquième : Borg gagne 8-6.

Borg à genoux, les bras en croix. McEnroe défait, mais qui a pris date (il prendra sa revanche un an plus tard). Devant leur télé, Lendl, Becker, Edberg, Wilander, Cash, Stich, Agassi, Courier et Sampras, aussi.

Cette finale, c'est l'Ancien Testament à l'envers : personne n'est chassé du paradis. C'est l'âge d'or qui commence. Peut-être qu'il dure encore.

84

(Parus dans *L'Équipe*, mai 2016.)

3/6 2/6 6/4 7/5 7/5. J'ai plus de chances d'oublier mon code de Carte bleue que ce score. Ceux qui ont vécu la décennie dorée, celle qui s'ouvre avec le Borg-McEnroe de Wimbledon et s'achève par l'irruption de Sampras à l'US Open, ou qui connaissent un peu l'histoire du tennis, savent de quoi il retourne. Finale de Roland-Garros 84, j'ai 12 ans, McEnroe s'envole vers son cinquième grand chelem. « Service d'Égyptien », comme dit Deleuze, volées déposées dans tous les coins du court, la garde baissée, comme si tenir sa raquette haut devant soi était trop vulgaire, trop scolaire, à l'affût toujours mais le dos droit pourtant, mi-chat mi-Cantona, McEnroe écrase Lendl avec l'insolente facilité dont il fait preuve depuis qu'il a surgi de nulle part, c'est-à-dire des qualifs, à Wimbledon en 1977, pour se hisser en demi-finale, exploit rare qui augurait de la suite.

Ce dimanche de juin 1984, McEnroe n'a pas perdu un set du tournoi ni un match de l'année, il a exécuté Connors en demie, il mène 6/3 6/2, il va breaker dans le troisième. Je tape un peu dans la balle pendant les vacances scolaires, le reste du temps, je joue dans la rue avec des balles en mousse et des Caddies de supermarché alignés pour faire le filet. L'année précédente, j'ai suivi d'un œil distrait la victoire de Noah. C'est dimanche, mon père doit me ramener chez ma mère. Je laisse donc McEnroe à son entreprise de démolition géométrique. Mais quand j'arrive à destination, je rallume la télé et je vois que le match n'est pas fini, Lendl a arraché le troisième set. Il n'a pas inversé la tendance, non, il s'est juste accroché comme il a pu, avec son orgueil et son coup droit, pour retarder l'issue fatale d'une cinquième défaite en finale de grand chelem, lui qui court toujours après sa première victoire (et Murray se souviendra de ce match, lui aussi, lorsqu'il le prendra comme coach). Peut-être McEnroe a-t-il un peu baissé, mais à peine, l'Américain ne s'effondre pas, les deux derniers sets sont au couteau, la balance du destin oscille comme une balle sur la crête du filet, c'est sauvage et beau, et moi, alors, petit garçon influencé sans doute par mon père communiste (à l'époque Lendl est encore tchécoslovaque) et sans doute aussi par ma mère qui n'aime pas les voyous mal élevés, je souhaite bêtement la victoire de Lendl, et, à la fin, Lendl gagne. Il paraît que

McEnroe vomit avant la remise de la coupe. À cet instant, évidemment, je ne saisis pas l'influence de ce match sur ma vie (ni celle de McEnroe sur la construction à venir de mon identité, mais c'est une autre histoire). Ce jour-là, pourtant, sans le savoir, je comprends ce qu'est la dramaturgie, je comprends la tragédie, je comprends l'ironie, le tennis comme métaphore de la vie.

Le soir même, je suis allé refaire le match contre le mur de ma chambre, avec ma raquette et ma balle en mousse, et puis, les jours suivants, j'ai rêvé d'autres matchs, sur d'autres tournois, et pendant des années, silencieusement, j'ai joué des matchs dans ma chambre, inventant des scores, des victoires, des défaites, des saisons, des carrières entières, bâtissant des fresques grandioses, serrant les poings, levant les bras, plongeant, construisant mes points, ramenant des coups impossibles, jeune joueur sortant des qualifs puis, tournoi après tournoi, gravissant les échelons de la gloire jusqu'à des finales remportées en cinq sets contre Edberg ou Becker.

En définitive, c'est le tennis qui m'a appris à me raconter des histoires.

Il y a eu beaucoup d'autres matchs, depuis cette finale, qui sont restés gravés dans ma mémoire : les miens, ceux des autres. Pourtant, comme Orson Welles dans *Citizen Kane* se remémorant le nom de son traîneau d'enfant sur son lit de mort, c'est cette combinaison à dix chiffres que j'emporterai avec moi, mon *Rosebud* personnel : 3/6. 2/6. 6/4. 7/5. 7/5.

Quick

Peut-être bien la pire surface. L'apprentissage du tennis sur ce revêtement est quasi impossible et en décourage plus d'un : la balle rebondit trop haut et va beaucoup trop vite pour le débutant. Si le terrain est mal entretenu, vous y verrez des mauvaises herbes s'immiscer entre les joints qui relient les différentes parties du court tel un mauvais puzzle. Si vous êtes fragile physiquement, le béton poreux vous endommagera les articulations à force de n'offrir aucun amorti.

Le quick est si répandu (pour des motifs économiques) qu'il est peut-être l'une des raisons de la baisse du nombre de licenciés en France. Il fait aussi le bonheur des fabricants de balles, puisque cette surface les use plus vite que n'importe quelle autre. D'ailleurs, aucun tournoi du circuit ATP ne se joue sur cette surface.

En match, il favorise le joueur offensif qui aime prendre le filet. Si le joueur frappe à plat, il verra sa balle fuser (il ne s'appelle pas quick pour rien). Le kick au service y est très efficace. L'amortie beaucoup moins (puisque la balle rebondit trop).

Cette surface nivelle. Elle empêche les créatifs de s'exprimer et les médiocres de progresser.

Je suis pour son extinction pure et simple.

R

Race

Voir : *Santoro*.

Racing Club de France

À l'origine, il s'agit d'un club d'athlétisme créé par des élèves du lycée Condorcet en 1882, devenu ce club omnisports, formateur d'athlètes dans plusieurs disciplines : athlétisme, escrime, natation, rugby, hockey sur gazon, football, et puis tennis. Les joueuses et les joueurs français passés par ce club sont nombreux : Yannick Noah, Patrick Proisy, Éric Deblicker, Cédric Pioline, Richard Gasquet, Arnaud Boetsch, Guy Forget, Georges Goven, Julie Halard, Françoise Dürr, Camille Pin, Jacques Renavand (voir *Chez Castel*), son fils Nicolas Renavand, Julien Benneteau, Nicolas Mahut, Roger-Vasselin père et fils, etc.

Les Mousquetaires ont contribué à la grandeur de ce club : Brugnon et Borotra ont remporté 13 titres de champions de France (simple et double) sous les couleurs ciel et blanc.

Le 5 juin 1983, jour de sa finale à Roland-Garros, Noah a déjeuné au self du club avant son match.

À une certaine époque, il fallait non seulement être parrainé pour devenir membre, mais aussi passer devant un comité d'admission. Au plus fort de sa notoriété, Lino Ventura voulait en être. Il se rend au siège du club, rue Éblé, à Paris (le club, lui, se trouve dans le bois de Boulogne). Il arrive avec son parrain dans une salle où se trouvent un bureau et trois membres du jury.

« Bonjour, messieurs, dit Ventura.

— Bonjour, monsieur. Nom, prénom ? »

Ventura regarde son ami.

« Ventura, Lino, répond-il agacé.

— Profession ? »

Ventura se lève, tape des deux mains sur la table, regarde son pote et lui dit : « On se casse ! »

Audiard un jour...

Rafter devrait être le dernier Australien en date à avoir remporté Wimbledon si deux facteurs n'étaient venus contrarier sa destinée.

Tout d'abord, l'espèce de grâce mystique qui a semblé frapper Ivanisevic à Londres en 2001 (quand, 125e mondial, il bat Rafter en finale 6/3 3/6 6/3 2/6 9/7).

Ensuite, le ralentissement du gazon qui va, dès l'année suivante, faire gagner Hewitt contre Nalbandian, *du fond du court.*

Rafter, c'est dix ans de carrière (1991-2001), deux victoires éclatantes à l'US Open (1997, 1998), deux finales à Wimbledon perdues en cinq sets (2000, 2001), une occasion gâchée par des crampes à Melbourne en demie contre Agassi (7/5 2/6 6/7 6/3 6/3 en 2001), et une retraite à 29 ans, alors qu'il est encore au sommet, parce que son service lifté lui aura détruit l'épaule.

Cela dit, au-delà des raisons médicales, il y a quelque chose de symbolique dans cette retraite précoce : avec lui, et Sampras un an plus tard, sonne la fin du règne des serveurs-volleyeurs.

Il y a comme une espèce de représentation visuelle dont l'évolution correspond à cette lente extinction de l'espèce. À l'insolente facilité de McEnroe, debout, la garde basse, enchaînant tranquillement son service slicé et posant sa volée de revers à 10 mètres de l'adversaire, succède la compacité d'Edberg, déjà plus physique avec son violent service ultralifté, et sa position assise, prêt à intercepter tout ce qui vole. Puis vient Sampras la machine, flinguant tout ce qui bouge au service pour finir au filet si jamais la balle revient. Et enfin Rafter, peut-être plus physique que tous les autres, parce que la qualité des retours et la puissance des passings tirés de tous les coins du court l'obligent à aller chercher ses volées au forceps, à les remettre du bout de la raquette, au bord du plongeon, multipliant les sauvetages miraculeux. Fini, les volées impériales de McEnroe, place aux coups de raccroc dans tous les sens. Chaque montée au filet oblige désormais à l'exploit.

Et puis un jour, même l'exploit ne suffit plus. Stepanek, Llodra, Lopez, Mahut… Les volées miraculeuses jaillissent toujours de temps à autre, mais les volleyeurs reculent de 25 places au classement. Fini, les grands chelems.

Rafter (numéro 1 pendant une semaine en 1999), c'était encore très fort, mais c'était la limite.

On raconte que Sampras, à qui cette débauche d'efforts au filet et cette profusion de volées de raccroc n'avaient sans doute pas échappé, ne tenait pas le jeu de Rafter en très grande estime. Lorsqu'on lui avait demandé ce qui les différenciait, il avait répondu, un brin méprisant : « Dix titres du Grand Chelem. »

Rafter était-il moins talentueux ? Peut-être, mais un an plus tard, Sampras aussi jetait l'éponge.

Ramasseurs de balles

Un bon ramasseur connaît les habitudes des joueurs : Sampras qui ne servait qu'avec une seule balle (jamais de balle dans la poche), Nadal qui a besoin de deux serviettes, une de chaque côté du court, et qu'on les lui apporte bien tendues, pour perdre moins de temps…

Pardon ?

J'ai en tête l'image de Verdasco hurlant sur un ramasseur qui ne lui apporte pas sa serviette assez vite. On connaît aussi le geste de s'essuyer le visage effectué systématiquement par Tsonga pour réclamer la sienne.

Je pense que, à la base, il y a eu un malentendu, que les organisateurs de tournoi ont complaisamment laissé prospérer.

Les *ball boys* ne sont pas vos *boys*. Si vous voulez votre serviette, allez la chercher vous-mêmes.

Raonic, Milos

La Yougoslavie n'existe plus mais ses enfants courent toujours.

Milos Raonic a quitté le Monténégro à l'âge de 4 ans pour aller vivre au Canada, et, plus tard, il a décidé d'empiler les aces avec une prise continentale ouverte. Les Slaves du Sud n'ont jamais rechigné aux paradoxes.

Rater

« C'est normal de rater » (Federer).

Real tennis

Un jour que j'étais à Oxford, j'ai visité un terrain de *real tennis* (un dérivé du jeu de paume, ancêtre du *lawn-tennis*, qui se jouait, non pas dehors sur du gazon, mais *indoor*, sur du parquet) tel qu'il en existe encore dans certains coins d'Angleterre. Celui-ci se trouve au Merton College : dans une ambiance très *Harry Potter*, au milieu de boiseries et de travées grillagées, il y avait un filet, à peu près de la hauteur et de la largeur de ceux des courts modernes, quoique nettement plus affaissé en son milieu, ainsi que des marques au sol indiquant les emplacements successifs du serveur, qui devait engager au gré des points, d'abord à 15 pas. Puis à 30. Et enfin à 40.

Enfin du concret.

Régime

Gluten, sans gluten : oubliez ces bêtises. Djokovic était numéro 3 mondial *avec gluten*. Je veux bien souffrir de la même intolérance.

Un régime n'est pas quelque chose de compliqué. McEnroe, avec le génie qui le caractérise, nous l'explique en une phrase : « À partir de maintenant, plus de Häagen-Dazs, et plus aucun dessert, ni de bière. »

Cela dit, et pour être tout à fait honnête, le régime de McEnroe ne lui ayant pas apporté les résultats espérés, il l'abandonnait quelques mois plus tard, et constatait (nous sommes à l'automne 1986) : « Avec mon nouveau régime cheeseburger-dessert-bière, j'ai rapidement remporté trois tournois de suite, à San Francisco, Los Angeles, et Scottsdale, en Arizona. »

Voir : *Étirements*.

Remontée

Le foot se gargarise de quelques rebondissements un peu spectaculaires, Manchester-Bayern 99, Liverpool-Milan 2005, et puis, évidemment, Séville 82 ou France-Bulgarie 93, oui bon, pas de quoi remplir des annales.

Alors qu'en tennis...

Qui n'a pas remonté un handicap de 5/2 au troisième set, qui n'a pas inversé le cours d'un match alors qu'il était mené 6/2 4/1, qui n'a pas sauvé quatre balles de match dans un tie-break ne connaît pas le sel de la vie.

Florilège.

Wimbledon 1987, huitième de finale : Pernfors écrase Connors 6/1 6/1 4/1. Mais Connors sera toujours Connors : il gagne 1/6 1/6 7/5 6/4 6/2, sous les hourras de la foule.

Finale de Roland-Garros 1999 : Agassi, complètement à la rue, se fait défoncer par Andreï Medvedev, 6/1 6/2. Il tient jusqu'à 4/4 au troisième, mais offre une balle de break à Medvedev en faisant deux doubles fautes. Premier service faute. Medvedev s'avance avec gourmandise. Il sait qu'après deux doubles, Agassi ne prendra pas le risque de frapper sa deuxième balle. Mais il la frappe. Agassi sauve son service. Plus tard, il dira : « C'était le moment Medvedev, il l'a laissé passer. » Le kid gagne son premier et seul Roland-Garros, 1/6 2/6 6/4 6/3 6/4.

Finale de Roland-Garros 2004 : l'Argentin Coria écrase l'Argentin Gaudio 6/0 6/3. Mais que se passe-t-il ? Stress ? Problème de dosage ? Coria a des crampes dans le troisième set. Finalement, Gaudio gagne 0/6 3/6 6/4 6/1 8/6. C'était leur première finale de grand chelem à tous les deux ; ils n'en vivront pas d'autre.

Wimbledon 2014, troisième tour : Gasquet mène deux sets à rien contre un jeune Australien inconnu, mais celui-ci revient à deux sets partout. Je regarde le match. La dynamique est tellement en faveur de l'Australien, celui-ci joue de façon si inspirée, la peur de Gasquet est si palpable que je me prends à miser sur un site de paris en temps réel : chaque fois que Gasquet obtient une balle de match, certain qu'il va la foirer, je mise sur son adversaire, dont la cote bondit mécaniquement. Résultat : Gasquet perd 3/6 6/7 6/4 7/5 10/8 en ayant eu neuf balles de match, et je ramasse quelques dizaines d'euros au passage. Au tour suivant, l'Australien bat Nadal. C'est Kyrgios.

Cependant, le retournement le plus incroyable reste celui de Roland-Garros 84, non pas la finale épique dont je parle longuement par ailleurs (voir *84*), mais cet anonyme troisième tour opposant le Suisse Gildemeister au Suédois Sundström. Gildemeister mène 6/2 6/0 5/1 30-0. Autant dire qu'il est tellement bien parti qu'il est bientôt arrivé. Que croyez-vous qu'il arriva ? Ce fut le Suédois qui triompha, 2/6 0/6 7/5 6/3 6/4. Serge Daney, qui couvrait le tournoi pour *Libération*, écrivait le lendemain : « Deux machines désynchronisées qui fournirent un match émouvant avec même un début de dialogue. »

Renshaw, William (1861-1904)

En 1881, William Renshaw invente le smash.

Son adversaire a dû être surpris, la première fois. (Les fois suivantes aussi, puisqu'il a gagné sept fois Wimbledon en simple, et cinq fois en double avec son frère jumeau, Ernest.)

D'un autre côté, je me demande comment on faisait avant, sur les lobs.

Retour

Il est aussi important que le service, et les trois ogres l'ont bien compris.

Novak Djokovic en est devenu le maître. Peu importe le serveur en face de lui, il donne l'impression d'être toujours à l'heure. On pourrait croire qu'il serait surpris en coup droit, avec sa grande gestuelle. Il n'en est rien. Il arrive parfaitement à rester compact, et avoir une grande maîtrise. C'est même grâce à ce coup qu'il a remporté l'US Open en 2011. En demi-finale, il est mené 5/3 40-15 au cinquième set face à Federer. Souvenez-vous de la façon dont il a sauvé la première balle de match. Federer fait son slice, et Djokovic, qui avait anticipé, réplique par un coup droit croisé gagnant reparti aussi vite qu'il était arrivé.

J'ai vu Djokovic travailler la réactivité de son œil grâce à des lunettes fabriquées spécialement pour limiter son champ de vision. Son entraîneur lui lançait des balles, et le Serbe devait réagir, avec ses lunettes « futuristes » sur le nez. Est-ce là que réside son secret ?

Rafael Nadal, lui, préfère se donner du temps. Pendant Roland-Garros 2018, sa position de retour était à une distance moyenne de 4,57 mètres derrière la ligne de fond de court. Ça ne lui pose aucun problème de perdre du terrain dès le retour, car il sait qu'il a les capacités physiques pour couvrir le reste du court. De plus, en se donnant du temps, il peut frapper beaucoup plus fort dans ses retours, ce qui pousse son adversaire à devoir faire un très bon deuxième coup. Il compense avec sa qualité de balle.

À l'inverse de Rafa, Federer enlève du temps à son adversaire dès la relance. Il est fréquent de le voir sur sa ligne de fond de court pour effectuer ce coup, quitte à slicer en revers ou juste « bloquer » en coup droit. Il peut même s'avancer à l'excès quand il tente le « SABR » (*Sneak Attack By Roger*), ce retour de service pris en demi-volée, suivi immédiatement au filet. (Kyrgios essaie parfois de l'imiter.)

Boris Becker, alors qu'il était coach de Djokovic, a dit du SABR : « Un tel retour témoigne d'un manque de respect pour son adversaire. » Boris est d'une autre époque : celle de Sampras qui, quand il avait pris le service de son adversaire, ne jouait plus ses autres jeux de retour, se consacrant uniquement à sa mise en jeu. Depuis, les instances du tennis ont ralenti les surfaces, et les joueurs ont tous progressé dans ce domaine, ce qui fait du retour de service le coup qui a le plus évolué ces dernières années.

Revers

Dans le monde tennistiquement renversé, le revers est un outil pour la victoire.

Revers à deux mains

Les pionniers sont connus : Chris Evert, Jimmy Connors, Björn Borg. Tous trois osèrent mettre la deuxième main sur le manche de leur raquette pour effectuer un revers. La raison ? Quand Connors prend une raquette pour la première fois, elle est tout simplement trop lourde pour lui. Il la saisit à deux mains et débute ainsi le tennis. C'est aussi pour cela que Santoro joue à deux mains des deux côtés (voir *Santoro*). Mais les techniques diffèrent entre le revers rectiligne de Jimbo et celui très brossé de Borg. Non content d'inventer un coup, chacun lui imprimait sa singularité. C'est en 1974 que ce coup a connu son essor. Evert dominait le circuit féminin, Borg et Connors le circuit masculin. La démocratisation était en marche.

L'histoire du tennis a vu le revers à deux mains pratiqué dans de nombreux styles. Jim Courier s'est inspiré du base-ball. Celui de Kafelnikov est esthétique et régulier. André Agassi le frappait très fort et à plat. Marcelo Rios arrivait à pallier sa petite taille (1,75 mètre) par un saut génial juste avant de s'engager de tout son corps dans la balle. Safin lâchait des coups de fusil sans forcer, avec l'insolence qui le caractérisait. Il y a aussi eu le revers « métronome » de Nalbandian, le « deuxième coup droit » de Nadal. C'est aussi l'arme fatale de Benoît Paire, qui utilise tout son bras gauche. Djokovic en a fait une arme parfaite alliant puissance et précision chirurgicale.

Aujourd'hui, on ne compte qu'une quinzaine de revers à une main parmi les 100 premiers joueurs mondiaux. Le revers à deux mains a remporté la bataille des idées : il n'est peut-être pas aussi esthétique, il ne permet pas autant de grâce, mais il est plus sûr, plus efficace pour un plus grand nombre de joueurs. Evert, Connors et Borg ont réussi leur révolution.

Revers à une main

Ce qui est rare n'est pas toujours cher. Contrairement à ce qu'on pourrait penser, ce n'est pas sa relative rareté qui fait le prix du revers à une main.

Le coup droit à deux mains, par exemple, est encore plus rare, mais, sorti du léger sentiment de curiosité suscité par tout ce qui est un peu original et vaguement monstrueux, il n'intéresse personne *en soi*. Santoro, Seles, Gene Mayer, Hans Gildemeister, soit. Bartoli. Une fois ces noms égrainés, il n'y a plus rien à dire.

Le revers à une main est le contraire de cette aberration mécanique ; il est l'expression d'un naturel à l'état pur. Cette caractéristique différentielle, il la conserve d'ailleurs face à son homologue à deux mains : là où celui-ci est coup de hache, celui-là est gifle. On n'ahane pas à une main, on laisse partir le bras, et le reste du corps suit, dans un abandon presque lascif. Il y a quelque chose d'érotique dans cette violence. À deux mains : compacité. À une main : relâchement.

Sprezzatura, disaient les Italiens de la Renaissance, pour désigner cette forme d'élégance née d'une nonchalance apparente : on balaie d'un revers de la main.

La supériorité du revers à une main est donc esthétique. Quoi de plus beau ? Rien.

On dit qu'elle se paierait d'un déficit d'efficacité, qui serait la cause de sa disparition progressive. Combien de livres n'a-t-on pas écrits sur les difficultés de Federer face à Nadal : revers à une main *vs* coup droit de gaucher, équation mortelle. (Comme si les autres s'en sortaient tellement mieux… On notera d'ailleurs que cette littérature s'est soudainement éteinte après la finale de Melbourne 2017, que Federer remporte *grâce* à son revers.) Il est vrai que depuis la dernière vague des Australiens des années 70, avec l'arrivée de Borg et Connors, le revers à une main a progressivement cédé la place, passant d'une situation de quasi-monopole à un statut tellement minoritaire que certains ont pu prédire son extinction définitive.

Moins efficace, donc ? Federer, tout de même (et Sampras contre Agassi, Edberg contre Wilander, McEnroe contre Borg, Graf contre Seles, Navratilova contre Evert, Henin contre Clijsters, etc.).

Moins puissant ? Wawrinka.

Moins d'angles ? Gasquet.

Moins sûr ? Thiem.

Moins haut à la frappe ? Shapovalov.

Trop vieux ? Tsitsipas.

À chaque objection, son contre-exemple.

Il n'y a pas plus de 15 % de revers à une main dans les 100 premiers, mais plus on monte dans le classement, plus ils se détachent et brillent comme des étoiles dans un ciel obscur.

Les meilleurs *jeunes* sont à une main.

Le revers à deux mains ne domine pas statistiquement parce qu'il est plus efficace, mais parce que c'est un coup plus facile, tout simplement. Ce qui a changé depuis les années 70, c'est que tous les futurs champions commencent à jouer dès 3 ans. À cet âge, il est impossible, faute de force suffisante, de taper son revers à une main. Mais enfin, n'écoutez pas les faux prophètes : le miracle se reproduira toujours, qui verra un petit enfant, mû par quelque instinct archaïque niché aux tréfonds de son âme, par une fraîche nuit de janvier ou sous le ciel pur d'une belle soirée de juin, détacher sa deuxième main du manche, gifler doucement la balle, laisser partir son bras, et lâcher prise.

Revers smashé

Composé de deux coups difficiles réunis en un seul, le revers smashé met habituellement les joueurs amateurs dans l'embarras : leur taux de réussite oscille généralement entre le laborieux et le lamentable.

Les pros s'en sortent mieux, sans toutefois qu'on puisse dire qu'ils soient parfaitement à l'aise.

Cependant, deux joueurs auront particulièrement excellé dans l'exécution de ce coup atypique, à la limite du *trick shot* : Vilas et Nadal.

Là où les autres peuvent s'estimer heureux lorsqu'ils parviennent à éviter le lob en remettant la balle en jeu, eux la claquent, poignet retourné, lui donnant une trajectoire croisée courte qui, ajoutée à l'étonnante puissance de la frappe, la rend proprement irrattrapable, et particulièrement spectaculaire.

Vilas et Nadal ? Les gauchers réussissent souvent des coups compliqués.

Rezaï, Aravane

Que devient Aravane Rezaï ? Elle n'a pas annoncé sa fin de carrière, et ses réseaux sociaux laissent deviner qu'elle voudrait faire un retour à la compétition, mais quand ? Elle n'a pas joué depuis Roland-Garros 2015 : une défaite au premier tour des qualifications contre Julie Coin.

J'ai côtoyé Aravane car nous étions de la même ligue, le Lyonnais, désormais AURA (Auvergne Rhône-Alpes), en conséquence de quoi nous jouions les mêmes tournois.

Elle voyageait tout le temps avec ses parents, son frère (qui a été un bon joueur aussi) et sa petite sœur. C'était un projet familial. Les Rezaï avaient peu de moyens : sur les tournois, ils venaient et dormaient dans un van ; j'ai le souvenir aussi que, plus jeune, Aravane jouait avec des chaussures trop grandes pour elle afin de pouvoir les utiliser le plus longtemps possible.

Pour ces raisons, son parcours force le respect. Grâce à son tennis surpuissant, elle a atteint les huitièmes de finale à Roland-Garros et à l'US Open, a été 14e mondiale, et elle a battu d'immenses joueuses au sommet de leur art : Maria Sharapova, Dinara Safina, Jelena Jankovic, Venus Williams et Caroline Wozniacki.

Elle va avoir 33 ans. Rien n'est trop tard. Allez, reviens, Aravane.

Richards, Renée

Elle est née Richard Raskind, et reste à ce jour la seule joueuse de tennis professionnelle transsexuelle. C'est à plus de 40 ans qu'elle est reconnue socialement comme femme, après s'être fait opérer.

En 1976, elle veut jouer l'US Open, mais l'USTA refuse, suite aux révélations d'un journaliste. Sur TF1, Christian Quidet lâche : « Renée Richards peut disputer le double mixte tout seul. »

Elle a porté l'affaire devant la Cour suprême des États-Unis qui tranchera en sa faveur. Elle atteindra la finale du double au côté de Betty-Ann Stuart.

Elle arrête sa carrière en 1982, après avoir entraîné Martina Navratilova, et avoir atteint la 20e place mondiale.

Riggs, Bobby (1918-1995)

Bobby Riggs a remporté trois tournois du Grand Chelem entre 1939 et 1941, mais on se souviendra de lui pour sa défaite contre Billie Jean King, en 1973, devant 30 000 spectateurs et 90 millions de téléspectateurs, en trois sets secs, 6/4 6/3 6/3.

Certes, il avait 55 ans tandis qu'elle en avait 29, mais personne ne l'avait obligé à aller se fourrer dans cette galère : c'est lui, au contraire, qui avait défié son adversaire et monté ce match à 100 000 dollars, que les médias avaient vendu comme la « *battle of sexes* ».

À son corps défendant, Bobby Riggs, en perdant, aura donc plus œuvré pour la cause féminine que vous tous réunis.

Rios, Marcelo

Rios ne ressemble pas à son compatriote chilien Fernando Gonzalez, l'homme-bûcheron, mais plutôt à un Mecir sexy et de mauvaise humeur. *El Chino* donnait la même impression qu'*el Gato*, de jouer en se jouant, en marchant, de lâcher ses coups en passant. Une différence tout de même, et une innovation : le revers *sauté*, ce revers à deux mains frappé dans les airs, à la manière d'un basketteur armé d'une batte de base-ball.

En football, on appelle le retourné acrobatique « la chilienne », parce que celui qui l'a inventé, Ramón Unzaga, était un joueur chilien, et parce que c'est l'avant-centre de Colo-Colo, David Arellano, qui popularisa ce geste en Espagne.

Le revers sauté de Rios pourrait être la « chilienne » du tennis.

Rios est aussi l'anti-Vilas : il aura été numéro 1 mondial sans avoir gagné un grand chelem. Cela dit, il perd 6/2 6/2 6/2 contre Korda en finale de l'Open d'Australie 98 et l'on peut supposer que, s'il avait été dans le cyclisme, on lui aurait attribué le titre rétroactivement, puisque Korda s'est fait suspendre pour dopage à la nandrolone, l'été de la même année.

Roddick, Andy

Les joueurs américains, on dirait que, plus ils sont sympas, moins ils gagnent.

Connors et McEnroe : des teigneux, caractériels, tricheurs – 15 grands chelems à eux deux.

Agassi : 8. Courier, sa version *good guy* : 4.

Roddick : 1 (US Open 2003).

Avec son service, Roddick était programmé, tout comme Ivanisevic, pour gagner Wimbledon.

Problème : Federer. Entre 2004 et 2009, Roddick et Federer sont un peu les Edberg et Becker de l'époque, mais à sens unique. Trois finales, trois défaites. En 2009, il n'est pas loin (5/7 7/6 7/6 3/6 16/14) mais non (il perd en gagnant plus de jeux).

À chaud, Roddick analyse : « J'ai joué sur son coup droit, et il m'a fait un passing. J'ai joué sur son revers, et il m'a fait un passing. Je suis resté sur la ligne de fond et il a quand même réussi à me faire un passing. »

Lucide, il corrige un journaliste : « Il faudrait que je gagne de temps en temps contre lui pour qu'on puisse parler de rivalité. »

Découragé, il continue à plaisanter : « Roger est le joueur derrière lequel nous courons tous. Nous sommes quatre ou cinq dans ce cas-là. Pour le battre, peut-être faut-il que nous formions une équipe, que nous unissions nos efforts, comme les Power Rangers. »

Au total, il aura perdu huit fois en grand chelem contre son « rival » (pour zéro victoire, 21-3 pour le Suisse au total en H2H).

Philosophe, Roddick dira, avant de se retirer :

« À un certain âge de la vie, soit on possède les choses que l'on veut, soit on sait pourquoi on ne les a pas. »

Roland-Garros

Je suis tombé amoureux de Roland-Garros hors de la période du tournoi. Vers 9 ou 10 ans, mes parents et moi étions à Paris pour voir mon frère jouer les championnats de France, qui se déroulaient courant juillet. Les courts en terre battue jaunissaient à cause de la chaleur. Le stade était vide.

Avec mon père, nous arrivions vers 9 heures. On se promenait dans les allées à l'affût d'un joueur pro qui s'entraînait ou d'un espoir (voir *Escudé*).

Je me souviens que, parfois, en fin de journée, je perdais mes parents pour me rendre tout en haut du Court central (devenu court Philippe-Chatrier en 2001). Je me disais : « Un jour, j'y serai. »

J'ai toujours rêvé de jouer Roland-Garros mais ne l'ai jamais fait. Je parle du vrai : j'ai participé au tournoi junior deux ans de suite et n'ai jamais dépassé le premier tour. La première année, je suis tombé d'entrée contre la tête de série numéro 1, Marcos Baghdatis. Je me souviens de ce match sur le court n° 6 de l'ancien stade (avec les travaux, la numérotation des terrains a beaucoup changé). J'étais pétrifié de jouer contre le numéro 1 mondial junior. J'avais raison de l'être : défaite 6/0 6/1 en moins d'une heure en sauvant une balle de match à 6/0 5/0. Mon entraîneur de l'époque m'avait dit en guise de débriefing d'après-match : « Le jeu que tu as marqué fait une grande différence. »

D'une manière générale, ce tournoi impressionne les Français. C'est le seul moment de l'année où le grand public s'intéresse aussi massivement au tennis. Les licenciés de la Fédération ont pris leur place, les VIP ont déjà *booké* une ou deux journées fin mai-début juin. Si Wimbledon est le tournoi du Grand Chelem le plus historique, Roland-Garros est le plus glamour. La fin du printemps amène un soleil qui fait bourgeonner les panamas en tribune présidentielle et les lunettes de soleil en loge. Il est bon d'être vu sur le Chatrier.

Il y a des *people* historiques, Pierre Richard, par exemple, qui ne manque aucune édition, mais peu de politiques. Le dernier président de la République en activité à avoir mis les pieds à Roland-Garros est Valéry Giscard d'Estaing, en 1974, pour la demi-finale qui opposait François Jauffret au joueur espagnol Manuel Orantes. C'était la première fois qu'un président en exercice venait voir un match à Roland-Garros. Aucun n'est revenu depuis. Le tennis n'est pas le football.

Français ou pas, c'est le grand chelem le plus difficile à gagner. Le tennis sur terre battue est le plus dur à maîtriser. C'est pourquoi les joueuses et les joueurs glissent toujours une minipériode de préparation spécifique avant que la saison sur terre battue commence. Certains génies du jeu n'ont jamais réussi à gagner porte d'Auteuil : McEnroe, Connors, Becker, Edberg, Sampras… ce qui en dit long sur la prouesse de Nadal : gagner 12 fois Roland-Garros (bientôt 13 ?) est l'un des plus grands exploits du sport moderne. Il m'arrive même de penser que c'est plus dur que de gagner 20 titres du Grand Chelem. D'ailleurs, ce record de 20 victoires en majeurs sera sûrement battu, alors que 12 Roland...

Rosewall, Ken

Dès le début, Ken Rosewall aurait dû savoir qu'il allait se faire avoir : naturellement gaucher, il préfère toutefois jouer son revers en s'aidant de la main droite, et comme son père est résolument hostile aux coups à deux mains, il le fait devenir droitier. (Je comprends cet intégrisme du revers à une main, mais enfin il y a quand même des limites.)

Cela, il faut en convenir, ne l'empêchera pas de devenir un très grand joueur, emblématique de la génération dorée du tennis australien, avec ses amis et grands rivaux, Rod Laver, John Newcombe et Lew Hoad (ce dernier dans une moindre mesure).

On se souvient de lui comme d'un champion à la longévité exceptionnelle, pas même égalée par Connors, qui constitue sans aucun doute un exemple particulièrement inspirant pour Federer et Serena : il reste le joueur le plus âgé à avoir remporté un grand chelem dans l'ère open (Australie 1972, à 37 ans) et le plus vieux aussi à en disputer une finale (US Open 1974, à 39).

Mais Rosewall, c'est un peu De Niro dans *Il était une fois en Amérique* : quelqu'un lui a volé sa vie.

Si l'on additionne ses grands chelems amateurs (8) et professionnels (15), on arrive... à un record qui surpasse celui de Federer.

Alors, pourquoi n'y en a-t-il que pour Laver ? On sait bien pourquoi. Avec ses deux Grands Chelems calendaires, Laver a gagné son ticket pour l'éternité. Tandis que Rosewall a vendu son âme au tennis professionnel dès 1957 (et s'est donc privé du droit de participer aux tournois du Grand Chelem), Laver a attendu 1963. Mais enfin, c'est logique : il était plus jeune de quatre ans.

La chance de Laver aura été que le verrou qui empêchait les professionnels de participer aux tournois du Grand Chelem saute en 1968, quand il était encore dans la fleur de l'âge (30 ans contre 34). De retour sur le circuit, Laver gagne la moitié de ses 10 titres en deux ans et boucle son deuxième Grand Chelem en 1969. Rosewall en gagne quatre (soit la moitié pour lui aussi), mais il est plus vieux, il a été plus longtemps sur le circuit pro, s'est privé de plus d'opportunités de jouer les tournois qui comptent au regard de l'histoire. Les deux joueurs avaient auparavant réalisé chacun un Grand Chelem Pro (ou *Pro Slam*), Rosewall en 1963 et Laver en 1967, mais qui s'en souvient ?

Tout le monde est plus ou moins d'accord pour dire que le niveau était supérieur sur le circuit professionnel, un peu comme on s'accorde sur le fait que le foot des clubs est plus fort que le foot des sélections (c'est-à-dire qu'il subsiste un doute mais la présomption est forte). Mais l'histoire a ses raisons que la raison ignore, et personne ne se soucie plus aujourd'hui des performances réalisées dans les tournois professionnels d'avant l'ère open. Il est même difficile d'en retrouver la trace sur le Net.

C'est sur le circuit pro que Rosewall, plutôt un joueur de fond de court à l'origine, développe une volée exceptionnelle qui lui permet de se mesurer au grand Pancho Gonzales (qui mène dans leurs face-à-face… 116 à 86 !). Mais ce qui fut sans doute la plus grande rivalité de l'histoire de ce sport est aujourd'hui totalement oublié. Quelle chose étrange que la postérité...

Tant pis pour Rosewall. De toute façon, il souffrait d'un autre handicap pour avoir sa place tout en haut de la liste : malgré quatre finales perdues (contre Drobny, Hoad, Newcombe et Connors), il n'a jamais gagné Wimbledon.

Rosol, Lukas

Lukas Rosol est un joueur tchèque connu pour avoir battu Nadal à Wimbledon (au deuxième tour en 2012). Certes, il n'est pas le seul (voir *Brown*). Mais il y met la manière : en tentant des points gagnants sur *toutes* les balles. Ce jour-là, ça marche : il gagne 6/7 6/4 6/4 2/6 6/4. (En plus, au changement de côté, il donne des coups de pied dans les petites bouteilles que Nadal prend toujours soin de bien aligner devant sa chaise, ce qui donne une assez bonne idée de l'état d'esprit du gars...)

Rosol perd au tour suivant contre Kohlschreiber en trois sets, et n'a jamais atteint les huitièmes d'aucun grand chelem. Il culmine à la 26e place mondiale en 2014.

Par ailleurs, l'homme n'a pas très bonne réputation. Au changement de côté, Murray lui lance un jour : « Tout le monde te déteste sur le circuit ! »

Une fois, à la terrasse du Player Lounge d'Aix-en-Provence, il apostrophe Antoine Benneteau : « Je sais que nous sommes en France, et qu'on est dehors, mais tu peux éteindre ta cigarette, s'il te plaît ? »

C'est vrai qu'en République tchèque, personne ne fume, c'est bien connu.

Rugby

Peu connu pour mon tempérament complotiste, je pense que le lobby du rugby tient les rênes de la France. J'en veux pour preuve la place qui lui est attribuée dans le journal *L'Équipe* : quatre à six pages PAR JOUR pour un sport qui n'intéresse les Français que deux ou trois jours PAR AN. Pendant ce temps, le tennis lutte pour que lui soient royalement accordées une ou deux pages de temps en temps, hors Roland-Garros, alors même que le tennis, contrairement au rugby, *n'est pas* un sport saisonnier : Melbourne s'achève à peine que se profilent Indian Wells et Miami. Wimbledon suit Roland-Garros comme son ombre. Bercy vient remplir le vide entre l'US Open et le Masters. La vie est une fête. Le soleil ne se couche jamais. Le tennis compte un peu plus que six nations et deux hémisphères.

Russes

Naguère, il y avait dans le tennis féminin une fantaisie, une variété qui se sont perdues en chemin avec les Hingis, Henin, Mauresmo. Or, la monotonie qui lui a succédé (frappes puissantes, en cadence, à plat des deux côtés) est particulièrement bien représentée par la cohorte des joueuses de l'ancienne URSS qui a débarqué sur le circuit, dans le sillage de Kournikova.

Il serait injuste de tout mettre sur le dos des Russes : la moitié d'entre elles sont passées en leur temps par l'Académie Bollettieri, en Floride.

Mais enfin, si l'on se réfère à ce qu'en dit la meilleure d'entre elles, on peut tout de même déceler quelque chose qui s'apparente à une philosophie atavique, et il n'est sans doute pas surprenant que la phrase suivante émane d'une joueuse issue du pays de Tolstoï, Stalingrad et Tchernobyl : « Au début [nous dit Sharapova], c'est tout ce que vous avez : un coup droit simple. Un revers simple. Et c'est tout ce que vous aurez à la fin aussi. »

Pas exactement, on en conviendra, une incitation aux amorties rétro ni aux montées à contretemps.

S

Sabatini, Gabriela

En dehors de ses qualités plastiques abondamment louées par tous les suiveurs de l'époque (vers -35 avant #Metoo), et de leurs styles de jeu opposés (la lifteuse et le volleyeur), la joueuse argentine était un peu la Gerulaitis du circuit féminin : numéro 4.

Tandis que Monica Seles ou même Arantxa Sanchez disputaient âprement son hégémonie à Steffi Graf, Sabatini restait sagement à sa place, qui était en demi-finale, comme l'attestent ses statistiques : 26 demi-finales de grand chelem, mais seulement deux finales et une victoire (US Open 1990).

Pour une raison inconnue, elle remporta tout de même quatre fois le tournoi de Rome (sans jamais aller une seule fois en finale de Roland-Garros).

Elle prit sa retraite à 26 ans, ce qui lui permit *in fine* de se distinguer de Gerulaitis, en faisant comme Borg.

Safin, Marat

Marat est un prénom révolutionnaire, en hommage à Jean-Paul Marat, figure de la Révolution française. Ce prénom était courant dans l'Union soviétique. Safin l'a rendu célèbre.

« Marat », donc, n'a jamais prétendu être un intellectuel du tennis : « J'ai essayé de jouer intelligemment, ça ne m'a pas réussi. Ce n'est pas mon jeu. » Un anti-Gilles Simon. Le tennis n'a pas à être intelligent quand il est si beau. Safin possédait l'un des meilleurs revers à deux mains de l'histoire. Il a réussi l'exploit de rendre le revers à deux mains cool.

J'adorais son attitude. Il avait toujours la bouche entrouverte comme s'il cherchait de l'air, sûrement fatigué par une nuit trop courte. Il perdait un point et il brisait sa Prestige (sa raquette) comme s'il craquait une allumette. Il avait de l'humour aussi : en 2002, après sa finale perdue contre Johansson, il avait remercié ses

« cousines », désignant les trois femmes présentes dans son box ce jour-là. Trois ans plus tard, lors de son discours après sa victoire à l'Open d'Australie en 2005 face à Hewitt, il fit même preuve de philosophie : « Merci aux juges de ligne, car sans eux, je serais incapable de gagner le moindre point. »

Il a appartenu à la génération du *milieu* : celle des Hewitt, Roddick, Ferrero, Kuerten, etc. Un peu après Sampras et Agassi, un peu avant celle des GOAT. Ça ne l'a pas empêché d'en battre certains : Sampras en 2000 en finale de l'US Open et Federer en 2005 en demi-finale de l'Australian Open, entre autres. Sampras dira de lui après sa défaite : « Il sera aussi fort qu'il voudra bien l'être. » Il aura donc bien voulu devenir numéro 1 mondial le 20 novembre 2000.

Sagesse

« Chez les amateurs, le meilleur moment pour commettre une double faute se situe juste après un ace. Lequel, de l'ace ou de la double faute, était accidentel ? »

Brad Gilbert
(*Winning Ugly*)

Samedi

Jour de finale pour les femmes en grand chelem.

Voir : *Dimanche*.

Je me fous bien qu'il soit « froid comme un concombre » (pour reprendre l'appréciation légèrement dépréciative de McEnroe) ou qu'il soit radin (selon Agassi qui assure l'avoir vu donner un malheureux dollar en guise de pourboire à un voiturier au sortir d'un grand restaurant), qu'il soit voûté, qu'il perde ses cheveux (mais qui a encore ses cheveux passé 30 ans, dans ce business ?), qu'il tire la langue (et Becker, non ?), ou quoi ou qu'est-ce.

Sampras hors du court ne m'intéresse pas. Sampras entre les points ne m'intéresse pas. Sampras le citoyen, Sampras l'Américain ne m'intéressent pas.

Mais Sampras le Grec, armé de sa Pro Staff, sur sa ligne de service, armant sa boucle, tordant sa hanche, après le petit clapet effectué par son pied gauche qui donne le signal, pendant que la balle s'élève, dans une verticale rendue parfaite par le mouvement même de cette hanche !...

Admirez : le meilleur coup est toujours celui qui, exécuté par le meilleur joueur, semble le plus facile. La mécanique d'horloge qu'est le service était pour Sampras un jeu d'enfant, aussi naturel que voler pour l'aigle, nager pour l'espadon, chasser pour le jaguar.

La balle claque dans la raquette. C'est parti. Bim, un ace. Bam, une volée de revers. Boum, un coup droit dans la gueule. Tchac, un revers à une main.

Franchement, que peut-on demander de plus *à un joueur* ?

Laver. McEnroe. Edberg. La théorie de l'évolution annonçait, prédisait, appelait Sampras, le serveur-volleyeur *ultime*. Ultime... Ce qui fait de lui un joueur si spécial n'est pas son service parfait, son smash parfait, sa volée parfaite, son coup droit parfait ni son revers presque parfait. Ce n'est pas non plus son *ultime* coup d'éclat, quand il bat Agassi en finale de l'US Open après deux années médiocres passées à décliner sur le circuit. (Mais qui d'autre a joué et gagné le *dernier match* de sa carrière en finale d'un tournoi du Grand Chelem ?)

C'est bien plus simple. Sampras est le dernier de sa race. La loi de la jungle de la postérité est la même pour tout le monde : McEnroe chasse Laver et puis Sampras chasse McEnroe. Les places sont chères au Panthéon. Mais pour l'instant, on attend toujours celui qui délogera le concombre de son trône, au panthéon des volleyeurs.

Sanchez Vicario, Arantxa

Benjamine et plus brillant rejeton d'une famille de joueurs (ses frères Emilio et Javier furent respectivement 7e et 23e), Arantxa, avant Bruguera, Moya, et Ferrero, a annoncé le renouveau du tennis espagnol qu'on avait un peu perdu de vue depuis Manuel Orantes.

Vainqueur de trois Roland-Garros et un US Open, elle fut à Graf et Seles ce que Mandlikova fut à Navratilova et Evert : quand Graf et Seles gagnaient *tout le temps*, Sanchez était la seule qui parvenait à gagner *de temps en temps*. Suffisamment, en tout cas, pour atteindre la première place en 1995, et s'y maintenir douze semaines (contre trois cent soixante-dix-sept pour Graf et cent soixante-dix-huit pour Seles).

Santoro, Fabrice[1]

Joueur français des années 80, 90, 2000 et 2010. Outre une carrière à rallonge, qui lui aura permis de détenir une jolie quantité de records sur le circuit, comme le nombre de tournois du Grand Chelem disputés, 70, marque que Federer a depuis portée à 79, Fabrice Santoro disposait de deux caractéristiques :

– Un jeu à deux mains des deux côtés, héritage de sa prime enfance, à l'orée de laquelle son père le dota d'une raquette si lourde que le petit Fabrice n'avait pas assez d'un seul bras pour frapper correctement la balle. Cette singularité technique, peu commune dans les rangs masculins, est un peu plus répandue chez les femmes, les exemples les plus notoires se nommant Marion Bartoli et Monica Seles.

– Avec cette dernière, Santoro partage également le privilège d'avoir été numéro 1 mondial. Si la gauchère serbe a occupé la cime du classement durant cent soixante-dix-huit semaines, le droitier toulonnais aura goûté cet honneur le temps d'une seule, la deuxième de l'année 2000, alors que l'ATP inaugurait un nouveau système de classement baptisé The Race, lequel se basait sur les résultats de l'année civile et non sur ceux des cinquante-deux dernières semaines, principe qui préside, lui, au calcul du classement technique, le vrai juge de paix du concours d'ego. En battant Rainer Schüttler par abandon en finale du tournoi de Doha le 9 janvier 2000, Santoro s'empara d'un trône qu'il abdiqua sept jours plus tard, ce qui en fit au passage l'égal de Sigéric, roi wisigoth du Ve siècle, dont le règne connut la même durée que celui du joueur français mais s'acheva par une passation de pouvoir nettement plus sanglante.

1. Entrée rédigée par Joris Capel.

Au-delà de ces considérations technico-historiques, le jeu chantourné de Fabrice Santoro aura posé pas mal de problèmes à nombre de ses collègues. Marat Safin n'était pas le moindre, qui présente face à lui *in fine* un bilan de 2 victoires pour 7 défaites, statistique implacable qui a fait dire au colosse russe, bien après sa retraite, que le jeu du français lui faisait « vriller le cerveau ». Dans un autre genre, Wally Masur, antique chevalier du tennis offensif antipodique, avait sombré corps et biens un jour de mai 1991 au cœur des arènes de Nîmes, dans le cinquième match du quart de finale de Coupe Davis qui opposait la France à l'Australie. En quatre sets et beaucoup plus de passings et de lobs gagnants, le jeune homme avait renvoyé son aîné à ses études du jeu sur terre battue, lançant la patrie vers la conquête du saladier d'argent, parachevée sept mois plus tard dans le vacarme lyonnais que l'on sait. Le public nîmois, une fois n'est pas coutume, avait beaucoup applaudi Santoro, alors que, d'habitude, c'était plutôt avec.

Segura, Pancho (1921-2017)

Drôle de parcours que celui de ce petit Équatorien rachitique, né en 1921, qui devient professionnel en 1947, domine le grand Pancho Gonzales au début des années 50 en remportant trois fois l'US Pro (voir *Professionnel*), puis devient prof de tennis à Beverly Hills pour des Kirk Douglas, Lauren Bacall, Janet Leigh, Ava Gardner ou Gene Hackman, avant d'entraîner le jeune Jimmy Connors de 1968 à 1974, et même Agassi, quelques mois en 1993.

Seguso, Robert

En 1986, j'ai 14 ans et j'idolâtre Connors, qui n'a plus perdu avant les huitièmes de Wimbledon depuis sa première participation en 1971 (donc avant ma naissance).

Cette année, je sais qu'il joue Robert Seguso au premier tour, bon joueur de double (voir *Flach & Seguso*) mais aux performances à peu près inexistantes en simple. Comme le tournoi est très mal télévisé et qu'Internet n'existe pas – et je n'ai même pas accès au Minitel qui est dans la chambre de ma mère –, je n'ai à peu près aucun moyen d'avoir le résultat le jour même. Ce premier tour est une formalité mais je me réjouis de ce Wimbledon qui commence, et surtout de suivre le parcours de Connors que je n'imagine pas s'interrompre avant les demi-finales. (À cette époque, bien que vieillissant, Connors va *toujours* en demi-finale.)

À la guerre comme à la guerre, je cherche sur les grandes ondes une station de radio anglaise. Je finis par tomber sur un truc où ça parle anglais, la BBC sans doute, et j'attends un flash info, j'attends, j'attends, et enfin j'entends la nouvelle, *Connors lost* (6/3 3/6 7/6 7/6). Je m'écroule sur mon lit en poussant un cri d'enfant blessé. Je me dis que c'est impossible, que j'ai mal compris, que Connors ne *peut pas* perdre au premier tour. Mais j'ai bien entendu, avec mon niveau d'anglais rudimentaire, quelque chose qui devait ressembler à une « *hioudge surprise* ».

À 14 ans, ce genre de chose avait beaucoup d'importance pour moi, et pouvait m'affecter durablement. J'étais triste.

Aujourd'hui, ça va mieux. Je te pardonne, Seguso.

Seles, Monica[1]

Monica Seles aura été au tennis féminin ce que Boris Becker avait représenté quelques années plus tôt chez les hommes : le prototype d'un nouveau genre d'athlète, caractérisé par une puissance de tir jamais vue jusque-là. Si Boum-Boum n'avait pas été affublé de cet élégant sobriquet par le fait du hasard, la jeune Yougoslave détonna davantage que l'Allemand, elle dont l'éclosion fut presque immédiatement synonyme de changement d'ère et d'une incontestable suprématie, ce qui ne fut pas le cas pour Becker. À 14 ans tout juste sonnés, Seles entra par effraction dans le monde des professionnelles. Et, par effraction, il faut plus entendre dynamitage de porte que travail d'orfèvre à base de trombone de bureau et chatouillement de serrure. À la fin des années 80, les techniques tout en toucher de Chris Evert et Navratilova tenaient encore le haut de l'affiche, concurrencées par celle de Steffi Graf, qui avait pris le dessus par la grâce d'un jeu de jambes comme appris au Bolchoï et d'un coup droit certes létal mais frappé en suspension 25 centimètres au-dessus du sol. Monica Seles, ses coups à deux mains exécutés à pleine vitesse quelle que fût sa position sur le court, ses pieds ancrés dans le sol comme si elle était équipée de crampons d'alpiniste, ses yeux bleus qui dardaient leur hargne jusqu'au-delà du stade, ses fameux cris qu'elle expectorait à chaque balle propulsée, Monica Seles, donc, satellisa ce délicat aréopage, d'abord à Roland-Garros, qu'elle remporta à 16 ans, puis à l'échelle de la planète en devenant à 17 ans et 99 jours numéro 1 à la WTA. Ce monde, qu'elle dominait désormais, n'aimait pourtant pas beaucoup la native de Novi Sad. Jeu monocorde, agressivité surjouée

1. Entrée rédigée par Joris Capel.

dans l'échange, hurlements à refiler des acouphènes à tous les occupants des premiers gradins, le dossier d'accusation enflait à vue d'œil. Durant l'édition 1992 de Wimbledon, *The Sun*, dont le rédacteur en chef devait en pincer pour Steffi Graf, avait même fait mesurer scientifiquement le niveau sonore que la nouvelle patronne du tennis féminin s'acharnait à atteindre avec tant de constance. Résultat : 93 décibels, ce qui, j'ai vérifié, correspond à peu de chose près à ce que l'on s'inflige quand on se positionne à 1 mètre d'une tondeuse à moteur thermique, en supposant qu'on n'ait que ça à faire. Produire le vacarme d'un engin destiné à couper le gazon ne conférant pas l'assurance de savoir bien y jouer, Seles ne remporta jamais Wimbledon. En revanche elle s'adjugea les autres tournois du Grand Chelem à plusieurs reprises, inscrivant à 19 ans et quelques jours le huitième exemplaire à son palmarès, l'Open d'Australie 1993. Quatre mois plus tard, lors d'un changement de côté du quart de finale du tournoi de Hambourg qui l'opposait à Magdalena Maleeva, un spectateur allemand, fan de Graf mais moins versé dans le *soft power* et probablement moins équilibré que le rédacteur en chef du *Sun*, franchit l'espace qui séparait son siège de celui de Monica Seles et lui administra un coup de couteau de cuisine entre les omoplates. Stupeur universelle, blessure physique mais surtout psychologique, dépression, angoisses et boulimie, la Yougoslave devenue entre-temps citoyenne américaine ne revint sur les courts qu'à l'été 1995. Finale de l'US Open perdue contre Steffi Graf, victoire à l'Open d'Australie 1996 contre Anke Huber, le retour au premier plan fut météoritique et sans doute unique en son genre dans la pourtant riche histoire des come-backs légendaires. La suite de sa carrière fut honorable mais rarement à la hauteur de ce qu'elle avait été, Seles ne redevint jamais numéro 1 mondiale hors classement protégé et ne remporta plus de tournoi du Grand

Chelem, minée par des blessures, la récurrence de ses problèmes alimentaires et l'émergence d'une génération de joueuses surpuissantes à qui elle avait ouvert la voie. *Sic transit gloria mundi*, mais *gloria* tout de même. Et très gros respect.

Serena

(Paru dans *L'équipe*, mai 2016.)

Cet article a été écrit après la défaite de Serena Williams contre Muguruza en finale de Roland-Garros 2016, quand elle chassait encore le record de 22 grands chelems de l'ère open détenu par Steffi Graf. Elle l'a battu depuis, et chasse maintenant le record toutes catégories de 24 grands chelems de Margaret Court, après avoir eu un enfant en 2017. Depuis son retour en 2018, elle a perdu quatre fois en finale d'un tournoi du Grand Chelem. À 38 ans, elle reste néanmoins extrêmement compétitive, tout comme qui vous savez.

Selon Kant, si la morale était une échelle graduée, un individu qui, par son comportement, passerait, mettons, de 8 à 12 serait plus à louer qu'un autre qui monterait de 12 à 14, car il participerait davantage au progrès global de l'humanité vers le Bien. En d'autres termes, dans le système de valeurs kantien, l'effort prime sur le niveau.

Si l'on appliquait ce raisonnement au tennis, on pourrait dire que Marion Bartoli, avec son unique titre à Wimbledon (dans la mesure où elle est considérée comme plus limitée, même si l'insistance avec laquelle son père nous l'aura rappelé sans cesse m'a toujours semblé suspecte, mais admettons), dépasserait en mérite Serena Williams et ses 21 titres du Grand Chelem.

Nul n'ignore, cependant, que le sport de compétition repose sur des fondements darwiniens (à une époque, je disais même « fascistes », mais on se ramollit en vieillissant) qui ont peu à voir avec cette algèbre des mérites inégaux.

Au niveau qui est celui de Serena, le sport n'est plus qu'une quête du titre officieux de plus grande joueuse de tous les temps, et cette quête (croit-elle) se résume à une course aux statistiques. Égaler puis dépasser Graf. C'est cette course qui la fait courir et c'est elle aussi, sans doute, qui la fait perdre. Mais 21 ou 22, finalement, quelle importance ? John McEnroe a déclaré, à propos de sa défaite ici en 1984, qu'elle l'avait détruit parce qu'il sait que sa vie aurait été radicalement différente s'il avait gagné. Vraiment ? Mais en quoi ?

On devine aisément que cette quête maniaque de la postérité obéit à une peur de la mort. Mais elle induit surtout un rapport vicié au temps : obsédée par une postérité future que ses résultats, en s'étoffant, semblent lui garantir chaque jour davantage, la championne se concentre plus difficilement sur le présent. Car l'objectif de Serena n'est certes pas d'égaler Graf mais de la dépasser. Ce n'est donc pas son 22e titre qui doit l'obséder mais son 23e. Et encore ce record fait-il abstraction des

24 titres de Margaret Court sous prétexte que tous n'ont pas été acquis pendant l'ère open (c'est-à-dire l'époque des professionnel[le]s). En fait, c'est 25 titres qu'il faudrait à Serena. Sans garantie qu'un jour une joueuse ne vienne pas battre ce nouveau record, et ainsi de suite. En sport, rien n'est jamais acquis, même l'éternité. Qui se souvient d'Helen Wills Moody ?

Je me rappelle ce que disait Keith Richards à propos des Rolling Stones : « Plus grand groupe du monde, ça ne veut rien dire. Un soir, dans un vieux rade ou dans une cave enfumée, vous pouvez tomber sur un groupe inconnu qui, le temps d'un set immaculé [il a dit "set", c'est drôle], sera le plus grand groupe du monde. »

Peut-être qu'elle n'aura jamais son nom dans les infographies de *L'Équipe* (ou peut-être qu'elle pulvérisera tous les records), mais hier, au terme d'un set immaculé conclu par un lob sur la ligne, la plus grande joueuse de tous les temps, puisque le passé n'existe plus et que le futur n'existe pas encore, c'était Muguruza.

Service

C'est probablement le coup le plus important au tennis, parce qu'il dépend entièrement de celui qui le réalise. Vous êtes le seul responsable de son échec ou de sa réussite. Elle est sûrement là, la raison pour laquelle ceux qui ont maîtrisé ce coup l'ont travaillé tel un pianiste qui répète ses gammes. Selon la légende, Ivan Lendl utilisait des boîtes d'allumettes comme cible pour travailler la précision de sa mise en jeu. Il les aurait touchées neuf fois sur dix.

Le service est aussi le coup le plus technique du tennis. La position de départ est le moment où le serveur visualise la cible qu'il veut atteindre. Ensuite, son geste démarre par un transfert de poids sur la jambe arrière. À ce moment-là, le serveur enclenche son lancer de balle en même temps qu'il va armer le bras qui va frapper la balle. Sur le bas du corps, il peut se passer deux choses : les pieds ne bougent pas et les jambes vont se fléchir pour aller chercher la balle au sommet du lancer, ou alors il peut y avoir un relais d'appuis, comme chez Kyrgios ou Krajicek. Une fois l'armé effectué, la joueuse ou le joueur va aller fouetter la balle avec l'effet qu'il a envie de donner et avec la force qu'il a envie d'imprimer.

Chaque serveur a son style, sa façon de faire, un lancer bien à lui, une position de coude différente, une rotation du tronc exagérée ou non, un relais d'appui ou non, etc. Le service est une chorégraphie bien à soi. Il définit un style de jeu et incarne une intention. Le service dévoile l'âme d'un joueur.

D'une certaine manière, Ivanisevic a tué la volée. Parce que, dans les années 90, lui et ses amis serveurs, les Philippoussis, Rusedski et autres Krajicek (mais Becker et Sampras n'étaient certes pas en reste) alignaient les aces par dizaines à chaque match, il fut décidé de ralentir le gazon.

Résultat immédiat : Hewitt-Nalbandian, en 2002, succèdent à Sampras-Rafter pour jouer la première finale de l'histoire de Wimbledon *du fond du court.*

Tout le monde l'a oublié : Borg, à Wimbledon, faisait service-volée. Parfois sur ses deuxièmes balles. Aujourd'hui, même Federer ne le fait plus depuis longtemps. Adieu McEnroe, Edberg, Cash, Sampras. Adieu Navratilova, Mandlikova, Novotna. Adieu Gerulaitis, Mayotte, Henman. Adieu la grâce des voltigeurs, adieu les réflexes inhumains et le toucher et la vitesse et le courage de ceux qui couraient au-devant des balles. Adieu ceux qui payaient du risque de se faire transpercer la joie d'une volée croisée ou d'un contre-pied humiliant. Adieu ceux qui refusaient de confier leur destin au rebond. Adieu ceux qui ne touchaient pas terre. Adieu les semelles de vent. Bonjour les forçats.

Si l'on songe que Kevin Anderson est allé en finale de Wimbledon 2018 en enquillant 184 aces en 7 matchs, derrière Isner (214 en 6 matchs, record d'Ivanisevic de 2001 battu) mais devant Raonic et Del Potro (149 et 102 en 5), eux-mêmes suivis par l'inénarrable Karlovic (97 en… 2 matchs !), on a juste envie de dire aux crânes d'œuf du *board* de Wimbledon : bien joué, les gars. C'était bien la peine.

Serviette

Voir : *Ramasseurs de balles.*

Seul

« Le tennis est le sport le plus solitaire », disait Andre Agassi.

Pour pratiquer ce sport, il faut aimer la solitude, la chercher, et s'y sentir bien. C'est l'une des choses que le tennis vous apprend : s'en sortir sans l'aide de personne. Car, sur le terrain, vous êtes seul pour gagner, seul contre vous-même et l'adversaire. L'autonomie est vitale.

Je me suis souvent senti seul, et bizarrement, que ce soit au fin fond de l'Ouzbékistan ou en France devant un public plus nombreux, le sentiment est le même. Le tennis isole, enferme. Vous êtes là à combattre vos pensées les plus noires qui affluent : « Mais putain, pourquoi je joue aussi mal ? Je mets pas un coup droit ! Je le sentais si bien ce matin, comment c'est possible ? Il joue bien, ce connard. J'ai envie de disparaître. Si je perds contre ce mec, c'est pas possible, j'y arriverai jamais. À quoi ça sert de faire tous ces efforts ? » Et je pourrais continuer, encore et encore...

Quand il y a victoire, la décharge d'endorphine est violemment bonne. Mais il est impossible de partager pleinement ce sentiment, même pour l'entraîneur du joueur qui vient de l'emporter. En tennis, la victoire et la défaite se vivent dans le même désert. La victoire aide juste à le traverser.

La guerre de Cent Ans fait rage, la bataille d'Azincourt se prépare. Le roi Henry V reçoit l'ambassadeur du dauphin de France. Celui-ci lui enjoint de renoncer à ses prétentions territoriales. En échange, il lui fait envoyer un baril de bijoux.

« Le roi : Quels sont ces bijoux, mon oncle ?

— Exeter : Des balles de tennis, Sire. »

Il y a bien écrit « *tennis balls* » dans le texte original. Je trouve ça très émouvant (et logique, en même temps – voir *Azincourt*). Mais Shakespeare ne s'arrête pas là : la réponse d'Henry V file la métaphore, en multipliant les jeux de mots.

> « Le roi : Il nous plaît de voir le dauphin si facétieux.
> Soyez remerciés de son présent et de votre peine.
> Quand nos raquettes seront ajustées à ces balles
> [*When we have matched our rackets to these balls*]
> Grâce à Dieu, nous jouerons en France une partie
> [*We will in France, by God's grace, play a set*]
> Qui fera sauter la couronne de son père
> Dans le trou [*into the hazard*, terme de jeu de paume].
> Dites-lui qu'il se mesure
> À un tel adversaire que tou(te)s les cour(t)s de France [*all the courts*]
> Seront perturbé(e)s par nos chasses [« chasse » signifiant que la balle a doublé, au jeu de paume]. »

Shakespeare, du tennis, et la guerre de Cent Ans. *What else ?*

Sharapova, Maria

Le sport de compétition, selon Sharapova, obéit à un précepte simple, unique, et fondamental : « Je veux toutes les battre. » Ni plus ni moins, mais tout le temps.

Ce ne sont pas des copines. Ce ne sont pas des partenaires. Ce ne sont pas des collègues.

Ce sont des rivales à abattre.

Si jamais elle les admire (Davenport, les sœurs Williams, Mauresmo, Henin), c'est pour mieux leur marcher dessus, plus tard.

Bien sûr, on peut se gausser de son ratio contre Serena : 20 défaites pour seulement deux victoires. 10 %, oui, c'est peu. Mais deux victoires. Dont une, à 17 ans, en finale de Wimbledon (6/1 6/4). Combien peuvent en dire autant ?

Sharapova, comme Connors qui l'a entraînée deux semaines (la première semaine s'est très bien passée, la seconde très mal), est logiquement peu appréciée par ses paires, à qui elle n'adresse jamais la parole, sauf circonstance exceptionnelle. (Quant à Connors, c'est assez logique aussi, dans la mesure où il déclarait, du temps de sa splendeur : « Je ne suis pas là pour respecter mes adversaires. Je suis là pour les humilier. »)

Tandis que la grande Russe (1 m 88) perdait sans gloire au premier tour de l'Open d'Australie 2020, Pauline Parmentier, peu charitable, l'enterrait en quelques phrases : « Je ne comprends pas qu'elle soit encore là. Quand tu as gagné des grands chelems... il y a un temps pour tout, il faut savoir passer à autre chose. Je ne suis pas fan. C'est une grande championne mais... Si elle avait dégagé une autre image que cette star blonde russe, intouchable, elle aurait été plus appréciée. C'est son but : on ne l'intéresse pas du tout. »

Sharapova avait déjà entendu ça par le passé, et avait su en faire bon usage.

2009 : Elle revient d'une opération lourde à l'épaule et tente de retrouver un niveau décent en ayant totalement perdu son service. De son propre aveu, elle touche le fond à Varsovie, dans un petit tournoi de préparation pour Roland-Garros. Sa vainqueur, Bondarenko, est une joueuse ukrainienne (circonstance aggravante : blonde, sexy) qui déclare en substance : « Maria a perdu la vitesse de son service ; Maria a perdu sa puissance ; Maria a perdu son jeu ; Maria n'est plus comme avant », etc.

Sharapova écoute et trouve la motivation, le « carburant » dont elle avait besoin : « Ce n'était pas seulement que je voulais gagner, c'était que je voulais pousser Alona Bondarenko *à manger ses mots*. »

Certains (McEnroe, par exemple, et sans doute Fed, Djoko, Nadal et Serena) sont soucieux de marquer l'histoire du jeu. Visiblement, ce n'est pas le cas de Sharapova : « La postérité ? Rien à foutre. Avez-vous entendu ce que cette fille a dit sur moi en conférence de presse ? Voilà ce qui me fait continuer. *Leur faire manger leurs mots*. Peu importe le nombre de saisons et de tournois déjà passés, je veux gagner. »

Elle avait 22 ans lorsqu'elle repartait de zéro après son opération de l'épaule. En dix ans, à force de volonté et de résilience, elle a gagné trois grands chelems de plus, en faisant dix doubles fautes par match.

Elle en a 32 aujourd'hui (cinq de moins que Serena), a survécu à de multiples blessures (pied, cuisse, avant-bras...) et à une suspension de quinze mois pour une histoire grotesque de médicament soudainement interdit sans crier gare. Elle est sortie des 100 premières, n'a gagné qu'un match en six mois. Elle a déjà connu pire.

Mais la première chose qu'a faite Pauline Parmentier après ses déclarations a été de prendre sa retraite sportive. C'était sans doute plus prudent. Elle a ainsi empêché Sharapova d'avoir jamais l'occasion de lui faire « manger ses mots » et de prendre sa revanche.

Privée de son carburant, la Russe prend sa retraite, à son tour, un mois plus tard.

Simon, Gilles

Si en 2001 on m'avait dit que le gars en train de passer le filet devant moi allait être 6e mondial, je ne l'aurais pas cru. Nous sommes à l'Institut national du sport, de l'expertise et de la performance (INSEP), et je viens d'assister à son entraînement. Il a deux ans de plus que moi, mais il n'en a clairement pas le physique : il est petit, frêle, très peu de muscles aux jambes. C'est propre techniquement. En revanche, il n'a ni la puissance d'un Tsonga ni la flamboyance d'un Gasquet, qui m'impressionnaient chaque fois que je les voyais. À ce moment-là, je me dis, comme beaucoup, qu'il n'ira pas loin.

Je le recroise trois ans plus tard, au dernier tour des qualifications du tournoi de Metz. Il me bat 7/6 6/2, ce genre de match où l'un joue un peu au-dessus de son niveau et l'autre un peu en dessous pendant un set, et puis où la logique suit son cours. En trois ans, il avait nettement progressé. Après ce match, j'ai assisté à ma première « leçon » du *prof* : une discussion informelle dans le vestiaire, durant laquelle il m'a parlé ouvertement de ce qui l'avait gêné et des moyens qu'il avait trouvés pour passer outre. Car certains, comme Nicolas Mahut, l'appellent *le prof* dans le milieu, surnom dû à sa capacité d'expliquer le jeu comme personne. Il « sait ». Il est capable de parler de tennis, tout le temps.

Il peut aborder tous les thèmes : la façon de jouer d'Untel, la tactique pour battre un autre, les instances de l'ATP, la nouvelle formule de la Coupe Davis, la santé de la FFT, l'égalité entre les hommes et les femmes, etc. Je sais qu'il prépare un livre. J'ai hâte de le lire.

Il passe pour un contre-attaquant aux yeux du grand public. Ce n'est pas le style déployé par les joueurs que l'on qualifie de talentueux. Or, il possède l'un des meilleurs timings du circuit. Il fait partie de ceux qui sont « toujours à l'heure » sur la balle. Son jeu de jambes est du grand art, et il est doté d'un œil hors pair. Mais surtout, c'est un combattant exceptionnel. Un match n'est jamais fini, avec lui. Pour preuve, en 2008, l'année de son explosion au plus haut niveau, il est celui qui a gagné le plus de matchs en ayant perdu la première manche (14). Comme s'il lui fallait un set pour comprendre le jeu de son adversaire, mais que, une fois son analyse faite, il devenait très difficile de lui prendre une deuxième manche.

Il est probablement l'un des joueurs français qui a le plus exploité son potentiel. Il a battu les plus grands : en 2008 Federer numéro 1 mondial à Toronto, et Nadal (qui avait succédé au Suisse à la première place) à Madrid. Il a gagné 14 titres sur le circuit principal, compte 33 victoires sur un top 10, et a atteint les quarts de finale de l'Open d'Australie et de Wimbledon. Une immense carrière. Quand je vous disais que je me trompais lourdement sur son compte en 2001.

Slice

Slice, en anglais, signifie « trancher », et s'emploie comme un synonyme de *chip* et *chop*, qui signifient « couper ».

Le slice, que ce soit au service ou en revers, bénéficie d'une double réputation : à la fois vicieux et classe. (Sans doute parce que, au service, il est particulièrement utilisé par les gauchers : leur service slicé, côté avantage, tombe sur le revers de l'adversaire, si celui-ci est droitier.)

On a pu croire un temps que le revers slicé (ou revers chopé) allait tomber en désuétude, balayé par la puissance des revers recouverts, liftés ou frappés plein pot.

Il est fini, le temps du *chip & charge*, où l'on glissait son revers sous la balle, effectuait un pas de tango et courait au filet. Fini aussi, l'époque où Steffi Graf pouvait gagner 22 grands chelems sans jamais frapper un revers.

Mais le revers slicé a justement su tirer parti de ce déficit de puissance : bien utilisé, il permet de temporiser, quand l'échange commence à devenir par trop étouffant, et de casser le rythme de l'adversaire, en l'empêchant de s'appuyer sur le poids de la balle. (Attention, cependant : trop systématique, comme c'est le cas chez un Feliciano Lopez ou un Dimitrov des mauvaises années, il devient un point faible, une brèche béante dans laquelle s'engouffre l'adversaire.)

En bout de course, lorsque le joueur est très en retard et totalement débordé, il n'aura d'ailleurs d'autre choix que de choper *son coup droit.* (Hormis cette situation limite, on notera au passage que les derniers utilisateurs du coup droit chopé étaient français : Noah, Santoro. La *french touch* ?)

Le slice est aussi ce qui permet de réussir de belles amorties de fond de court. Kyrgios en réalise de magnifiques *en coup droit.*

Enfin, ce qui a beaucoup fait pour la réputation du revers slicé est que son meilleur ambassadeur s'appelle Federer. (À l'inverse, le revers slicé de Nadal, qui se casse en deux au moment de la frappe, a l'air forcé, laborieux. Sans qu'on puisse dire qu'il ne maîtrise pas ce coup, auquel il recourt régulièrement, on voit qu'il n'est pas naturel chez lui, qu'il est *appris*.)

En parlant de Nadal, j'attends le jour où quelqu'un aura l'idée de lui servir des amorties slicées, lorsqu'il campe à 10 mètres de la ligne du fond de court. Techniquement, ça ne me semble pas très compliqué à réaliser, et cela aura l'avantage de pouvoir se masquer jusqu'au dernier moment, sans souffrir des inconvénients du service à la cuillère. (Un volontaire ? Kyrgios ?)

Quoi qu'il en soit, pour toutes ces raisons, parce qu'il y aura toujours des gauchers, des petits malins, des casseurs de rythme et des caresseurs de balle, le slice a de beaux jours devant lui.

Smash

C'est étonnant, le nombre de joueurs qui sont peu à l'aise avec ce coup. Vous verrez quantité de joueuses professionnelles, notamment, qui préféreront reculer pour tenter une volée liftée plus difficile plutôt que d'effectuer ce geste simple et naturel : le smash.

Si vous savez servir, vous savez smasher. Le smash est un service que vous pouvez placer *où vous voulez* dans le terrain adverse. Et en plus, vous n'avez pas à lancer la balle, l'adversaire l'a fait pour vous. Il vous suffit juste de vous placer, vous, mais ce placement est libre. Vous avez un bras ? Vous avez des pieds ? Vous savez smasher.

Ensuite, comme pour tous les autres coups, il y a des raffinements : le smash *dunké*, par exemple, détente verticale de basketteur, quand vous stoppez votre élan vers le filet, mais que vous n'avez pas le temps de reculer, est un smash d'interception. Le but est d'éviter le lob, tandis que vous êtes pris à contre-pied. Ou bien s'agit-il juste d'un coup d'intimidation, une démonstration de force, parce que le coup est particulièrement spectaculaire ? Noah, Sampras, Monfils : demandez aux spécialistes.

Smith, Stan

Palmarès de Stan Smith, le joueur : vainqueur de la première édition du Masters en 1970, vainqueur à l'US Open 1971 et Wimbledon 1972, numéro 1 mondial en 1973. (Voir *Haillet*).

Un jour que j'allais disputer un tournoi dans quelque banlieue obscure, j'ai oublié mes chaussures de tennis. Comme j'avais dans mon coffre une vieille paire de Stan Smith, je les ai prises pour dépanner. C'était un tournoi sur terre, je crois que j'ai perdu en trois sets serrés, mon adversaire m'a avoué après le match qu'il m'avait trouvé assez *roots* (comprendre : un peu touriste) de me voir débarquer avec ces vieilles pompes qui ne sont plus utilisées aujourd'hui que comme chaussures de ville. Moi, je m'étais simplement dit : « Des joueurs ont gagné des grands chelems avec ces pompes. Elles feront bien l'affaire pour jouer à Chaville. »

SNECMA

C'était l'une des premières fois où j'étais parvenu à me faufiler (littéralement, sans ticket) sur le Central de Roland-Garros. Je ne me souviens plus du match, mais je me souviens de la manif. À un moment, retentit une voix dans un mégaphone, qui nous parvient de l'extérieur du stade : « Les travailleurs de la SNECMA… »

La SNECMA est un fabricant de moteurs d'avion, aujourd'hui rebaptisé Safran Aircraft Engines. Je ne me souviens plus exactement de ce que disait le mégaphone ; je suppose qu'il s'agissait de protester contre un plan de licenciement, qu'on n'appelait pas encore « plan de restructuration » et encore moins « plan de sauvegarde de l'emploi »…

C'était vraisemblablement en 1990, au moment de la fermeture de l'usine de Boulogne-Billancourt. Les ouvriers étaient venus manifester sous les fenêtres de Roland-Garros : choc des mondes. (Mais après tout, il y avait comme une forme de logique : Roland Garros, l'as de la Première Guerre, avait plus à voir avec les moteurs d'avion qu'avec les raquettes de tennis…)

Et ce qui arrive toujours en de telles circonstances (on l'a vu encore récemment à l'Opéra) n'a pas manqué : des spectateurs, dérangés dans leur après-midi (le match s'était brièvement interrompu), ont commencé à protester bruyamment, à faire des « chut ! chut ! » absurdes jusqu'à ce que l'un d'eux verbalise plus précisément la pensée du plus grand nombre : « Vos gueules ! »

Les travailleurs de la SNECMA n'ont pas dérangé bien longtemps les spectateurs de Roland-Garros, ils sont partis au chômage, ou s'en sont allés travailler dans une nouvelle usine qui elle-même a dû fermer à son tour ou fermera bientôt.

Les spectateurs de Roland-Garros, quant à eux, n'ont pas bougé.

Söderling, Robin

Des qui balancent des baffes, on en connaît, on en a vu. Mais balader Nadal comme Söderling en 2009, pas souvent. Rosol peut-être, à Wimbledon ? (Voir *Rosol*) Mais c'était Wimbledon, et Rosol a perdu au tour d'après, et n'a jamais atteint un huitième de sa vie : c'était son seul exploit et ça le restera (c'est déjà pas mal). Söderling, lui, fait ça à Roland-Garros. Bam ! Bam ! À droite, à gauche, *run*, Rafa, *run !* Tu es ici chez toi ? Alors profite de ta maison. Visite. 6/2 6/7 6/4 7/6. Söderling élimine Nadal et va obligeamment jusqu'en finale pour offrir à Federer son seul Roland-Garros (6/1 7/6 6/4).

L'année d'après, il fait le contraire, bat Federer 3/6 6/3 7/5 6/4 pour la première et seule fois de sa vie (16-1 Federer dans leurs H2H) et vient expier son crime de 2009 en laissant Nadal prendre sa revanche, 6/4 6/2 6/4.

Tout cela semblait pour le moins prometteur mais une mononucléose foudroyante et un peu suspecte vint mettre un terme à sa carrière l'année suivante, à 27 ans, comme un rockeur.

Souffrance

Au tennis, la souffrance, c'est ça (et rien d'autre) :

« Quelques heures plus tard je joue contre Spadea, avec qui je m'étais entraîné le jour du Nouvel An, une année plus tôt. En tant que joueur, il ne m'arrive pas à la cheville. Dans ma jeunesse, j'aurais pu le battre avec une spatule. [...] Spadea m'évince en quatre sets » (Agassi, *Open*).

Spaghettis

Printemps 77 : un horticulteur allemand invente le double cordage qui décuple le lift au point de rendre la balle complètement incontrôlable au rebond. Le tennis devient une sorte de ping-pong en plein air. Christophe Roger-Vasselin se souvient : « La différence était aussi grande qu'entre une raquette de ping-pong en mousse et une en planche de bois. » Des lifteurs médiocres commencent à gagner. Tout le monde se met à bricoler des doubles voire des triples rangées de cordes. On parle de « raquettes spaghettis ».

Octobre 77 : Vilas, invaincu depuis 46 matchs (record à battre) abandonne, écœuré, en finale du tournoi d'Aix-en-Provence, contre Nastase et son double cordage. À la fin du mois, le double cordage est interdit.

Werner Fisher, l'horticulteur, en concevra un peu d'amertume : « Si l'interdiction était arrivée un an après, j'aurais été millionnaire. Là, j'étais ruiné. »

Srichaphan, Paradorn

Premier joueur asiatique à entrer dans le top 10 (neuvième en 2003), le Thaïlandais, quoique doté d’un revers à une main, se classe, par sa vitesse et sa puissance, dans les très gros matraqueurs du fond du court, comme la quasi-totalité de la génération post-Agassi à laquelle il appartient.

Stan

(Paru dans *L’Équipe*, mai 2016.)

Un jour, un amateur vient voir Agassi et lui dit : « Vous savez, monsieur Agassi, des fois, je peux frapper aussi fort que vous en coup droit et, une fois sur dix, c’est dedans. »

Agassi, pédagogue, lui répond : « La différence, c'est que moi, c'est dix fois sur dix. » On voit bien ce qui nous sépare, nous, pauvres mortels, des champions. Plus subtile, la distinction entre champions et superchampions.

Au premier tour, Wawrinka est mené deux sets à un contre Rosol et gagne. Murray remporte ses deux premiers matchs en cinq sets. Nishikori mène deux sets à zéro contre Verdasco mais se fait remonter et gagne 6/4 au cinquième. Si vous êtes capable de prendre deux sets à des joueurs comme ça, c'est forcément que leur marge est minime. Pourtant, ils finissent presque toujours par gagner. Pourquoi ? À l'œil nu, c'est indétectable. Mais c'est comme s'il y avait un mur invisible entre eux et les autres.

Il n'y a qu'un seul homme qui soit parvenu à franchir le mur au cours de ces dernières années, c'est Stan Wawrinka. Aussi est-il le plus à même, à travers son cas personnel, de nous éclairer. Pour profiter de ses lumières, je me suis rendu à sa conférence de presse après son match contre Chardy et, en m'embrouillant un peu entre tutoiement et vouvoiement, je lui ai demandé : « Qu'est-ce qui fait la différence entre le Wawrinka du *Big Four* et celui d'il y a trois ou quatre ans ? » Après m'avoir gentiment bizuté (« Première question, pression ! » Hilarité générale.), le tenant du titre a bien voulu livrer quelques éléments à notre réflexion.

« Qu'est-ce qui fait la différence entre moi il y a quelques années et moi maintenant ? Tout. » Ah oui, ça fait pas mal. « Tout est beaucoup plus fort, mon niveau de jeu est plus fort, ce que je fais mentalement et physiquement sur le terrain est plus fort. » D'accord, mais enfin les autres aussi progressent. Comment ce membre du deuxième groupe a-t-il distancé les Ferrer, Berdych, Tsonga, pour rejoindre le *Big Four* ? « Quand je joue contre un joueur comme aujourd'hui [Chardy] ou comme Troicki [son prochain adversaire], je sais que ça dépend de moi. » Luxe incroyable. On aimerait pouvoir en dire autant pour tous les compartiments de notre vie. Mais encore ? « Quand je ne suis pas très bien, que je ne joue pas très bien, je sais qu'il y a toujours une façon de s'en sortir. » Cela dit, il veut tout de même tempérer : des matchs en cinq sets, il en a perdu. (Il ne va pas jusqu'à dire qu'il en perdra encore.) Puis, relancé par mon collègue Vincent Cognet, il finit par lâcher : « Peut-être qu'on est plus calmes que les autres. »

Vérité aveuglante. Ces gens-là ont un rapport différent à la peur et à l'engagement. À propos de sa finale de l'an dernier, Wawrinka avait déclaré : « La balle reste dans le court pour une bonne raison : il n'y a pas d'hésitation. »

Questionné sur son cinquième set contre Verdasco, Nishikori déclare : « Je l'avais trop laissé jouer son coup droit aux troisième et quatrième. Je suis davantage rentré dans le court au cinquième, j'ai mieux frappé la balle, et j'ai joué plus long. » J'ai vu le Japonais servir pour le match à 5/4. Engagement total. Contrôle total. Zéro appréhension. Zéro attentisme. Nishikori est vraisemblablement le prochain membre du *Big Four* élargi.

Mais c'est la fin du match contre Chardy qui nous fournit le meilleur exemple pour illustrer cette histoire de calme. Wawrinka mène 6/4 6/3 5/4 et sert pour le match. Déconcentration, léger relâchement ? Il perd son service. En conférence, le Suisse a dit : « Entre faire un match en cinq sets et un match en trois sets assez facile, parfois la marge n'est pas aussi grande que le score veut bien le dire. » Traduction : ça peut vite basculer et nul n'est à l'abri de rien. Et voici qu'à 5/5, Chardy mène 40-30 avec la perspective d'un jeu décisif à l'horizon. Wawrinka enchaîne alors revers gagnant long de ligne pour revenir à égalité puis revers gagnant croisé sur la ligne pour obtenir une nouvelle balle de break. Le reste est sans importance. Chardy met un coup droit dans le filet et Wawrinka conclut sur son service. Entre-temps, il nous a livré la clé. La vérité du *Big Four*, ce sont ces deux revers gagnants.

Voir : *Wawrinka*.

Stats

« Ce qu'il y a de plus beau dans le sport, ce sont les statistiques », a dit un jour un joueur de base-ball, ou de foot américain, je ne me souviens plus très bien, mais c'était à coup sûr un sport US, où, au fond, ni le spectacle ni la dramaturgie ne comptent tellement. (Si le basket était un sport passionnant, il n'aurait pas besoin de charger autant ses feuilles de match.)

Au tennis, en général, les stats disent tout de même la vérité : sauf à de très rares exceptions, celui qui a le meilleur ratio points gagnants/fautes directes l'emporte. (Merci du tuyau.)

Il arrive cependant que des stats nous renseignent au-delà du match : quand Federer bat Djokovic au Masters 2019, ce qu'il n'était plus parvenu à faire depuis quatre ans (même si à Wimbledon de la même année… je sais, vous savez, on sait…), on apprend que, ce jour-là, il a servi 73 % de premières balles, pourcentage qu'il n'avait jamais atteint en 48 confrontations. Dans ce match, Federer n'a donc pas juste *très bien* servi mais *mieux que jamais*.

Cela dit, il arrive aussi (au tennis comme au foot, et dans les deux cas, on parlera alors de *hold-up*) que les statistiques *mentent*.

En demi-finale de ce même Masters 2019, lors du premier set de Federer contre Tsitsipas, le Suisse a gagné 22 points sur service adverse, et le Grec seulement six. Pour aboutir à ce résultat impossible : 6/3 Tsitsipas. (C'est-à-dire que sur ces six malheureux points grappillés en retour de service, il a réussi l'exploit d'en regrouper quatre dans le même jeu : très très fort.)

En tennis, il est donc possible de faire mentir les statistiques. Évidemment, ce n'est pas donné à tout le monde. En conséquence de quoi, il n'y a rien de plus excitant.

Stepanek, Radek

Il y a de drôles de gars dans le milieu, et ils sont souvent tchèques (ou slovaques). Stepanek est un serveur-volleyeur au revers à deux mains (déjà ça, c'est étrange), qui se met à onduler par terre quand il gagne, comme une espèce de serpent *break dancer*.

Tête de grenouille et homme à femmes : le Jean-Paul Sartre du circuit.

Huitième mondial en 2006, l'année de son unique quart en grand chelem à Wimbledon, il effectue une tournée d'adieu triomphale en 2017, menant notamment deux sets à zéro contre Murray au premier tour de Roland-Garros, et révélant une popularité sans rapport avec son palmarès.

Une autre variante de l'anti-Lendl, en quelque sorte (voir *Mecir* et *Tchécoslovaquie*).

Stich, Michael

Il appartenait à la race des Krajicek, Becker, Ivanisevic, Kafelnikov, Courier, Sampras, Agassi, bref, l'époque des chevaliers. D'ailleurs, quand il était passé chez Nike, la marque à la virgule lui avait concocté un sigle spécial : un blason.

Rien d'anormal, Stich incarnait l'élégance. Très haut sur les appuis, très peu d'espace entre ses pieds, magnifique revers à une main et coup droit à l'ancienne avec une prise très ouverte. Son service était fluide et partait tout seul. Il poussait à peine sur les jambes. Sa volée était parfaite.

Il obtient son chef-d'œuvre à Wimbledon en 1991 face à son rival national Boris Becker, à l'époque où le gazon du temple était encore usé par les serveurs-volleyeurs. Stich le frêle contre la bête Boris, grandissime favori qui s'était déjà imposé à trois reprises à Wimbledon (voir *Becker*).

Stich mène 6/4 7/6 5/4 30A sur service adverse. Becker sert au T. Retour bloqué en extension de revers, plein centre. Becker est surpris et glisse, mais, guidé par son instinct de survie, arrive à jouer une demi-volée de génie dans sa chute. Stich a bien suivi, passe une première fois long de ligne, mais Becker s'est relevé entre-temps et arrive à volleyer croisé. Stich a anticipé et punit Becker d'une volée long de ligne. Balle de match.

Boris, côté avantage, sert une nouvelle fois la médiane. Stich a parfaitement lu son service : retour gagnant. Il tombe à genoux, mais n'a pas l'air d'y croire. L'arbitre non plus d'ailleurs, qui annonce « *game, set, and match Becker* » avant de se reprendre.

Cela restera sa seule victoire en grand chelem, malgré ses finales à l'US Open contre Agassi en 1994 et à Roland-Garros contre Kafelnikov en 1996.

Il aura toujours été considéré comme le numéro 2 allemand derrière Boum-Boum, sauf une fois, en 91.

Stratégie

Il y a deux genres de coachs et de joueurs : les stratèges type Gilbert, qui faisait des plans napoléoniens pour circonvenir l'adversaire, ce qui lui permettait de battre des joueurs beaucoup plus forts que lui (Becker notamment – voir *Gilbert*), grâce à un talent d'observation supérieur doublé d'une mentalité de joueur d'échecs. Du moment où il partagea sa science avec Agassi, celui-ci remporta 7 de ses 8 titres du Grand Chelem. On peut donc dire que Gilbert, comme stratège, n'était pas un charlatan.

Et puis il y a les « minimalistes » de la stratégie, du type Robert Lansdorp, qui coachait Sharapova en lui disant simplement : « Ma stratégie, c'est de taper jusqu'à ce que tu gagnes. »

Les deux écoles ont leurs adeptes.

Suédois

Au départ, il y a eu Erik le Rouge, vers l'an mille, puis il y a eu Björn Borg, onze titres du Grand Chelem en sept ans, six Roland-Garros et cinq Wimbledon (d'affilée).

Lorsque Borg prend sa retraite à 26 ans, après avoir été battu par McEnroe en finale de Wimbledon et de l'US Open, c'est la stupeur et l'incrédulité, mais pas autant, finalement, que l'année suivante, lorsque Wilander lui succède à Roland-Garros, en 1982, comme si de rien n'était.

C'est comme si la mort sportive de Borg avait libéré toutes les abeilles de la ruche.

Jamais un homme n'aura eu autant d'enfants, sportivement parlant. La Suède compte 9 millions d'habitants et a produit en l'espace de dix ans trois numéros 1 mondiaux, et des tonnes de titres en simple et en double.

Serge Daney a cru que Borg avait engendré une armée de clones : des Wilander qui jouaient comme lui, inlassables défenseurs de fond de court. Et en effet : Nyström, Sundström, etc. Mais à bien y regarder, la Suède a produit l'un des trois meilleurs serveurs-volleyeurs de tous les temps, ainsi que son équipier favori, lui aussi attaquant et membre du top 10.

Nous avons donc, de 1974 à 2002, 25 titres du Grand Chelem, sans compter les deux finales à Roland-Garros 2009 et 2010 de Söderling, seul joueur avec Djokovic à avoir battu Nadal et Federer à Roland-Garros.

Et puisque, en sport, rien ne vaut une bonne liste, voici, en l'espace d'un quart de siècle :

Borg (meilleur classement : n° 1 ; 11 titres du Grand Chelem)

Wilander (n° 1 ; 7)

Edberg (n° 1 ; 6)

Järryd (n° 5, n° 1 en double)
Sundström (n° 6)
Nyström (n° 7)
Carlsson (n° 6)
Pernfors (n° 10, une finale à Roland-Garros)
Lundgren (n° 25, entraîneur de Federer)
Gustafsson (n° 10)
Enqvist (n° 4, une finale à Melbourne)
Johansson (n° 7, 1 titre)

Et, donc, Söderling (n° 4), comme le dernier feu, dix ans plus tard, d'une civilisation glorieuse parvenue au terme de son existence.

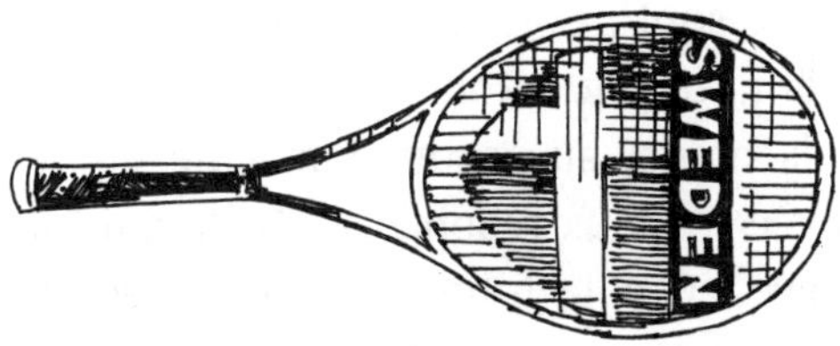

Tout ça confère à la Suède une place de plein droit au G7 tennistique, parmi les nations qui ont dominé le monde (chez les hommes), avec la France, les États-Unis, l'Australie, la Tchécoslovovaquie, la Suisse et l'Espagne. (Au G8, si on ajoutait la Yougoslavie qui, avec Djokovic, Cilic et Ivanisevic, compterait 19 titres du Grand Chelem.)

Aujourd'hui, il n'y a plus aucun joueur suédois dans les 50 premiers. Les empires meurent, c'est la loi du temps. La domination française s'est achevée il y a bien longtemps. L'ère des serveurs-volleyeurs australiens s'est prolongée jusqu'à Rafter. Celle des Américains jusqu'à Roddick. La Suisse, l'Espagne s'éteindront un jour, elles aussi. Mais enfin, on n'est pas près d'oublier le règne des hommes du Nord, parce qu'il aura coïncidé avec la fabuleuse décennie

80. D'une certaine manière, l'arrivée de Borg marque le début de notre ère. Avant, c'est la préhistoire. La Suède, c'est Rome.

Surface

Drôle de chose que le tennis. Quel autre sport se pratique sur des surfaces différentes ?

Le hockey, par exemple : sur glace, sur gazon, à rollers… Mais en fait, ce ne sont pas les mêmes sports. Et surtout, ce ne sont pas les mêmes joueurs.

Passer de la terre de Roland, grasse, lourde, sale, avec ses rebonds hauts, au gazon immaculé de Wimbledon, glissant, avec ses faux rebonds, sa balle qui fuse mais ne rebondit pas… Quelle folie. Chaque année, moins d'un mois pour réapprendre un nouveau sport. C'est si dur que certains refusent l'enchaînement diabolique : Muster séchait Wimbledon, Curren séchait Roland-Garros… En 1990, Lendl fait l'impasse à Roland pour mieux préparer Wimbledon… Voilà pourquoi l'exploit de Borg (faire le doublé *trois fois*) est l'un des plus grands.

Historiquement, il n'y avait pourtant que le gazon : le *lawn-tennis*. Jusqu'en 1975, trois des quatre grands chelems se jouent sur herbe. Mais on a tous en tête l'état du terrain à Wimbledon les jours de finale : un champ de patates. Le gazon, c'est beau mais impraticable. Il faut des jardiniers, des jachères… *No future*. Le gazon est absolument incompatible avec la massification du tennis.

La terre battue, d'un autre côté, demande moins d'entretien, mais tout de même, et contrairement au gazon, ne supporte pas la pluie. Pas génial.

Bill Tilden, dès les années 20, réclamait une uniformisation des surfaces.

Au lieu de quoi, on a joué sur du parquet. On a joué sur de la moquette (en fait, une sorte de lino ultrarapide). On joue encore sur cette infâme surface qu'est le quick, c'est-à-dire sur des *petits cailloux agglomérés* (plongeons, s'abstenir).

La raison aurait voulu que le ciment devienne la norme. Pas de faux rebond, rapide mais sans excès, visuellement agréable, consensuel, n'avantageant ni ne désavantageant personne (sauf Borg), le ciment aurait dû logiquement s'imposer partout. Mais c'était compter sans un élément capital : le folklore, qui est l'autre nom de l'histoire.

T

Tacchini, Sergio

Fin 2009, Novak Djokovic signe avec la marque. Il remporte quatre grands chelems sous leur blason. On raconte que les bonus liés à ces victoires étaient si importants que Tacchini dut laisser partir Djoko chez Uniqlo en 2012, faute de moyens pour retenir le Serbe.

Jusque-là, Tacchini n'habillait que des cracks. L'histoire commence en 1966 : un ancien joueur de Coupe Davis italien à la retraite crée LA marque du tennis des années 70-80 : Nastase, Kodes, Connors, Tanner, McEnroe (à son apogée), Wilander, Navratilova, Pat Cash, etc. Fila couvre les autres (voir : *Marques*).

La marque traverse les années 90 grâce aux quatre premiers titres du grand chelem de Sampras, mais aussi Sabatini, Bruguera et Hingis.

Sergio Tacchini, c'était des polos simples et des vestes de survêt emblématiques (qui n'a jamais rêvé de revêtir celle de McEnroe, en finale de Wimbledon 80, avec « United States Davis Cup Team » brodé sur la poitrine ?). C'était la sobriété des couleurs et l'élégance des lignes. C'était le rival du Fila de Borg. Bref, c'était le tennis.

Talent

« Trouver le courage de se battre sur chaque coup quand vous êtes mené 0-40, j'appelle ça avoir du talent. »

Jim Courier.

Talon

Faites comme Wawrinka : plantez votre talon dans le sol avant de frapper votre revers à une main, armez, lâchez, et observez votre adversaire battre des ailes, impuissant, à 4 mètres de la balle.

Tango

Le pas de tango a disparu, et c'est bien dommage.

Il s'agissait de faire passer sa jambe arrière derrière sa jambe d'appui pour créer un déséquilibre du corps, une sorte d'effet ressort qui le propulsait vers l'avant, pendant qu'on sliçait la balle en revers, afin de monter plus rapidement au filet.

Le pas de tango a disparu avec le *chip & charge*, mais je le pratique encore, occasionnellement, lorsqu'une balle m'arrive, courte et basse, sur mon revers. C'est alors un peu comme une madeleine de Proust : mon corps se met de profil, mon pied arrière passe derrière ma jambe d'appui, presque involontairement, et réveille une sensation enfouie, une douceur corporelle diffuse, je bascule vers l'avant, et monte au filet, heureux de ce que j'éprouve, sans inquiétude pour la suite.

Tanner, Roscoe

Isner avec une raquette en bois. Père spirituel de Kevin Curren. Ancêtre d'Ivanisevic. Karlovic à taille humaine (1 m 82).

La légende prétend qu'il aurait servi à 246 kilomètres/heure à Palm Spring… en 1978. (À l'époque, il avait toutefois échangé sa raquette en bois contre une en métal.)

Détail biographique curieux mais *a priori* sans rapport avec son service : en 2003, il fait un an de prison pour des chèques sans provision.

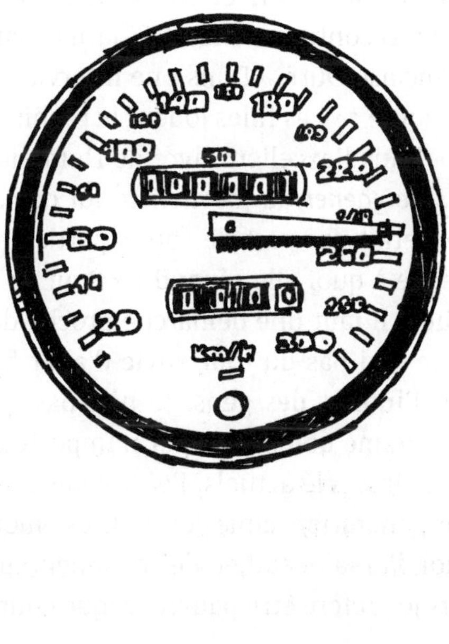

Tanvier, Catherine

On la surnommait « Borguette », en raison de sa ressemblance physique avec le Suédois : des cheveux blonds comme le blé, tenus par un bandeau. Ils jouaient tous les deux du fond de court et, comme lui, elle eut des problèmes avec le fisc.

Cathy Tanvier était numéro 1 française dans les années 80. Elle avait obtenu la médaille de bronze aux Jeux olympiques de Los Angeles ainsi que son meilleur classement (20e WTA) en 1984.

À la retraite, hormis quelques leçons de tennis, elle s'adonne principalement à des activités artistiques variées.

En 2010, elle a même tenu l'un des premiers rôles dans *Film Socialisme*, de Jean-Luc Godard, sélectionné au Festival de Cannes dans la catégorie « Un certain regard ».

Elle a surtout écrit quatre livres dans lesquels elle sort la sulfateuse sur le tennis et son environnement. Dans *Déclassée*, elle raconte : « À la FFT, la méchanceté avait un nom. Françoise Dürr. » Dans une interview donnée au *Figaro*, elle ajoute : « Les filles jouent le tennis le plus bête du monde. » Dans l'excellent livre de Dominique Bonnot *N'oublie pas de gagner*, la journaliste lui demande pourquoi elle ne ferait pas part de son expertise en tant que consultante, ce à quoi elle répond : « Pour se faire valoir dans ce milieu, il faut une démarche proche de la prostitution [...]. Je n'ai pas du tout envie d'aller faire la pute pour gagner l'intérêt des gens. Je n'ai pas envie de me faire traiter comme une merde par n'importe qui ! Quant aux commentaires télé actuels, j'ai fini par couper le son. La nouvelle génération aime les : "C'est monstrueux !" [...] Mais moi, j'ai la nostalgie des commentaires d'Hervé Duthu. Alors je préfère être pauvre ici que courir le cachet à 100 euros à Paris ; je préfère vivre la vie que j'ai choisie que d'être coincée avec des crétins. »

Cette rage, Tanvier la tient d'un circuit WTA qui l'a profondément abîmée, à propos duquel Dominique Bonnot écrivait : « Elle évoque la froideur du monde quand on voyage à l'étranger, sans le sou. Ces soirées où l'on se retrouve à quatre ou cinq malheureuses battues du premier tour, pour manger froid – quand on a encore de quoi s'acheter à manger ! –, fumer n'importe quoi pour halluciner quelques heures, pour oublier que sa Carte bleue a été bloquée par la banque, qu'on est seule, qu'on a peur, mal partout. Certaines filles s'habituent à boire du whisky dégueulasse jusqu'à vomir, ou, dans le meilleur des cas, s'endormir. D'autres quittent l'hôtel pour aller traîner dans n'importe quel bar, prêtes à aimer n'importe qui, d'autres préfèrent s'embrasser entre filles, pour se souvenir de ce que c'est qu'aimer... »

C'est sûr que, vu comme ça, on comprend qu'elle ait préféré aller à Cannes...

Tauziat, Nathalie

« 30, 35 ans, c'est l'âge où les femmes peuvent faire les pires folies. » Antonine Maillet n'avait pas tort. Nathalie Tauziat a attendu la trentaine pour accomplir les plus grands exploits de sa carrière, avec comme sommet sa finale à Wimbledon en 1998 face à Jana Novotna. Depuis Suzanne Lenglen, cela faisait soixante-treize ans qu'une Française n'avait pas atteint la finale dans le temple.

Manque de chance, sa finale tombe le lendemain de la victoire de l'équipe de France de foot face à l'Italie en quart de finale de la coupe du monde. Une autre année, elle aurait fait la une de *L'Équipe*.

Deux ans plus tard, elle atteint la 3ᵉ place mondiale quelques semaines après avoir battu Serena Williams en finale de l'Open Gaz de France à Paris.

Elle doit ses très bons résultats dans la deuxième partie de sa carrière à une évolution constante de son jeu. Faisant le constat qu'elle manquait de puissance pour pouvoir rivaliser avec les joueuses de sa génération au fond de court, elle devient serveuse-volleyeuse. À une époque où la plupart des filles semblent terrifiées dès qu'elles mettent un pied dans le carré de service, on attend celui ou celle qui, dans la décennie qui s'ouvre, fera pareil : pour une finale à Wimbledon, ça vaudrait le coup d'essayer.

Tchécoslovaquie

La Tchécoslovaquie n'existe plus depuis 1992 mais elle restera pour toujours dans l'histoire du tennis.

C'est bien simple, en termes de champions et de palmarès, elle rivalise avec les six autres grandes nations historiques (par ordre d'entrée en scène, France, USA, Australie, Argentine, Suède, Espagne).

Si on met de côté la France dont la période glorieuse se limite aux Mousquetaires et à Suzanne Lenglen dans les années 20, les USA, dont à l'inverse les périodes de domination s'échelonnent sur presque un siècle, et la Russie (aux portes du groupe), qui produit beaucoup de frappeuses de fond de court *mais pas plus que les autres*, il nous reste quatre pays au style bien identifié : Argentine, Espagne et Suède (fond de court, terre battue, à part

Del Potro, Feliciano Lopez et Edberg), Australie (service-volée, à part Hewitt).

Or, la Tchécoslovaquie se distingue par l'hétérogénéité de ses champions. Quel rapport entre Kozeluh le joueur de foot, Drobny le joueur de hockey, Lendl le destructeur, Mecir le chat (et son disciple Kucera le petit chat), Korda l'oiseau tombé du nid, Hrbaty le cogneur sympa, la paire de double Slozil et Smid, le coach Vajda et l'ombrageux Berdych ? Quel rapport entre la lignée de volleyeuses Navratilova-Mandlikova-Novotna, les longilignes Sukova, Hantuchova, Safarova, Kvitova, Pliskova et la petite cavaleuse Cibulkova ?

Tous ces joueurs et joueuses sont aujourd'hui soit tchèques soit slovaques, soit naturalisés américains. Mais ils sont tous nés sans exception en Tchécoslovaquie, y compris la plus jeune d'entre eux, Pliskova, à neuf mois près.

Si l'on a pu opposer Mecir le Slovaque et Lendl le Tchèque (l'artiste contre le travailleur, zéro grand chelem à huit), on aurait tort d'en faire une règle : Hrbaty, slovaque lui aussi, n'était pas précisément un poète.

Il n'y a pas d'identité slovaque. Il n'y a pas d'identité tchèque. Il n'y a pas non plus d'identité tchécoslovaque, ou alors, celle-ci : ils faisaient feu de tout bois.

Temps

(Paru dans *L'Équipe*, mai 2016.)

En théorie, un match de tennis peut durer éternellement. Contrairement au foot ou au basket qui sont limités dans le temps, le tennis échappe à tout compte à rebours.

On ne peut pas connaître à l'avance la durée d'un match, ce qui rend fous les programmateurs des chaînes de télé aux États-Unis (et rien que cette raison suffirait à rendre ce sport sympathique).

Tandis que 80 % des matchs de foot sont déjà pliés au bout d'une heure (au point que les supporters les plus fanatiques quittent fréquemment le stade avant le coup de sifflet final), l'inéluctable n'existe pas au tennis parce qu'il faut deux points d'écart pour gagner un jeu et deux jeux d'écart pour gagner le cinquième set (sauf à l'US Open qui a autorisé le jeu décisif dans tous les sets pour essayer de limiter les dégâts en termes de dépassement horaire). À l'arrivée, ça peut aussi bien donner Graf-Zvereva (finale de Roland-Garros 1988, 6/0 6/0 en trente-quatre minutes) que Isner-Mahut (Wimbledon 2010, 70/68 au cinquième en onze heures cinq) en passant par la finale Borg-McEnroe de Wimbledon 1980 et son tie-break de 34 points[1].

Et voilà le plus extraordinaire : au tennis, le temps peut se dilater ou se contracter selon l'évolution du score. Qu'un joueur, mené deux sets à zéro, arrache le troisième au jeu décisif après avoir sauvé une balle de match, et soudain la partie qui touchait à sa fin peut repartir pour une heure, ou deux ou trois. Le tennis est donc ce sport qui refuse de se plier aux lois du temps. Au tennis, *time is out of joint.*

La terre du Central de Roland-Garros n'est pas encore froide que déjà la caravane des joueurs est en route pour

---

1. Depuis cet article écrit en 2016, l'Open d'Australie a adopté le super tie-break à 6 partout, et Wimbledon le tie-break simple à 12/12 (étrenné dès sa première année lors de la dramatique finale Djokovic-Federer), rendant désormais impossibles les 138 jeux au cinquième set du fameux Isner-Mahut. Toutefois, le principe des deux points d'écart demeurant pour les jeux et le tie-break, l'idée subsiste qu'un match n'a virtuellement pas de fin, ou du moins que la fin du match est littéralement *imprévisible.*

le gazon. L'Angleterre, puis les États-Unis, puis l'Asie, puis l'Australie, puis de nouveau les États-Unis, puis l'Europe, et ainsi de suite pour les siècles des siècles. (Pensée étrange, je me dis qu'avec un peu de chance, celui qui gagnera Roland-Garros l'année de ma mort n'est pas encore né.) Le soleil ne se couche jamais sur l'ATP Tour.

Moi, je m'arrête là. J'ai vécu un Roland-Garros pluvieux et parsemé de forfaits, je n'ai pas vu Federer, j'ai à peine aperçu Nadal, et Dimitrov a perdu au premier tour, mais ça n'a pas d'importance. J'ai passé deux semaines fantastiques avec la joyeuse équipe de *L'Équipe*. J'ai aimé leur compagnie, j'ai profité de leur expertise et j'ai admiré leurs ressources : parler de tennis toute l'année, tous les jours, quand j'ai l'impression d'avoir accompli l'impossible avec mes quinze chroniques. Et cependant me reviennent en mémoire les mots de David Foster Wallace analysant les raisons de l'amour qu'il portait à ce sport : « Un niveau d'abstraction et de formalisme (c'est-à-dire de "jeu") est sans doute nécessaire pour qu'un sport atteigne une véritable beauté métaphysique. »

Un terrain bizarrement quadrillé, des petites balles de feutre jaune, des règles quelque peu excentriques et deux joueurs face à face. Voici donc le jeu des jeux.

« *Tenetz* »

Le nom du sport qui fait l'objet de ce livre vient de là. « *Tenetz* » était le mot proclamé par le serveur avant que le point commence au jeu de paume. Les Anglais ont repris ce mot qui a évolué en « *teneys* », « *tenes* » et qui a fini tel qu'on le connaît aujourd'hui : tennis.

Cet impératif, je le comprends de plusieurs manières : « Tenez, je vous envoie une balle de caoutchouc remplie d'air et recouverte de feutre, je vais le faire d'une certaine façon ; à vous ensuite d'en faire ce que bon vous semble pour la mettre le plus loin possible de ma personne. Vous devrez le faire tout en respectant les règles de ce jeu : passer la balle au-dessus du filet pour la faire retomber dans les limites du court. »

Tenez bon, aussi, si votre adversaire vous dépasse au score, tenez bon, car dans ce sport un point peut tout changer.

Tenez votre raquette comme si votre vie en dépendait, au moins le temps d'une partie ; avec cet état d'esprit, vous connaîtrez toutes les joies de ce sport.

Tenez le coup, car il peut aussi créer de grandes tristesses.

Tenez tête, car c'est un sport de confrontation ; de l'autre côté du filet, il y aura toujours quelqu'un pour vous la faire perdre.

Tenez votre ligne, car c'est aussi un jeu d'espace, où maîtriser la géométrie du terrain sera un atout non négligeable.

Tenez le regard sur ce référentiel bondissant que l'on appelle balle, vous devrez le dompter.

Tenez la cadence que vous imprime votre adversaire. Il pourrait bien être le premier à s'essouffler.

Tenez la promesse de tout donner le temps d'un match.

Tenez-vous bien, car ce sport est un sport de chevalier (voir *Misogynie*).

Tenez la main de votre enfant qui pleurera quand il connaîtra sa première défaite.

Tenez-vous droit quand vous recevrez votre première coupe, un dimanche soir, il n'y a pas de petite victoire.

Tenez compagnie à votre partenaire, de double ou d'entraînement.

Tenez cet ouvrage pour ce qu'il est, un manifeste écrit par deux amoureux de ce sport.

Tennis de table

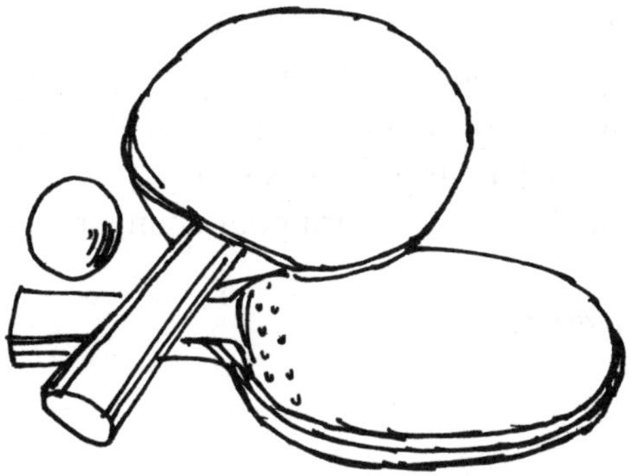

Voir : *Perry*.

Thiem, Dominic

Sur le papier, rien à dire, Thiem, c'est fort et c'est beau : revers à une main, service Dimitrov mais qui marche, flex, physique, brutal, infatigable, travailleur, démolisseur, et sans états d'âme outre mesure (en apparence du moins), technique et, de surcroît, entraîné par un Chilien nommé Massu (tout un programme).

Doté d'un meilleur service que Nadal (consommant plus d'énergie, on ne sait pas combien d'années il pourra lancer la balle aussi haut et plier les genoux aussi bas, mais enfin, on dit ça du jeu de Nadal depuis quinze ans...), programmé pour prendre sa place, capable de le battre de temps en temps en deux sets gagnants, on attend encore qu'il lui arrache un Roland-Garros. Jusqu'à présent, c'est la raclée.

Qu'est-ce qu'il manque à ce joueur ? Sur le papier, rien. Juste un minuscule détail. Quelque chose que Nadal et son compatriote Muster, vainqueur de Roland-Garros 95 (voir *Muster*), possèdent mais que ce dernier, qui fut brièvement son entraîneur, ne pouvait pas lui donner et qu'il ne pourra jamais voler à Nadal.

À 27 ans, c'est un peu tard pour changer de main.

Voir : *Avarice*.

Tie-break

« Étymologiquement "*tie-break*" signifie "couper les liens, dénouer" », nous rappelle Serge Daney.

Le tie-break est apparu en 1970 et prend sa forme définitive en 1979. Les joueurs étaient contre, les télés étaient pour, devinez qui a gagné. Depuis le Mahut-Isner de Wimbledon (onze heures cinq), il n'y a plus que le cinquième set de Roland-Garros qui en soit dispensé. Pour combien de temps ? On verra bien.

Ma théorie est que celui qui gagne le premier point gagne : si c'est l'autre qui sert, en réalisant d'entrée le minibreak, vous pouvez rapidement vous détacher 3/0. Si c'est vous qui commencez et si vous vous assurez le gain de ce premier point, vous l'obligez à gagner les deux points suivants sous peine d'être immédiatement en grand danger : pression.

Bon, je dois avouer que, dans les faits, cette théorie ne se vérifie pas toujours.

Quoi qu'il en soit, je ne suis pas forcément fan des tie-breaks (et encore moins du super tie-break en double qui remplace carrément le troisième set, désormais. À ce compte-là, on pourrait faire des matchs d'un quart d'heure où c'est le premier à 10 qui gagne).

Bizarrement, alors que le tie-break devrait être le lieu où le suspense et la tension atteignent leur paroxysme, je ne vois pas qu'il y ait eu beaucoup de jeux décisifs légendaires.

À vrai dire, je n'en vois qu'un, on sait lequel (voir *80*).

Tilden, Bill (1893-1953)

Tilden, bien qu'américain, est un peu le Oscar Wilde du tennis, et pas seulement parce que, comme l'écrivain irlandais, il a fait de la prison en raison de son homosexualité.

Dans les deux livres dont il est l'auteur, *The Art of Lawn Tennis* et *Match Play and the Spin of the Ball*, le champion aux larges épaules et au fameux service « *cannon ball* » fait preuve d'autant d'esprit que de pédagogie.

Ainsi lorsqu'il explique les trois raisons possibles qui nous font de mettre de l'effet dans la balle :

« 1. Pour mieux contrôler la balle.

2. Pour gêner l'adversaire.

3. Par accident. »

Il n'oublie pas d'ajouter : « Laissez-moi vous recommander de concentrer vos efforts sur les deux premiers cas, car le troisième cas adviendra de toute façon. »

Sans atteindre à l'excellence de Wilde dans l'art de ciseler des aphorismes, Big Bill n'était pas non plus avare de sentences ni maximes diverses qui n'ont rien perdu de leur pertinence, un siècle plus tard :

« Ne jamais donner à votre adversaire l'opportunité de jouer un coup qu'il aime. »

Quant au joueur, il n'était pas non plus dépourvu de panache : quasi invincible pendant de longues années (10 titres du Grand Chelem entre 1920 et 1930, en ne jouant que Wimbledon et les US Championships, à Philadelphie puis à New York – sept fois vainqueur dont six d'affilée, record toujours valable, ainsi que sept victoires consécutives en Coupe Davis, record aussi), on raconte qu'il perdait parfois le premier set intentionnellement pour entretenir le suspense.

Il faudra que les Mousquetaires français se mettent à quatre pour interrompre son règne, en Coupe Davis, mais aussi à Wimbledon et Forest Hills (l'ancien site des

Internationaux américains – voir *Mousquetaires*). Tilden, voyant sa domination ébranlée, choisit alors de passer professionnel, et joua encore au plus haut niveau de longues années : en 1945, il remporte les championnats de double messieurs professionnels, à 52 ans.

Producteur, auteur, acteur, à Broadway et au cinéma, Tilden, qui était issu d'une famille très riche, mourut d'une crise cardiaque, à 60 ans, ruiné, à la veille d'aller disputer l'US Pro Championship.

Bill Tilden, champion, comédien et martyr.

Tiriac, Ion

55e mondial à son meilleur en 1974, Ion Tiriac, par comparaison avec son compatriote Nastase (numéro 1, deux grands chelems et quatre Masters) est la preuve vivante qu'il n'y a pas que le jeu dans la vie, puisque, après avoir été le coach de Vilas et de Becker, mais aussi et surtout leur manager, il est devenu l'homme le plus riche de Roumanie.

Toni

Dans une conférence TEDx, je l'ai entendu dire : « Je suis responsable de ce que j'enseigne. Je ne suis pas responsable de ce que mon élève apprend. »

La force d'un bon enseignant, c'est d'avoir un bon élève. Ou un bon neveu. Ou les deux.

Toulouse

Jadis, il y avait un tournoi à Toulouse, au sujet duquel Connors avait déclaré qu'il ne viendrait jamais y jouer parce qu'il refusait de mettre les pieds dans une ville qui s'appelait « *To lose* ».

Puis il changea d'avis, et alors qu'il n'avait plus gagné un seul tournoi depuis quatre ans, remporta l'édition de 1988, puis celle de 1989 en battant McEnroe en finale 6/3 6/3.

Trabert, Tony

Trabert, athlétique serveur-volleyeur, est le premier Américain à remporter Roland-Garros (en 1954 et 1955) et le seul jusqu'à Michael Chang en 1989 (suivront Courier et Agassi).

En 1956, il est le premier joueur à faire le Petit Chelem depuis Fred Perry en 1934.

Puis il disparaît des radars pour aller se faire étriller par Pancho Gonzales sur le circuit professionnel (voir *Professionnel*).

Trash talk

Le tennis n'est pas un sport de gentlemen. Les joueurs ne sont pas amis. Parfois, au changement de côté, ils se croisent en s'insultant. Il arrivait même à Becker de donner des coups d'épaule en passant. L'intimidation fait partie du jeu. C'est toujours un peu la guerre, on ne peut pas lui demander d'être propre.

Lors de leur première rencontre, Connors avait glissé à McEnroe : « Je te croyais plus fort. » Au Masters 1985, McEnroe avait hurlé sur Brad Gilbert qu'il ne méritait pas d'être sur le même court que lui. J'ai vu Murray se plaindre à l'arbitre parce que Del Potro avait insulté sa mère. Contre Wawrinka, Kyrgios a marmonné dans sa barbe : « Désolé, mec, mais mon pote a baisé ta copine. » Wawrinka, de son côté, avait gueulé sur Mirka qui faisait du bruit sur ses secondes, et de son box, elle lui avait rétorqué un « *Cry, baby !* » des plus déplaisants. J'ai vu Verdasco s'en prendre à un spectateur avant que son adversaire ne s'énerve et lui crie : « C'est mon père ! » J'ai vu la fameuse vidéo où Murray lance à Rosol : « Tout le monde te hait, sur le circuit. »

L'affrontement que représente un match de tennis engendre obligatoirement une montée d'agressivité qu'on retrouve évidemment chez les amateurs. En général, ici comme ailleurs, le ton monte vite. Il m'est parfois arrivé de me retrouver dans des situations absurdes, à deux doigts de me battre pour des balles litigieuses ou des comportements antisportifs (en match par équipes notamment, l'effet de groupe décuplant l'agressivité). Le tennis, comme tous les sports, fait rarement ressortir le meilleur des gens, en termes d'urbanité. Malgré tout, je me souviens avec tendresse de cet ami d'enfance qui n'hésitait pas à s'exclamer, quand il bénéficiait d'un faux rebond sur nos mauvais terrains en quick (voir *Quick*) : « Bien joué, le joint ! »

3/6 2/6 6/4 7/5 7/5

Voir : *84*.

Tsitsipas, Stefanos

Parmi les champions de tennis, il y avait eu un Américain d'origine grecque (Sampras), un Australien d'origine grecque (Philippoussis), un Chypriote (Baghdatis), un autre Australien d'origine gréco-malaisienne (Kyrgios)... Il était logique, à la fin, que débarque un Grec grec, et ce fut Tsitsipas.

Il est jeune, il est beau, il a de grands pieds, des épaules de nageur, un revers à une main et beaucoup de talent.

À 21 ans, il a déjà gagné le Masters, et c'est le sosie de Gustave Courbet, tel que le peintre s'est représenté dans son plus célèbre autoportrait, échevelé, les yeux fous, la moustache fine et le petit bouc (de mousquetaire).

Il est assez ironique que le plus grand espoir du tennis ressemble autant à un tableau qui s'intitule *Le Désespéré*.

Quoi qu'il en soit, on sent qu'on va bouffer du Tsitsipas-Medvedev dans les dix ans qui viennent, et, n'était-ce leur jeunesse insolente qui nous fera nous sentir toujours plus vieux, ce ne sera pas forcément pour nous déplaire.

Tsonga, Jo-Wilfried

La première fois que je l'ai vu, c'était dans un bowling, pendant un tournoi de jeunes. Il avait 11 ans et moi 10. Il ne faisait pas encore partie des tout meilleurs de sa catégorie, mais il était dans le bon wagon, celui qui retient l'attention de la Fédération. Il en est devenu un pur produit.

Nous nous sommes vraiment rencontrés au pôle France de Poitiers, quand j'avais 13 ans. Il avait déjà tout compris. À 14 ans. Il savait pourquoi il était là, et j'avais l'impression qu'il progressait tout le temps.

Tout commence par une rage qui se transforme en objectifs, puis assez vite en un plan pour les atteindre, puis en une motivation pour le respecter, puis en des capacités qui permettent de le mettre en place, en une force mentale qui répète ce mécanisme, qui lui-même se perfectionne au fil des années, ce qui crée inéluctablement de bons résultats, qui engendrent leur bonne gestion ainsi que celle des défaites, etc. Tout ça, il l'avait très jeune. C'est une prouesse.

De plus, il arrivait à allier l'individualisme (l'égoïsme ?) que ce sport requiert et le statut de chef de bande d'un groupe de quinze joueurs, dont il était le boss, le mâle *alpha*. Personne ne le faisait chier. Personne n'osait. Déjà, physiquement, il en imposait, mais il dégageait une force tranquille qu'il ne fallait pas déranger. Même le petit con que je pouvais être à l'époque l'avait bien compris.

En bon gars, il nous protégeait lorsque l'on se faisait emmerder au collège.

Mais, surtout, il inspirait. À le regarder s'entraîner, je voyais bien qu'il avait quelque chose que je n'avais pas. Alors, j'essayais de faire pareil, de mettre la même intensité dans chaque frappe, la même concentration dans chaque entraînement et d'être aussi consciencieux sur chaque étirement. Il était déjà la locomotive du tennis français.

Il a failli gagner un grand chelem. Selon Richard Gasquet, il serait même passé à un point de cet exploit. Open d'Australie 2008 : il est mené deux sets à un, 5 partout au quatrième, 30-40 sur le service de Djokovic qui fait rebondir la balle au moins quinze fois avant de servir, comme à son habitude, se fait chahuter par le public, et s'énerve contre l'arbitre avant de reprendre sa routine. On sent qu'il sent que le match peut basculer.

Il sert extérieur sur le revers du Français qui n'est pas son meilleur coup, mais le retour est correct. Djoko a une balle courte qu'il joue en revers et fait le choix de l'amortie long de ligne, mais il la touche mal et elle atterrit au milieu du carré. Tsonga la voit, va vite ; il a un coup droit à jouer. Pendant sa course, on se dit que ça y est, qu'il y est, qu'il va breaker, gagner le quatrième ; on sent Djoko moins fort depuis un set, il va le bouffer physiquement, c'est sûr, et un Français va de nouveau gagner un grand chelem, fini, la malédiction Noah ! Je vous assure qu'on a le temps de se dire tout ça pendant une course de 10 mètres d'à peine deux secondes. On raisonne dans ce laps de temps : le coup droit est son meilleur coup, où qu'il décide de le mettre, il va frapper assez fort, et même si Djoko est dessus, il ratera. En fait on se trompe. Il choisit de le jouer long de ligne, il y a un peu de tension (un peu ?), et Djokovic, qui a couvert le passing long de ligne (dans le doute, toujours couvrir le long de ligne) réussit une volée de revers croisée, hors de portée.

Ce n'est rien un point dans une carrière. S'il croise ce coup droit, il va peut-être au cinquième set derrière. Peut-être qu'il gagne l'Open d'Australie 2008. Est-ce qu'il repense parfois à ce coup droit ?

U

1 (Numéro)

C'est très simple, une fois de plus, le monde se divise en deux catégories.

Un jour, Borg et McEnroe se retrouvent ensemble autour d'un verre et se racontent des histoires de champions, et Borg explique à McEnroe qu'il n'y a que la place de numéro 1 qui vaille, que sinon, ce n'est pas la peine de continuer (et il arrête, à 26 ans). Et McEnroe écoute, mais il n'est pas d'accord. Il se dit que, 4e mondial, en étant capable de se hisser en demi-finale ici ou là, et de rivaliser avec les meilleurs, ce n'est, ma foi, pas si mal. Et il poursuit ainsi sa carrière, désormais adoré des foules, comme il ne l'aura jamais été du temps de sa splendeur (1979-1984), sans jamais plus remporter un grand chelem, jusqu'en 1992.

Dans *La Couleur de l'argent*, Tom Cruise, en train de sécher une table de billard quasiment les yeux fermés, dit à Paul Newman, qu'il souhaite impressionner : « Mais, à la fin, il n'y a qu'un mec, un seul, qui peut être le meilleur. »

En fait, ce n'est pas tout à fait vrai.

Universitaire

En France, quand un jeune joueur décide d'aller en université, c'est considéré comme un renoncement. Aux États-Unis, c'est un tremplin. La liste des joueuses et joueurs sortis de la fac qui ont atteint les plus hauts niveaux du tennis mondial est éloquente : Jimmy Connors (UCLA), John McEnroe, les frères Bryan (Stanford), James Blake (Harvard), Steve Johnson (Southern Cal), John Isner (Georgia), Kevin Anderson (Illinois), Danielle Collins, Somdev Devaerman (Virginia), Jesse Levine (Florida)...

J'ai joué pour l'université de Floride pendant quatre ans. Cette université de 50 000 étudiants se situe à Gainesville, à cinq heures de route de Miami en allant vers le nord. J'ai bénéficié pour cela d'une bourse qui couvrait mes études ainsi que mes frais d'hébergement. En échange, j'ai dû défendre les couleurs de la fac sur le court de tennis. J'étais devenu un « *gator* ». (Vous remarquez que cela rappelle le Gatorade, la marque de boisson énergétique.

C'est dans les laboratoires de l'université que cette boisson a été inventée.)

J'étais dans l'une des meilleures universités du pays, d'un point de vue académique, mais surtout sportif. Le campus, outre les salles de classe, comporte un stade de football américain de 90 000 places, plus grand que le Stade de France. Les jours de match, la ville est assiégée par les camping-cars suréquipés de barbecues et d'écrans plats. Les gens viennent de tout l'État de Floride pour l'occasion. Ils commencent les festivités par le « *tailgate* » qui consiste à boire de la bière, manger des burgers et se passer le ballon dès 11 heures du matin.

Pour le basket, il y a une salle de 15 000 places, l'équivalent de Bercy. D'ailleurs, il s'y produit des spectacles : Elton John, Dave Matthews Band, le Cirque du Soleil... De nombreux joueurs sont allés en NBA par la suite, et l'un des plus connus est Joakim Noah, le fils de Yannick.

J'ai eu la chance de côtoyer quelques stars, là-bas : Ryan Lochte, multimédaillé d'or olympique en natation, Christian Taylor, champion olympique de triple saut, Bradley Beal, star de l'équipe des Wizards de Washington en NBA. Mais aussi d'autres moins glorieuses, comme par exemple Aaron Hernandez, ancien « *tight end* » des New England Patriots (football américain) condamné pour triple homicide. (C'était un copain de classe. Il s'est suicidé en prison. Netflix en a tiré une série documentaire.)

Quoi qu'il en soit, tout était fait pour que nous soyons performants. Je commençais mes journées par une séance de musculation à 8 heures pendant environ une heure. Puis j'allais en cours. Après déjeuner, nous avions trois heures de tennis. Douche, dîner vers 18 h 30, et puis de nouveau une heure de cours de rattrapage. Nous avions tout un staff à notre disposition : entraîneur, kiné, médecin, cordeur, diététicien, intendant. Les conditions étaient à la limite de la décence : nous voyagions soit en

« *rockstar bus* », soit en avion, et parfois même en avion privé ! Quand il a fallu repartir sur le vrai circuit, le choc a été rude…

Cependant, les matchs de tennis pouvaient ne pas ressembler au tennis que l'on connaît : un public calme qui applaudit entre les points et qui reste silencieux pendant les échanges. Nous sommes en huitième de finale du championnat national de fin d'année (les NCAA), et nous jouons contre nos plus gros rivaux, les Georgia Bulldogs, chez eux à Athens. Le match est programmé à 18 heures, et nous nous préparons à une ambiance de folie. Nous n'avons pas été déçus : 4 000 personnes dont la moitié fortement alcoolisée. Quand j'allais chercher ma serviette au fond du court, je pouvais sentir leur haleine chargée de vodka. Ils me traitaient de tous les noms, ainsi que mon frère, le pauvre, qui n'avait rien demandé.

Malgré la défaite, cela reste l'un de mes plus beaux souvenirs.

US Championships

Ancêtre de l'US Open, le tournoi se joue d'abord à Newport, puis à partir de 1919 à New York, dans le Queens, à Forest Hills. Après une parenthèse de trois années à Philadelphie, il revient à New York, où il s'installe définitivement. Il devient l'US Open en 1968, lorsque le circuit s'ouvre aux joueurs professionnels.

C'est le pire des quatre. Déjà, parce que c'est le dernier. Et puis parce qu'il arrive à la fin de la tournée nord-américaine, la plus éprouvante de la saison : le climat est rude, à la fois chaud et humide. Donc, quand commence l'US Open, les organismes sont épuisés et les cerveaux en surchauffe.

Surtout, ça se déroule à New York, la ville « debout ». Trop d'espace, trop de tentations, trop de monde, trop de bruit, trop.

Par instinct de survie peut-être, les Français se regroupent : beaucoup descendent au Parker Meridien qui se trouve juste au sud de Central Park. Derrière un rideau du lobby, vous ouvrirez une porte sur le meilleur burger de la ville, paraît-il, le Burger Joint. Seul bémol, cet hôtel se trouve à quarante-cinq minutes minimum de Flushing Meadows. Je n'ai jamais compris pourquoi les joueurs français résidaient si loin du site du tournoi.

Il existe un repaire pour se ressourcer le soir et se sentir un peu comme à la maison : le Baratin. C'est un restaurant qui se trouve sur Greenwich Avenue, entre Chelsea et West Village, tenu par un Breton du nom de Mike. Il est de ces gens qu'on ne séduit pas : il vous aime ou ne vous aime pas. « *No bullshit* », avec lui.

La journée, dans les travées de Flushing Meadows, il soutient les joueurs français ; le soir, c'est au tour des joueuses et joueurs de venir à lui.

J'écris ces lignes le 24 août 2019, et j'y étais hier. À une table se trouvait le grand espoir américain du tennis féminin, Coco Gauff, accompagnée de son père et de son coach français Jean-Christophe Faurel. À une autre table, Stéphane Vivier (le kiné de l'équipe de France de Coupe Davis) dînait avec ses collègues de l'ATP. À la table suivante, Greg Barrère fêtait sa qualification pour le tableau final obtenue le jour même, entouré par sa famille, son coach Nicolas Copain et son manager Thierry Ascione. Vers 22 h 30, Jo Tsonga (l'un des meilleurs amis de Mike), Pierre-Hugues Herbert et Lucas Pouille sont entrés prendre un dernier verre pour se relâcher avant le tournoi. Dans une ville sans repères, le Français se sent bien, au Baratin.

V

Variété

Dans un chapitre de son livre *Match Play and the Spin of the Ball*, intitulé « *Variety is the spice of life* », Bill Tilden nous explique : « La variété, ou la polyvalence, est l'épice, l'essence et le principe cardinal du succès au tennis. »

Edberg, Bruguera, Sharapova, Berdych et quelques autres ont dû sauter le chapitre.

Venus

Tranquille comme Venus.

Voici plus de vingt ans que la grande sœur Williams promène sa silhouette longiligne, sa démarche nonchalante, un peu voûtée, alternant coups d'éclat et contre-performances, dans l'ombre de sa cadette la guerrière.

Pendant que Serena chasse les records pour entrer dans les livres d'histoire à grands coups d'épaule, elle se contente d'allier discrétion, élégance et services à 200 (record à 207, seulement battu par Sabine Lisicki, 210 en 2014).

Affaiblie par une maladie auto-immune, Venus trouve quand même la force de remporter sept victoires en grand chelem, dont la dernière en date, à Wimbledon 2008, contre sa sœur (et quatorze en double, avec elle).

Presque dix ans plus tard, en 2017, elle est encore en finale de Melbourne et de Wimbledon, après des années sans dépasser la première semaine. Étrange joueuse qui peut enchaîner les premiers tours pendant des années, puis claquer des finales de grand chelem, sans qu'on sache, ni elle non plus peut-être, comment.

À la voir hanter les tableaux, saison après saison, on peut en tout cas avancer cette hypothèse : elle ne se pose pas la question du pourquoi. À bientôt 40 ans, elle ne gagne presque plus, mais sait-on jamais, et puis peu importe.

Elle joue toujours, et pourquoi pas ?

Vieillir

La vieillesse est pire qu'un mur : elle vous renvoie toutes les balles, mais de plus en plus fort.

Étonnamment, c'est d'une jeune femme de 32 ans aimant le shopping et tenant un journal intime que viennent, tennistiquement parlant, les paroles les plus sages, les plus consolantes, les plus motivantes que j'aie jamais entendues sur la question :

« Quand vous vieillissez, votre jeu doit évoluer. [...] Si vous ne le faites pas, vous n'aurez pas une très longue carrière. [...] Comme il y a eu un jeune Picasso et un vieux Picasso, il y a aussi eu un jeune Agassi et un vieil Agassi.

Le jeune athlète sait comment tout lâcher, comment jouer. Le vieil athlète sait comment préserver, comment gagner », Sharapova.

Merci Maria. Picasso, ça me va.

Vilas, Guillermo

Vilas le play-boy est un joueur semi-légendaire, et une curiosité à plus d'un titre.

Il n'a jamais été numéro 1 mondial, en dépit d'une année 1977 phénoménale qu'il finit deuxième derrière Connors mais qui l'a pourtant vu remporter quinze tournois, dont Roland-Garros et l'US Open, auxquels s'ajoutent cinq finales, dont l'Open d'Australie. Certains pensent que l'ordinateur qui calculait le classement ATP s'est tout simplement *trompé*.

Par ailleurs, le gaucher argentin détient toujours le record de victoires consécutives (46, cette même année 1977, approché seulement par les 43 victoires de Djokovic en 2011). Encore sa série prit-elle fin de façon contestable : en finale du tournoi d'Aix-en-Provence, écœuré, il abandonne contre Nastase qui jouait avec un double cordage, ce qui avait pour effet d'accentuer considérablement les effets du lift. Deux semaines après le tournoi, le double cordage est interdit. (Derrière, Vilas enchaîne de nouveau 28 victoires.)

S'il s'est fait déposséder du record de victoires d'affilée sur terre battue (par Nadal, 81 contre 53, que Vilas aurait porté à 77 sans sa défaite à Aix), en revanche, il détient toujours le record absolu du nombre de victoires sur terre battue (679) devant Orantes (538), Nadal (436) et Muster (426).

Pour sa légende, Vilas a également publié plusieurs recueils de poèmes : bûcheron infatigable sur le court, mais sensible et délicat dans la vie. Contraste.

Enfin, il liftait tellement, à une main des deux côtés, que son bras gauche était beaucoup plus gros que le droit, si bien qu'on pouvait trouver des photos de ses bras dans des manuels scolaires de biologie, au chapitre sur les muscles, comme exemple particulièrement spectaculaire d'asymétrie dans le développement musculaire. Play-boy *freak*. La classe.

W

Wallace, David Foster (1962-2008)

(Paru dans *L'Équipe*, mai 2016.)

David Foster Wallace est un écrivain américain génial qui s'est suicidé en 2008, à 46 ans. Il est l'auteur d'un roman culte baroque et futuriste, *L'Infinie Comédie*, dont le héros est un jeune joueur de tennis. Dans sa jeunesse, Wallace avait lui-même été un très bon joueur régional, l'un des deux meilleurs juniors de l'Illinois, ce qui fait probablement de lui le meilleur écrivain-joueur de tennis de tous les temps[1]. (Il faut tout de même mentionner Arno Bertina et son intrigant roman *Je suis une aventure*, consacré à Federer, mais je ne connais pas son classement.)

Par voie de conséquence, comme tous les gens qui savent de quoi ils parlent, David Foster Wallace est passionnant quand il écrit sur son sport. Dans un livre inclassable, une sorte de recueil d'essais intitulé *A Supposedly Fun Thing I'll Never Do Again*, il explique magnifiquement pourquoi le tennis est le plus beau sport du monde : parce qu'il

1. Derrière Denis Grozdanovitch, auteur entre autres de *De l'art de prendre la balle au bond*, champion de France junior en 1963, mais aussi champion de France de squash de 1975 à 1979 (voir *Grozdanovitch*).

requiert, outre des qualités de contrôle, de vitesse, de coordination et d'endurance, « cet étrange mélange de précaution et d'abandon que nous appelons courage ».

Et aussi une intelligence de jeu qui doit intégrer un nombre incalculable de « variables mécaniques », le moindre coup exigeant que le joueur décide de calculer son angle de frappe, sa profondeur, sa vitesse et son effet, tous ces paramètres devant eux-mêmes se déterminer en fonction de la position de l'adversaire sur le court, de la puissance de la raquette, de la tension du cordage, des conditions de jeu, surface, vent, qualité des balles, etc. « L'arbre des variables », si on intègre les données balistiques afférentes à la puissance des coups de l'adversaire et à sa façon de jouer, relève, nous dit Wallace, du calcul factoriel.

Il y a actuellement, parmi les diverses animations de Roland-Garros, un petit robot qui renvoie plus ou moins les balles et que les spectateurs peuvent défier. Il ne s'agit pas d'un vrai match mais simplement de compter les points en visant des cibles. J'ai vu Lucas Pouille le battre assez facilement. De plus, le robot est contrôlé par une main humaine qui manipule un joystick. Autant dire que le *Deep Blue* du tennis n'est pas encore né.

Selon Wallace, il n'est pas près de voir le jour, parce que les capacités requises pour analyser le jeu en temps réel et décider du coup à jouer ne peuvent émaner que d'une « entité vivante et hautement consciente », mais qui, en même temps, doit faire ses choix « inconsciemment, c'est-à-dire en combinant talent avec répétition au point où l'ensemble des variables est traité, littéralement, sans y penser ».

Et Wallace de conclure sa belle démonstration : « En d'autres termes, le tennis, à un certain niveau, est un art. »

Wawrinka, Stan

La première fois que je l'ai vu, j'avais 15 ans, et lui un de plus. Nous étions dans un salon de L'Hermitage, un hôtel de luxe à La Baule, où se déroule depuis très longtemps le Derby cadets, l'un des premiers tournois internationaux qui comptent quand on est jeune. Le dîner d'ouverture du tournoi se tenait dans cet hôtel trop grand et trop luxueux pour notre âge. J'étais à la table de Gaël Monfils. En face de nous, un joueur et son entraîneur que nous ne connaissions pas. Pour nous, ils étaient d'obscurs Tchèques. Délit de faciès pur et simple. L'ado assis en face de nous avait beaucoup d'acné, comme cet âge ingrat peut souvent en procurer, et comme je ne tarderais pas à en faire la douloureuse expérience. Comme deux jeunes cons, nous nous sommes moqués de lui. À la fin, l'entraîneur dit à son joueur, en français : « Stan, demain on s'entraîne à 14 heures. » Vingt ans plus tard, j'ai eu l'occasion de lui présenter mes excuses.

Je n'ai rencontré que deux vainqueurs de grand chelem chez les hommes : Yannick et lui. Je veux dire, vraiment rencontré : passer une soirée, s'enivrer – je ne dis pas que l'alcool est indispensable, mais son facteur désinhibant n'est pas à négliger –, faire tomber les barrières inhérentes à ce tout petit milieu. Parler de choses techniques et de choses de la vie avec la même intensité.

J'ai rêvé des milliers de fois du discours que j'aurais fait en cas de victoire de grand chelem. Eux se sont donné le droit de le faire. Le côté mec ordinaire qui réussit l'extraordinaire m'émerveille.

Stan a un timbre de voix et un phrasé bien à lui. Ce genre de voix qui se reconnaît tout de suite. Son discours est à l'image de sa frappe de balle : franc, net, puissant, sans fioritures. Il renvoie l'image de quelqu'un de confiant. Ce n'est pas inné. C'est le résultat d'un travail, certes, mais surtout d'un raisonnement permanent. S'il y a une chose que j'ai gardée du tennis, c'est l'habitude de chercher tout le temps. Le moment où tu crois avoir trouvé, tu es mort. Stan le sait bien. D'où sa phrase fétiche gravée sur son avant-bras gauche, de Samuel Beckett : « *Ever tried. Ever failed. No matter. Try again. Fail again. Fail better.* » Il ne sait pas avec certitude s'il va gagner un autre grand chelem un jour. En revanche, il pense avoir en lui encore un ou deux gros trucs, comme il dit. L'honnêteté envers soi-même est une religion chez lui.

Voir : *Stan*.

Western

La prise dite « western » correspond aux coups droits les plus fermés, tels ceux de Bruguera, Berasategui ou Nadal à ses débuts. C'est vaguement monstrueux mais très efficace pour le lift extrême. Elle est donc particulièrement appréciée par les joueurs de terre battue mais pas seulement : regardez Kuznetsova.

Mais bien sûr, l'important n'est pas là : la prise eastern regarde vers le soleil, comme il se doit, tandis que la prise western regarde le sol, là où toi ou ton adversaire ou tous les deux finirez par mordre la poussière, sur une musique d'Ennio Morricone.

Wikipédia

Sur Wikipédia, la fiche française de Federer et celle de Nadal atteignent presque les 300 000 signes *chacune*. Si on leur ajoute celle de Djokovic (presque 200 000), cela équivaut, à eux trois, à la longueur de ce livre.

Wilander, Mats

(Paru dans *L'Équipe*, mai 2016.)

Je discute avec Wilander (je discute avec Wilander !) qui me donne un cours particulier sur le service-volée. Si on monte derrière sa première balle, il faut servir le coup fort de l'adversaire. Pourquoi ? Parce que notre coup fort, que ce soit le coup droit ou le revers, est toujours moins fort en retour. Et Wilander d'énumérer : le coup droit de Nadal, celui de Federer ne sont pas aussi dévastateurs en retour que dans l'échange. Wawrinka, sur les premières de l'adversaire, se contente de slicer ou de bloquer mais n'attaque jamais avec son revers. Il est possible, évidemment, que le serveur-volleyeur se prenne malgré tout un passing dans les gencives. Mais il est également probable que le retourneur, enhardi par la perspective de taper avec son coup fort, envoie quelques retours dans les bâches. Du strict point de vue des probabilités, c'est déjà plutôt rentable, *a priori*.

Mais surtout, d'après Wilander, ce qui compte, quand on enchaîne un service-volée, c'est le deuxième coup du retourneur. Or, la logique veut qu'après avoir servi sur son coup fort vous croisiez votre première volée, l'obligeant à jouer son deuxième coup sur son coup faible, et là hop, soit il fout la balle dehors, soit vous le finissez sur votre deuxième volée.

Wilander dit : « Vous croisez votre première volée parce que vous ne pouvez pas remettre la balle du même côté puisque c'est là que votre adversaire se trouve. » Il conseille de faire ça côté égalité à 0/0, 15A ou même 30A. (Ensuite, quand ça se tend, vous avez le droit de jouer le coup faible.) Comme la majorité des joueurs sont droitiers et que leur coup fort est le coup droit, ça se tient : service extérieur, volée croisée sur le revers.

C'est génial, c'est imparable, je bois les paroles du Suédois. Je trépigne, je brûle de les mettre en application. Je suis Luke Skywalker sur Dagoba et Wilander est mon Yoda.

J'ai bien quelques objections qui me viennent à l'esprit mais, intimidé par le fossé statutaire qui me sépare de cet homme à sept grands chelems, héritier de Borg et ex-numéro 1 mondial, je n'ose pas les lui soumettre[1].

Et cependant, le contre-pied m'a toujours semblé le coup tactique le plus mortel au tennis, comme la feinte de corps au foot, un truc qui casse les reins et qui

1. Qu'on ne vienne pas me dire que Wilander n'était pas un serveur-volleyeur car : 1. Ça n'enlève rien à son acuité analytique. 2. En 1988, son jeu avait énormément évolué et je me souviens d'un paquet de services-volées contre Lendl en finale de l'US Open – son apothéose.

marche quasiment à tous les coups. Autre léger bémol : le retour sera moins bon qu'un coup joué dans l'échange À CONDITION que votre première balle soit elle-même suffisamment forte pour gêner le retourneur, en tout cas plus forte qu'un coup que vous joueriez du fond du cours. C'est évidemment le cas chez les pros, mais pas obligatoirement chez les troisième série. Dernière objection : un retour bloqué sur un service puissant suivi au filet, ça peut tout de même faire très mal.

Bref, la théorie de Wilander, toute séduisante qu'elle soit, est pour le moins discutable. Mais, au fond, cela n'a pas d'importance. Les analyses de Wilander sont comme celles de Michel Foucault : parfois discutables, mais toujours stimulantes. Ce qui compte, c'est que, dans le cas du philosophe, elles donnent matière à penser, et dans celui du Suédois, envie de jouer.

Williams, Sœurs

Trente titres du Grand Chelem en simple à elles deux et quatorze titres du Grand Chelem en double, ensemble, sur trois décennies.

Voir : *Serena ; Venus*.

Wills Moody, Helen (1905-1988)

Pendant quinze ans, de 1923 à 1938, Helen Wills (épouse Moody de 1927 à 1938) domine le tennis mondial en accumulant 19 titres du Grand Chelem.

Les records étant faits pour être battus, celui-ci l'a été par trois joueuses, Margaret Smith Court (24), Steffi Graf (22) et Serena Williams (23).

Mais il est une performance d'Helen Wills qui ne connaît aucun équivalent : de 1927 à 1933, elle remporte TOUS les tournois du Grand Chelem auxquels elle participe, soit quatorze consécutifs, l'équivalent de trois Grands Chelems et demi. Si, dans ce laps de temps, elle avait joué les six internationaux d'Australie, les trois Roland-Garros, les deux Internationaux des États-Unis et le Wimbledon qu'elle a manqués, on peut supposer qu'elle serait encore devant Margaret Court et, aussi, qu'elle aurait réalisé quelques Grands Chelems au passage.

Il peut sembler étonnant qu'une championne de cette trempe n'ait pas eu davantage souci de sa place dans l'histoire du jeu. Mais elle a une excuse : le terme de « Grand Chelem » n'apparaît qu'en 1933.

Wimbledon

Nous aimions y arriver tôt, en raison du plaisir incommensurable que procure cet endroit à toute personne qui a un jour foulé un court de tennis. L'excitation commence gare du Nord. Je me suis déjà surpris à penser, en me faufilant entre les voyageurs : « Je ne sais pas où vous allez, mesdames et messieurs, mais moi, je vais à Wimbledon. »

C'est égoïste et petit, certes, mais au moins j'ai conscience d'être un privilégié. S'enchaînent alors les mêmes rituels, la viennoiserie et le café allongé à emporter en bas de l'Escalator qui mène à l'embarquement de l'Eurostar, la joie de se retrouver là-haut, avec Chris le kiné et mon frère. Les esprits sont légers, on ne pense pas aux matchs.

Une fois dans le train, nous avons cette tradition un peu ridicule de nous lever quand nous passons le tunnel sous la Manche, car, en Angleterre, « on se lève ». Arrivés à Saint-Pancras, nous montons dans la voiture envoyée par le tournoi. À peu près cinquante minutes séparent la gare londonienne du village de Wimbledon. Je garde les yeux grands ouverts durant le trajet car je sais que c'est la seule fois que je verrai Londres du séjour : une fois installé dans le coton du village bucolique de Wimbledon, il est difficile d'en sortir tant on s'y sent bien.

Nous avons besoin de ce calme car Wimbledon est un tournoi très éprouvant pour plusieurs raisons. D'abord, il vient très vite après Roland-Garros. L'entourage omniprésent et l'attente du public rendent le grand chelem parisien très prenant émotionnellement pour un joueur français. De plus, Wimbledon arrive à la moitié de la saison. Les premiers signes de fatigue physique mais surtout mentale se font sentir. Le joueur perd patience, est un peu moins humble, se remet moins en question, doute un petit peu plus, bref, il est fatigué. À cela il faut ajouter que le gazon est une surface très exigeante sur le plan mental. Les points y sont courts, intenses, il faut être prêt à donner des coups et à en recevoir.

Dès que nous passons le Putney Bridge, au sud-ouest de Londres, la verdure se densifie, la douceur de vivre aussi.

Pour son dernier Wimbledon (2018), Julien avait loué une maison. Une fois arrivés, nous rencontrons Duncan, le propriétaire, qui nous fait visiter sa jolie demeure :

trois grandes chambres, un immense salon où Chris peut installer sa table de traitement devant la télé, et une belle terrasse remplie de fleurs où nous pourrons griller les quelques cigarettes nécessaires à la gestion du stress.

Je les laisse s'installer et je me dirige à pied vers l'épicerie très bobo « Bayley and Sage » qui se trouve sur Parkside Road, l'artère principale de Wimbledon Village. Il est fréquent de tomber sur des joueurs dans le village : Rafael Nadal qui fait ses courses pour deux semaines (il reste souvent au moins deux semaines), Grigor Dimitrov à vélo, ou bien Garbine Murguruza à la terrasse d'un café. Il est bon de voir ces gens extraordinaires faire des choses ordinaires. Ça rassure.

Quand on se rend au stade, l'excitation monte d'un cran. Après avoir fait la boucle de sécurité réglementaire, nous arrivons enfin à ces lettres qui jonchent l'entrée principale des joueurs : « The All England Lawn Tennis Club ». Je sais très bien que le tournoi ne commence que quelques jours plus tard et que c'est le moment de profiter : ces murs verts, ces fleurs violettes et blanches, ces coursives en bois et ce calme ambiant vous subjuguent. À J-7, le stade est déjà prêt à accueillir le plus grand tournoi du monde. Le plus beau et le plus prestigieux aussi.

Le prestige de ce tournoi vient peut-être de ce qu'il a fait la légende de certains joueurs, et de ce que certains joueurs ont fait la légende de ce tournoi. Roger Federer en est le parfait exemple. C'est sur le Center Court que la passation de pouvoir a eu lieu entre Sampras et lui. Aucun autre lieu n'aurait été possible : le temple, pour qu'un dieu du jeu s'efface et laisse la place à un autre. Quand ils s'affrontent en 2001, Pete Sampras est le maître des lieux : il a remporté les quatre dernières éditions, 31 victoires d'affilée sur le gazon londonien. Il a 29 ans et pointe à la 6e place mondiale. Federer, lui, a 19 ans, il est 15e. Le Suisse s'impose en cinq sets 7/6 5/7 6/4 6/7 7/5. Les deux joueurs ne se sont joués qu'une seule fois dans leur carrière. La symbolique est trop forte. Roger Federer remportera par la suite huit fois le grand chelem londonien.

D'autres exemples de matchs mythiques qui ont eu lieu à Wimbledon :

– 2010 : Isner-Mahut le match le plus long de l'histoire du tennis.

– Finale 2008 : Nadal bat Federer, un des plus grands matchs de l'histoire.

– 2001 : Ivanisevic invité par le tournoi, bat Pat Rafter au bout d'une finale épique.

– Finale 1980 : Borg bat McEnroe. Un excellent film raconte ce match (*Borg/McEnroe*, Pedersen, 2017).

Laurent me dit qu'il faut au moins ajouter (c'est l'avantage de collaborer avec quelqu'un) :

– L'avènement des joueuses au tennis offensif, comme Navratilova, Mlandikova ou Novotna, maîtrisant le service-volée à la perfection.

– La victoire d'Arthur Ashe en 75, premier joueur noir à remporter le tournoi.

– Les cinq victoires d'affilée de Borg entre 76 et 80.

– Le parcours de McEnroe en 77 ; sorti des qualifications, il atteint les demi-finales.

– La victoire de Connors en 82 contre ce même McEnroe, Connors déclarant par la suite : « Je chiais dans mon froc [au moment de servir pour le match au cinquième]. »

– Celle de Boum-Boum Becker en 85 à 17 ans.

– Celle de Pat Cash et son bandeau à damier contre Lendl le maudit en 87.

– Les trois finales successives opposant Edberg à Becker de 88 à 90, qui furent sans doute le sommet du jeu sur gazon.

Jour de match. Il est 9 h 45, la voiture du tournoi (souvent une Jaguar ou un Range Rover) nous récupère devant notre maison. « *Seatbelts on, please !* », nous ordonne le chauffeur. 4 kilomètres séparent le stade du village de Wimbledon, et pendant ces cinq minutes, vous pensez à la journée qui vous attend en tant qu'entraîneur : « Est-ce que notre tactique va marcher ? Je n'ai rien oublié ? À quelle heure doit-il manger ? Est-ce qu'il est vraiment prêt ? Est-ce que je dois me taire et le laisser se concentrer ?... » Ces questions-là m'ont hanté chaque jour de compétition pendant deux ans. Elles se posent de manière encore plus intense quand on aborde un événement comme Wimbledon : dans cet endroit, moins qu'ailleurs, nous n'avons pas le droit à l'erreur. L'envie de faire partie de la fête le plus longtemps possible domine. L'envie de rester en blanc, peut-être.

Certaines joueuses et certains joueurs voient une contrainte dans cette règle. Je suis d'un tout autre avis.

À mon sens, le tournoi veut rendre les joueuses et les joueurs reconnaissables, comme une distinction. Ce blanc que le tournoi les oblige à porter, c'est la manifestation de sa gratitude : « Regardez, ce sont eux qui vont nous faire vibrer pendant quinze jours. » J'aime cette vue depuis la terrasse du restaurant des joueurs sur tous les courts annexes, toutes ces championnes et tous ces champions pris dans des batailles sans merci, toutes et tous vêtus de blanc, sur ce fond vert.

Un autre charme de Wimbledon réside dans son public, prêt à faire la queue tous les jours pour un pique-nique sur Henman Hill, cette colline qui porte le nom de l'ancien champion anglais, depuis laquelle on peut regarder les matchs sur un immense écran géant tout en s'enivrant de Pimm's.

Tous les ans, certains membres de la famille royale viennent assister aux matchs sur le Center Court depuis la Royal Box. Tout un protocole entoure leur arrivée au sein du All England Lawn Tennis Club. Son Altesse arrive par l'entrée des joueurs. L'organisation du tournoi sélectionne alors les compétiteurs et compétitrices encore en lice qui salueront la délégation royale ; ils s'alignent sur la terrasse du *players' lounge* et attendent qu'on vienne leur serrer la main. J'ai assisté une fois à ce genre de cérémonie. Julien et Édouard Roger-Vasselin étaient qualifiés pour la finale du double en 2016 et étaient donc dignes de se retrouver dans ce rang. Après les agents de sécurité de la Couronne, la princesse Kate Middleton surgit, coiffée d'un magnifique chapeau jaune. (Le prince William avait apparemment mieux à faire.) Elle a pris le temps de saluer chaleureusement chaque personne qui lui a été présentée avant de s'engouffrer dans les coursives du Center Court pour enfin prendre place dans la Royal Box. La reine, elle, n'a mis les pieds que quatre fois à Wimbledon (la dernière en 2010). Avant 2003, il était de tradition que les deux joueurs saluent tous les membres de la famille royale présents en entrant et en sortant du court. Depuis, le duc de Kent, président du All England Lawn Tennis Club, a limité cette tradition à la reine et au prince Charles.

J'ai eu trois fois l'honneur de pénétrer sur le Center Court quand il était plein. La première fois, c'était en 2012, où j'ai assisté à la remise de médaille olympique du double messieurs, avec quatre Français sur le podium, Tsonga, Llodra, Gasquet et mon frère. C'était la première fois que je voyais de la couleur dans Wimbledon, puisque la règle olympique n'impose pas le blanc car il faut distinguer les représentants des différents pays par leurs couleurs. Les bâches de fond de court étaient violettes. Le podium était placé au milieu du court. Les six joueurs ont pénétré sur le terrain sur le thème musical des *Chariots de feu*, de Vangelis. Rien que de penser à la scénographie de ce moment, j'en ai des frissons (voir *Olympique*).

La deuxième fois, c'était en 2016, quand mon frère a affronté le Japonais Kei Nishikori. J'étais accompagné de Chris. Julien remporte le premier set 6/4 et perd le second quand ils sont interrompus par la pluie. Comme elle n'est pas très forte, les deux joueurs sont invités à rester dans le couloir d'entrée du Center Court qui se trouve être dans le All England Lawn Tennis Club. Julien me fait signe de le rejoindre, mais je pense que pour moi c'est impossible car je ne suis pas membre du club. À ce moment-là, une personne de la sécurité vient nous chercher. J'avais l'impression d'entrer dans une cathédrale : quand l'atmosphère d'un endroit vous impose le silence ou le chuchotement. Sous les pieds, une moquette de 20 centimètres d'épaisseur. Aux murs, des vitrines remplies de trophées et de photos toutes plus mythiques les unes que les autres. Au-dessus de l'entrée du Center Court, ces deux vers de Kipling gravés dans le bois :

If you can meet with Triumph and Disaster
And treat those two impostors just the same[1][...]

Malgré la tension du match, j'avais vraiment le sentiment de vivre quelque chose d'important, et aussi que cela ne se reproduirait jamais de ma vie. (Je n'avais pas tort : je n'ai jamais eu la chance de retourner dans cet endroit mythique.)

La même année, Julien et Édouard Roger-Vasselin ont donc atteint la finale du double. Vivre un jour de finale sur le Center Court de Wimbledon, quel privilège ! Ils affrontaient Pierre-Hugues Herbert et Nicolas Mahut, un match chargé d'émotion, en raison de l'amitié qui unit Nicolas et mon frère. Malgré la défaite (ce jour-là, Mahut et Herbert ont vraiment dominé la partie), cela reste un de mes plus beaux souvenirs d'entraîneur.

Woodies

Mark Woodforde et Todd Woodbridge, qu'on surnommait les « Woodies », ont gagné ensemble onze grands chelems en double, dont six Wimbledon, en quoi ils ont perpétué la longue tradition des serveurs-volleyeurs australiens, qu'ils ont en quelque sorte accompagnée dans la tombe, avec leur ami Pat Rafter, retraité en 2001, auquel seul Woodbridge survivra quelques années (dernière victoire en grand chelem : US Open 2004 avec Björkman). Woodforde, retiré dès 2000, peut toutefois s'enorgueillir

1. « Si tu peux rencontrer Triomphe après Défaite et recevoir ces deux menteurs d'un même front. »

d'un titre supplémentaire : l'US Open 1989, remporté avec… John McEnroe. Toute une époque, décidément.

WTA

La Women's Tennis Association est née, à l'initiative de Billie Jean King, de la rébellion d'une bande de copines, The Original Nine, qui réclamaient l'égalité homme/femme dans le *prize money*. Jusque-là, en effet, elles touchaient à peine 10 % de ce que gagnaient les hommes.

Les filles commencèrent par monter un circuit parallèle, exclusivement féminin, sponsorisé par le cigarettier Philip Morris, au sein duquel elles s'affrontaient entre elles, bientôt rejointes par Margaret Court.

En 1973, c'est l'acte de naissance officiel de la WTA. En 1974, la WTA signe un contrat de retransmission avec CBS. En 1983, l'US Open rétribue joueurs et joueuses à parts égales.

Aujourd'hui encore, on entend toujours certains, à l'instar de Gilles Simon, se plaindre de cette égalité salariale, pour des raisons diverses, deux principalement : elles ne jouent pas leurs matchs en trois sets gagnants, et elles n'attirent pas autant de public.

Le deuxième argument est évidemment discutable quand on songe aux superstars que sont les sœurs Williams ou Sharapova.

Quant au premier, j'ai envie de demander au multimillionnaire Gilles Simon ce que ça peut bien lui foutre, s'il a l'impression qu'elles lui volent son argent, et d'où lui vient cette peur de manquer.

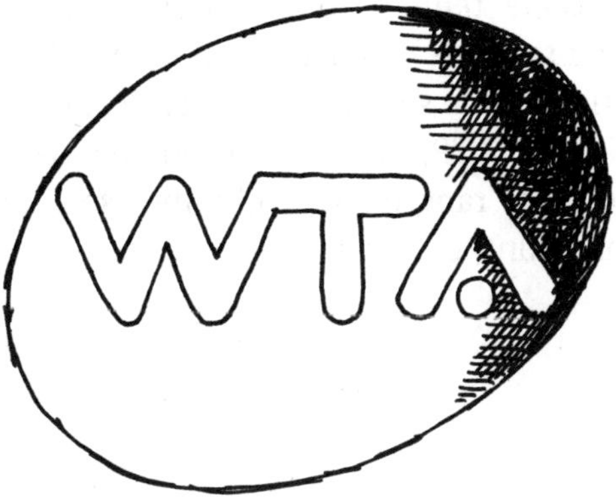

WTC

À un moment, le tennis a failli devenir comme la boxe : un grand bazar de fédérations concurrentes, WBA, WBC, WBO, IBF, avec chacune leur propre classement, leurs propres événements…

Le World Championship Tennis, du célèbre promoteur Lamar Hunt, symbolise à lui tout seul cette période troublée où le tennis de compétition a manqué retourner aux heures sombres d'avant 1968, quand coexistaient (au moins) deux circuits parallèles (l'amateur et le professionnel).

Des joueurs sous contrat, des tournois exhibitions, un classement WTC, un Masters WTC (en mars)… Toute cette confusion prit fin en 1990 quand l'ATP prit le contrôle de tous les tournois du circuit principal.

On retrouve le même paradoxe dans presque tous les sports professionnels : les sommes en jeu, les bénéfices colossaux générés par ces industries du spectacle invitent naturellement au capitalisme le plus débridé. Mais, en même temps, pour conserver sa lisibilité, le spectacle du sport de compétition a besoin d'un cadre un peu soviétique : une saison de tennis, c'est de l'économie ultraplanifiée. L'ATP, c'est le Parti unique. Les dissidents rentrent dans le rang ou sont éliminés sans pitié. Si on veut, Lamar Hunt, c'était Trotski.

X

X

Jennifer Capriati a eu pour compagnon Dale DaBone, ancien acteur porno.

Y

Yzaga, Jaime

Enfin, nous avons trouvé quelque chose à mettre à la lettre Y. Ce n'était pas gagné, nous pensions même à tromper le lecteur en mettant l'entrée « Noah » à « Yannick ». Et puis, au détour d'une discussion sur cet ouvrage, je faisais état de cette carence à mon frère. Et il me dit : « Jaime Yzaga, il est israélien, je crois. »

Bon, il est péruvien, il a été 18e mondial et quart-de-finaliste à l'Australian Open et à l'US Open. En 1994, il y bat Sampras, alors tenant du titre et numéro 1 mondial, en cinq sets 3/6 6/3 4/6 7/6 7/5 en huitième de finale.

Dernier jeu, 6/5 sur le service de Sampras, l'Américain mène 40-30 et perd trois points d'affilée dans des filières qu'il affectionne pourtant. Sur le premier, il est en position plus que favorable en coup droit de décalage, et doit faire un point gagnant pour emmener Yzaga dans le tie-break du cinquième set. Il le perd. À égalité, l'échange s'engage et Sampras se retrouve à devoir faire un coup droit en bout de course, son préféré. Il croise beaucoup trop son coup qui atterrit dans le couloir. Balle de match Yzaga. Le public s'enflamme. Sampras essaie de le faire taire en enchaînant rapidement au service mais arrête son geste, vraiment trop dérangé par le bruit des tribunes. Il décide de faire service-volée. Il cherche un service kické qui remonte à hauteur d'épaule pour gêner le Péruvien. Mais Yzaga a très bien lu le service de Sampras, coupe la trajectoire et vient prendre tôt son retour qu'il frappe croisé, trop croisé pour l'Américain qui se retrouve battu sur sa gauche. « Jeu, set et match Yzaga. »

Youzhny, Mikhail

Sinon, il y avait Youzhny, un Russe pas commode qui s'est un jour retrouvé à pisser le sang sur le court après s'être éclaté la tête à coups de raquette, dans un accès d'énervement.

C'est lui qui a eu la peau de Paul-Henri Mathieu dans le cinquième match décisif de la finale de Coupe Davis 2002, après avoir été mené deux sets à zéro.

Quand on ressemble à ce point à un *spetsnaz*, on est dur à finir.

Z

0-40

Lorsque je suis mené 0-40 sur mon service, je sais, évidemment, que je suis mal barré. Mais l'expérience m'a aussi appris qu'une remontée (voir *Remontée*) était toujours possible, pour peu que je ne me sente pas trop mal au service. Après tout, il s'agit simplement de gagner trois points d'affilée, puis encore deux de plus, pas de faire le doublé Roland-Garros-Wimbledon.

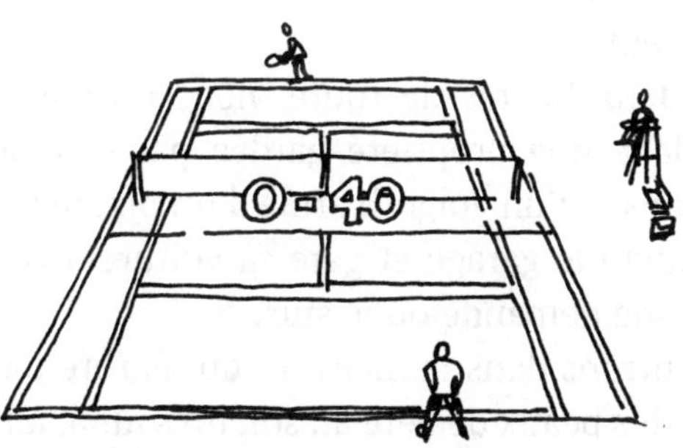

Et cependant, il faut convenir que cela n'arrive pas *très* souvent. Mais, pour certains, un peu plus souvent quand même. D'après une statistique de l'ATP, vous remporterez les jeux où vous êtes mené 0-40 précisément dans 15 % des cas si vous êtes membre du top 10. Le pourcentage monte à 21 si vous êtes Djokovic ; 22 Thiem ; 23 Nadal ; et 30 Federer, ce qui a inspiré au site de l'ATP ce titre génial : *For Federer, 0-40 is often just the begining* – 0-40 n'est qu'un début. On dirait du Hemingway et du James Bond mélangés : *Pour qui sonne le glas + Meurs un autre jour.*

Zivojinovic, Slobodan

2004. Je pars en Serbie faire mes premiers tournois à l'étranger. Je perds dès le premier tour. Je suis le seul Français et je dois patienter une semaine pour jouer le deuxième tournoi. Me voyant seul au club, probablement pris de pitié, un gars vient me voir. Il est serbe et parle un bien meilleur anglais que le mien. Nous discutons de nos matchs et de la suite de mon programme. Assez vite, il me propose de venir chez lui à Belgrade pour qu'on se prépare pour le tournoi suivant. J'accepte tout de suite. Je suis si seul.

Après deux heures de route, nous arrivons à la nuit tombée dans une propriété gardée par des caméras de sécurité ainsi qu'un golgoth armé d'un pistolet. Mon nouvel ami ouvre le garage et gare sa voiture à côté de sept autres. Je me demande où je suis.

Nous entrons dans la maison : du marbre partout, des tableaux, des peaux de bête au sol, un sauna, ainsi qu'une piscine intérieure qui donne sur une autre, extérieure, au cas où.

« *Where are we ?*

— *My dad's house.*

— *What does he do ?*

— *I told you, my name is Zivojinovic, he made semis of Wimbledon.*

— *Oh nice ! I didn't know. What does he do now ?*

— *He works for Audi, Red Bull and he has another company.*

— *I see...* »

Il est arrivé un peu plus tard. C'est à ce moment-là que j'ai rencontré Slobodan Zivojinovic.

Zvereva, Natalia

Restée célèbre pour avoir perdu, à 17 ans, la finale de grand chelem la plus rapide de l'histoire (trente-quatre minutes) sur le score de 6/0 6/0 contre Steffi Graf à Roland-Garros 88, Natasha Zvereva aura tout de même été par ailleurs 5e mondiale en simple, et remporté la bagatelle de 80 titres en double dont dix-huit grands chelems. (Si Kyrgios était né à l'époque, on peut supposer qu'il en aurait fait un tweet pour prendre sa défense.)

Zverev, Alexander

Petit frère de Mischa.

Zverev, Mischa

Seul serveur-volleyeur à avoir mené 6/3 2/0 contre Djokovic (à Shanghai en 2016, défaite 3/6 7/6 6/3).

Élimine Murray à Melbourne en 2017 (7/5 5/7 6/2 6/4).

Gaucher.

Table

Dans la même collection

Ouvrages parus

Philippe Alexandre
Dictionnaire amoureux de la politique

Albert Algoud
Dictionnaire amoureux de Tintin

Claude Allègre
Dictionnaire amoureux de la science

Metin Arditi
Dictionnaire amoureux de la Suisse
Dictionnaire amoureux de l'esprit français

Pierre Assouline
Dictionnaire amoureux des écrivains et de la littérature

Jacques Attali
Dictionnaire amoureux du judaïsme

Alain Baraton
Dictionnaire amoureux des jardins

Christophe Barbier
Dictionnaire amoureux du théâtre

Jean-Baptiste Baronian
Dictionnaire amoureux de la Belgique

Alain Bauer
Dictionnaire amoureux de la franc-maçonnerie
Dictionnaire amoureux du crime

Olivier Bellamy
Dictionnaire amoureux du piano

Yves Berger
Dictionnaire amoureux de l'Amérique (épuisé)

Laurent Binet et Antoine Benneteau
Dictionnaire amoureux du tennis

Adam Biro
Dictionnaire amoureux de l'humour juif

Patrice Blanc-Francard
Dictionnaire amoureux du jazz

Denise Bombardier
Dictionnaire amoureux du Québec

Éric Bouhier
Dictionnaire amoureux de San-Antonio

Hervé Bourges
Dictionnaire amoureux de l'Afrique

Jean-Claude Carrière
Dictionnaire amoureux de l'Inde
Dictionnaire amoureux du Mexique

Jean des Cars
Dictionnaire amoureux des trains
Dictionnaire amoureux des monarchies

Michel Del Castillo
Dictionnaire amoureux de l'Espagne

Antoine de Caunes
Dictionnaire amoureux du rock

Patrick Cauvin
Dictionnaire amoureux des héros (épuisé)

Jacques Chancel
Dictionnaire amoureux de la télévision

Malek Chebel
Dictionnaire amoureux de l'Algérie
Dictionnaire amoureux de l'islam
Dictionnaire amoureux des Mille et Une Nuits

Jean-Loup Chiflet
Dictionnaire amoureux de l'humour
Dictionnaire amoureux de la langue française

Catherine Clément
Dictionnaire amoureux des dieux et des déesses

André Comte-Sponville
Dictionnaire amoureux de Montaigne

Gérard de Cortanze
Dictionnaire amoureux des Sixties

Xavier Darcos
Dictionnaire amoureux de la Rome antique
Dictionnaire amoureux de l'école

Bernard Debré
Dictionnaire amoureux de la médecine

Jean-Louis Debré
Dictionnaire amoureux de la République

Alain DECAUX
Dictionnaire amoureux d'Alexandre Dumas

Didier DECOIN
Dictionnaire amoureux de la Bible
Dictionnaire amoureux des faits divers

Jean Francois DENIAU
Dictionnaire amoureux de la mer et de l'aventure

Bertrand DICALE
Dictionnaire amoureux de la chanson française

Alain DUAULT
Dictionnaire amoureux de l'opéra

Alain DUCASSE
Dictionnaire amoureux de la cuisine

Jean-Paul et Raphaël ENTHOVEN
Dictionnaire amoureux de Marcel Proust

Nicolas D'ESTIENNE D'ORVES
Dictionnaire amoureux de Paris

Vladimir FÉDOROVSKI
Dictionnaire amoureux de Saint-Pétersbourg

Dominique FERNANDEZ
Dictionnaire amoureux de la Russie
Dictionnaire amoureux de l'Italie (deux volumes sous coffret)
Dictionnaire amoureux de Stendhal

Franck FERRAND
Dictionnaire amoureux de Versailles

Luc FERRY
Dictionnaire amoureux de la philosophie

Jean-Louis FOURNIER
Dictionnaire amoureux du Nord

José FRÈCHES
Dictionnaire amoureux de la Chine

Max GALLO
Dictionnaire amoureux de l'histoire de France

René GUITTON
Dictionnaire amoureux de l'Orient

Claude Hagège
Dictionnaire amoureux des langues

Daniel Herrero
Dictionnaire amoureux du rugby
Dictionnaire amoureux de l'Ovalie

Homeric
Dictionnaire amoureux du cheval

Gilles Jacob
Dictionnaire amoureux du Festival de Cannes

Daniel Jouanneau
Dictionnaire amoureux de la diplomatie

Serge July
Dictionnaire amoureux du journalisme
Dictionnaire amoureux de New York

Alain Juppé
Dictionnaire amoureux de Bordeaux

Christian Laborde
Dictionnaire amoureux du Tour de France

Jacques Lacarrière
Dictionnaire amoureux de la Grèce
Dictionnaire amoureux de la mythologie (épuisé)

Andre-Jean Lafaurie
Dictionnaire amoureux du golf

Pierre et Olivier de Lagarde
Dictionnaire amoureux du patrimoine

Mathieu Laine
Dictionnaire amoureux de la liberté

Jack Lang
Dictionnaire amoureux de François Mitterrand

Gilles Lapouge
Dictionnaire amoureux du Brésil

François Laroque
Dictionnaire amoureux de Shakespeare

Michel Le Bris
Dictionnaire amoureux des explorateurs

Bernard Lecomte
Dictionnaire amoureux des papes

Nicole Le Douarin
Dictionnaire amoureux de la vie

Jean-Yves Leloup
Dictionnaire amoureux de Jérusalem

Évelyne Lever
Dictionnaire amoureux des reines

Paul Lombard
Dictionnaire amoureux de Marseille

Peter Mayle
Dictionnaire amoureux de la Provence

Michel Meyer
Dictionnaire amoureux de l'Allemagne

Christian Millau
Dictionnaire amoureux de la gastronomie

Richard Millet
Dictionnaire amoureux de la Méditerranée

Pierre Nahon
Dictionnaire amoureux de l'art moderne et contemporain

Alexandre Najjar
Dictionnaire amoureux du Liban

Henri Pena-Ruiz
Dictionnaire amoureux de la laïcité

Gilles Perrault
Dictionnaire amoureux de la Résistance

Jean-Christian Petitfils
Dictionnaire amoureux de Jésus

Jean-Robert Pitte
Dictionnaire amoureux de la Bourgogne

Bernard Pivot
Dictionnaire amoureux du vin

Gilles Pudlowski
Dictionnaire amoureux de l'Alsace

Yann Queffélec
Dictionnaire amoureux de la Bretagne
Dictionnaire amoureux de la mer

Christiane Rancé
Dictionnaire amoureux des saints

Alain Rey
Dictionnaire amoureux des dictionnaires
Dictionnaire amoureux du diable

Pierre Rosenberg
Dictionnaire amoureux du Louvre

Jean-Marie Rouart
Dictionnaire amoureux de Jean d'Ormesson

Élisabeth Roudinesco
Dictionnaire amoureux de la psychanalyse

Marcel Rufo
Dictionnaire amoureux de l'enfance et de l'adolescence

Ève Ruggieri
Dictionnaire amoureux de Mozart

Danièle Sallenave
Dictionnaire amoureux de la Loire

Elias Sanbar
Dictionnaire amoureux de la Palestine

Jérôme Savary
Dictionnaire amoureux du spectacle (épuisé)

Jean-Noël Schifano
Dictionnaire amoureux de Naples

Alain Schifres
Dictionnaire amoureux des menus plaisirs (épuisé)
Dictionnaire amoureux du bonheur

Robert Solé
Dictionnaire amoureux de l'Égypte

Philippe Sollers
Dictionnaire amoureux de Venise

Michel Tauriac
Dictionnaire amoureux de De Gaulle

Frédéric Thiriez
Dictionnaire amoureux de la montagne

Denis Tillinac
Dictionnaire amoureux de la France
Dictionnaire amoureux du catholicisme
Dictionnaire amoureux du Général

Trinh Xuan Thuan
Dictionnaire amoureux du ciel et des étoiles

André Tubeuf
Dictionnaire amoureux de la musique

Jean Tulard
Dictionnaire amoureux du cinéma
Dictionnaire amoureux de Napoléon

Mario Vargas Llosa
Dictionnaire amoureux de l'Amérique latine

Dominique Venner
Dictionnaire amoureux de la chasse

Jacques Vergès
Dictionnaire amoureux de la justice

Pascal Vernus
Dictionnaire amoureux de l'Égypte pharaonique

Frédéric Vitoux
Dictionnaire amoureux des chats

Olivier Weber
Dictionnaire amoureux de Joseph Kessel

Jean-Michel Wilmotte
Dictionnaire amoureux de l'architecture

À paraître

Hervé Hamon
Dictionnaire amoureux des îles

Pierre Lemaitre
Dictionnaire amoureux du polar

François et Valentin Morel
Dictionnaire amoureux de l'inutile

Pour en savoir plus
sur les Éditions Plon
(catalogue, auteurs, vidéos, actualités...),
vous pouvez consulter
www.plon.fr
www.lisez.com

lisez!

et nous suivre sur les réseaux sociaux

Editions Plon

@EditionsPlon

@editionsplon

MIXTE
Papier issu de
sources responsables
FSC® C003309
FSC
www.fsc.org

L'éditeur de cet ouvrage s'engage dans une démarche
de certification FSC® qui contribue à la préservation
des forêts pour les générations futures.

Pour en savoir plus :
www.editis.com/engagement-rse/

Achevé d'imprimer en août 2020
par Normandie Roto Impression s.a.s.
61250 Lonrai
N° d'impression : 2003009

Imprimé en France